邵逸夫先生一生热爱国家，关心民祉，慷慨捐赠，惠及多方。其爱国之情，其为国之志，人们将铭记在心。

——习近平

“逸夫楼”地图

《中华义士邵逸夫四部曲》编委会

百年逸夫　爱的讴歌

邵逸夫先生是一位影视大亨，慈善大家，华人楷模，其千秋伟业，道德修养，值得海内外中华儿女永远铭记，共同传承。邵先生家乡宁波籍企业家，宁波启润影视文化传媒有限公司董事长李启涵先生为了“弘扬逸夫爱国主义精神，传播民族百年影视事业”在一年前就开始大力推动和多方奔走，积极筹拍电影《百年逸夫》（暂名）并准备面向全球发行。这是爱的讴歌，情的升华，必将使海内外中华儿女心中的历史丰碑更加高耸，必将成为凝结全世界华人心声新的纽带。

影片《百年逸夫》以最大的虔诚，感恩最大的慈善，是海内外第一部关于邵逸夫先生生平事迹的传纪故事影片，反映邵逸夫先生传奇奋斗的一生，弘扬他在电影行业的开拓创新精神，表现他在影视文化、慈善公益、教育文化和营养健康等方面的卓越成就，为我们珍藏一份良知，传递一种情怀，营造一种力量，献给一切用梦想和仁爱追求功德圆满的人。

随着电影《百年逸夫》的开拍，目前邵逸夫文化研究会也在积极的筹备之中。邵逸夫文化研究会的成立，将面向海内外广大专家和学者，把专家研究和民间研究结合起来，共同把逸夫精神持续地推向深入。

显智慧：

邵逸夫——千古义士的永恒启迪

刘俊凤 著

西安电子科技大学出版社

内容简介

本书从历史观的角度，以中华近世以来的社会历史激荡和变迁为背景，采用史论结合、纵横比较的方法，全面探究邵逸夫的命运追求和过人智慧，旨在揭示历史洪流中的个体担当，为我华人不断开辟人生新境界提供有益借鉴和参考。

全书主要讲述出生于商人世家的邵逸夫，一生走在上海、新加坡和香港的百年华人世界中，以“乐为”之心，毕生从事着“让大家开心”的影视娱乐事业，“争利”而不“争气”，聚积源源财富。这个“从心所欲不逾矩”的天地之子，更以“制天命而用之”的赤子之心，一生热衷于搭建利己利人、实现共赢的舞台，贡献于香港电影业的辉煌，也书写了一个风流义士的不朽传说。

出版说明

2014年1月7日，邵逸夫先生逝世的消息瞬间传遍神州大地、大江南北，习近平等党和国家领导人亲发唁电表示哀悼，社会各界人士、海内外传媒和广大民众也纷纷表达崇敬、思念和感恩之情。大家无不赞叹先生之奋斗成就，称颂先生之人格风范！有识之士甚至发出了“做人当如邵逸夫”的感叹！

我校作为接受邵逸夫基金会捐助的学校一员，广大师生深感先生爱国情怀和精神风范，一直对先生心怀感激。为表达对邵先生的永远怀念和追思，让全社会能了解和传承邵逸夫先生的慈善事业和精神，在学校领导的支持和鼓励下，我社组织相关历史、哲学、经济、法学研究人员，采用史论结合的研究方法，将邵先生一生置于中华近世以来的历史激荡与变迁下，放在古今中外成功人士的纵横比较当中，分别从人生观、财富观、价值观和历史观的角度进行全面的认识和研究。

我们深感邵先生并非简单企业家和慈善家所能概括，先生一生忘我奋斗，始终关切民族安危、国家兴亡，始终顺应世界潮流不断迈进，既能恪守传统美德和精神，又能与时俱进面向未来，可谓传统华人走向现代的成功典范！先生一生献身文化，始终高扬中华民族传统文化，用优秀文化作品打造全球华人精神家园，扩大中华文化全球影响力，是推动中华文化走向世界的重要推手！

为此，我们组织编写了《中华义士邵逸夫四部曲》——

义者，利在其次，舍己为人也。君子喻于义，仁义大于天。他人生百年，对家庭，对朋友，对社会，对国家，无不以诚相待，义字当先。他行胜于言，大爱无边，捐资为乐，誉满神州，以享誉世界的卓越成就和声誉，以创设“东方诺贝尔奖”——邵逸夫奖，把对人类的终极关怀做到“终极”的地步，真可谓义也。

士者，行己有耻，使于四方不辱君命也。在庙堂则美政，在下位则美俗，以知识、道德和勇力而著称，在上与下的交会处，虽非王侯将相，却是最高的百姓，代表了最高的修为。邵逸夫心系苍生，心怀天下，以大量影视作品弃恶扬善，教化万民，孜孜以求，永不停歇，奋斗百年，深得海内外赞誉，真可谓士也。

1. 品人生：邵逸夫——中华首善的百年传奇。从人生观的角度，全面探究邵逸夫的人生观念和百年传奇，旨在揭示现代华人的为人之道，为我华人承前启后，做好自己，实现民族复兴提供有益借鉴和参考。

2. 创事业：邵逸夫——浙商典范的财富哲学。从财富观的角度，全面探究邵逸夫的商业理念和财富哲学，旨在揭示现代华人的经营之道，为创业者追求基业长青和圆满人生提供有益借鉴和参考。

3. 修德性：邵逸夫——传统精神的现代诠释。从价值观的角度，全面探究邵逸夫的伦理心性和道德修养，旨在揭示中华传统精神的时代升华，为在新条件下继承发扬中华优秀传统美德和精神提供有益借鉴和参考。

4. 显智慧：邵逸夫——千古义士的永恒启迪。从历史观的角度，全面探究邵逸夫的命运追求和过人智慧，旨在揭示历史洪流中的个体担当，为我华人不断开辟人生新境界提供有益借鉴和参考。

“四部曲”不仅详细回望邵先生百年传奇奋斗的一生，系统总结先生大成大德的个人原因，更希望以邵先生为例，探寻脱胎于传统社会的中国人如何成功走向全球化的现代社会，在保持华人本色的同时取得世界的认可，探寻在中外文化的交流碰撞中，如何始终保持民族自信、文化自信，不断凝结全球华人的心声，增进全球华人的认同，不断将中华文化推向世界。

我们深知自己的能力有限，且掌握材料不足以深度考证和研究，工作中肯定存在不少缺憾和错误。但是，我们怀着最大的虔诚，感恩最大的慈善，衷心希望能够在纪念邵先生逝世一周年的特殊日子，以此丛书表达我们及国内民众的缅怀之情。

正是：

满眼风光逸夫楼，
万千灯火耀神州。
奋发图强传薪火，
四海同心中国梦！

致谢

在本书付梓之际，衷心感谢西安电子科技大学领导的亲切关怀和热情鼓励！感谢出版社领导的全力推动和各位同仁的全心付出！

最浓莫过乡情。特别感谢邵逸夫先生家乡人士——北京市宁波商会、深圳市宁波商会和西安市宁波商会企业家秉承邵先生勤奋创业、兼济天下的高尚情操，怀着对邵先生的无限敬仰和矢志追随，给予本书的大力支持与协作！同时，邵逸夫先生家乡人士——我校浙江校友会、宁波校友会也积极参与和支持本书出版，令人感动，在此深表谢意！

衷心感谢全国长江韬奋奖获得者，《浙商》杂志社社长、浙商全国理事会理事长朱仁华先生为本书慷慨代序，朱先生发出的“学习邵逸夫倡议书”，道出了我们工作的全部意义和感情！

衷心感谢各位作者以忘我的精神，满怀热情投入创作，感谢各位引用材料作者的先期成果和无私奉献！

真诚感谢我校人文学院院长漆思教授及学校港澳台办、党政办、宣传部、校友总会办公室、后勤集团、产业集团等部门领导和同志提供的宝贵支持与帮助！

学习邵逸夫倡议书

（代序）

朱仁华

《浙商》杂志社社长

浙商全国理事会理事长

2014 年 1 月 7 日，出生于浙江宁波的著名爱国人士、企业家、慈善家邵逸夫先生在香港逝世，走完了他 107 年的漫长人生。到目前为止，还从来没有一位企业家像邵逸夫那样如此深入人心，他的离世引发了全民性的怀念。

邵逸夫先生是浙江的骄傲，浙商的典范。他的慈善精神、道德情怀、信仰追求、精神境界像一座座山峰，令后人高山仰止。邵逸夫先生的崇高风范，正是今日浙商书写新篇章的力量源泉。

为此，我们发出如下倡议——

勤勉敬业　创业不息

我们学习邵逸夫先生，就是要学习他勤勉敬业、创业不息的精神。

邵逸夫的一生就是创业的一生，是从挫折不断走向成功的一生，他创业不止、奋斗不息，精彩异常。他把工作当嗜好，他把工作当生命。

邵逸夫精明能干，用人独到，管理严苛，胆略过人。他在各个时期的不同节点上，都能走在时代潮流的前沿，从而不断谱写出人生一篇又一篇的精彩华章。

邵逸夫先生的经历，证明了成功没有捷径。浙商要始终保持创业创新的激情，不断攀登事业的新高峰，创造属于自己的更精彩人生。

胸怀家国　报国有道

我们学习邵逸夫先生，就是要学习他爱国、报国的情怀。

邵逸夫先生的一生，致力于打造一个品牌：那就是大爱！而这大爱的背后，就是他的赤子之心、爱国爱家情怀！

作为古今中外捐资助学史上当之无愧的第一人，他视教育为立国之本。“国家振兴靠人才，人才培养靠教育，培养人才是民族根本利益的要求。”爱国情怀彰显无遗。

爱国不是口号，浙商践行中国梦的最好路径，就是实业报国、产业报国、大爱报国。

修身养性　精神富有

我们学习邵逸夫先生，就是要学习他超越财富之上的信仰修为，传递财富正能量。

完美的企业家，要达到两层境界。第一层境界是物质的，停留在财富积累，第二层境界是精神信仰，人文关怀、灵魂追求。邵逸夫先生用一生为我们树立了两座丰碑。

邵逸夫先生为当代企业家转型树立了一个历史坐标。我们在事业发展的同时，应追求更高的精神信仰，拥有更高的历史使命。

善行天下　大爱无疆

我们学习邵逸夫先生，就是要学习他善行天下的高尚情操。

邵逸夫善行天下的慈善壮举，为我们留下一份沉甸甸的慈善大地图，中国大江南北随处可见。

“一个企业家的最高境界就是慈善家。”邵逸夫一直在践行他的慈善理想主义。他留下了一座慈善的富矿，提供了慈善的路径、方法、理念，激励着我们树立积极、高尚财富观。财富若水，上善若水，财富用到极致就是最高的善。

浙江是商圣之地，历来便有“商之大者，为国为民”的传统。今日浙商从邵逸夫身上看到，财富来自于社会，应当取之有道，散之有理。一大批浙商在完成了财富原始积累后，毅然扛起社会责任的大旗，积极投身社会公益事业。

我们要学习邵逸夫先生，就是要宣传他的精神，发扬他的精神，留住他的精神，让他的精神在中国大地上，如“红日初升，其道大光；河出伏流，一泻汪洋”。让一个个浙商乃至中国企业家“达则兼济天下”的“慈善盆景”，变成浙江乃至中国大地上四季竞放、永不落幕的“慈善风景”。

桑梓情　为国志

甬商典范，共同缅怀。怀着对邵逸夫先生的推崇和敬仰，邵先生家乡宁波籍企业家商会积极参与，大力支持本书出版，衷心希望以此学习传承先辈的足迹和精神，继往开来，再创辉煌！

北京市宁波商会　发扬“甬商”优良传统，做好三件事，发挥三大作用：一是联络北京宁波籍企业家，互相交流，增进乡情、促进合作、成就事业，发挥联谊作用；二是为北京宁波籍企业家在北京生活、工作、创业、发展提供服务，发挥服务作用；三是加强京甬联系，发动组织宁波帮，支持宁波经济建设，发挥桥梁作用。

深圳市宁波商会　坚持“面向企业，发挥桥梁纽带作用，更好地为企业和企业家服务”的宗旨，团结在深的所有宁波精英、企业家协会，组织及其他社会各界，大力开展智力服务，为经济社会发展做出了重要的贡献，取得了显著的成绩。

西安市宁波商会　坚持以为会员服务、为西安经济发展服务、为宁波经济发展服务的“三服务”为宗旨，围绕西部大开发，热诚服务甬籍企业家，传承家乡情缘，构建合作平台，大力促进企业发展，促进西安、宁波两地经贸合作。

天下宁波帮

前言

如今，百岁的老人已不稀奇。但是，2014 年 1 月 7 日，仙逝家中，107 岁的邵逸夫爵士，却还是掀起了一场旋风。这个见证了一个世纪的老人，用极尽低调的方式，安安逸逸地走了，却令香港乃至整个华人世界展开了一场世纪追忆。

这位以电影起家的百岁老人，其一生的经历，本身就是一部精彩的电影。

生于上海的一个浙商之家，拥有众多的兄弟姊妹，生活无虞。

青年会中学的少年，讲着一口流利而标准的英语，意气风发。

未及年长，家道中落，随长兄和众多兄弟姊妹搬入一个破旧的戏院，绝地反击。

中学毕业后，在华人艰难生存的南洋，和三哥扛着破旧的无声放映机，走遍城乡，手摇放映电影，开拓发行网。

因为拍摄“抗日”题材的电影，蹲在日本人设在新加坡的地牢中，窗外的妻子苦苦支撑等待丈夫的归来。

出掌邵氏兄弟(香港)电影有限公司，决然挥金香港清水湾，义无反顾打造邵氏电影帝国梦。

初入香港电影业竞技场，合纵连横，重重险中稳求胜。

老年后，事业迎来新时代，走出“小”香港，慈善遍布大中国，以“逸夫楼”为图标勾画出一幅邵氏版中国地图。

在美女如云、花团锦簇的舞台上，最后却走出一个清瘦矍铄的老人，犹如世纪之眼，点睛了繁华背后的执著，娱乐背后的庄重。

90 岁老人迎娶一生的红颜知己，结束了长达半个世纪的爱情马拉松，于人于己皆安逸。

107 岁安然谢世，低调简朴的后事安排，却挡不住各种媒体忍不住的关怀，更挡不住数千“逸夫楼”的回响，令曾经年轻的一代和正在年轻的一代，目睹了一个世纪之子的翩翩风度与优雅谢幕。

正是这位百岁老人，用其传奇的一生，走过了这个民族的百年沧桑，用其数以千计的影视产品，欢愉了成千上万人的生活，也用其令人惊叹的慈善义举推动了一代人的成长。但是，终其一生，他努力做事赚钱、热爱并制作影视品、出资建学校和医院，兢兢业业走过的，是他这一个“人”的谋生存发展的世纪，亲手缔造的，也是一个“人”的梦想帝国，用尽心力书写的，也是一个“人”的“追求安逸”的历史。

在这个科技突飞猛进的时代，在这个海量信息潮起潮落的时代，人们如同被置于流水线上的产品，一面张望着外面五彩纷呈的大千世界，期望有朝一日能挣脱生产标准的束缚，活出个自我来、活出个精彩来，一面丝毫不敢懈怠地紧跟着流水线作业的步伐，生怕被时代抛弃，被大众嘲笑为次品，碾落凋零至众人脚底。令人沮丧的是，人们越是挣扎，越是陷落更深。这令多少人，或者放弃挣扎，反转一头扎进欲望的海洋、复制的大浪，或者自艾自怜，以怀才不遇之愤懑，宅入小我，聊以自慰。大时代似乎越来越裹胁着小人物的命运。

然而，任何一个大时代都必然裹胁着小人物的命运。已经过去的20世纪，在整个中国历史上，正是一个空前转折式的大时代。恰也是这样的大时代，偏偏造就了众多的强者、大师和伟人。不过，令人讶异的是，倘若遍览这些强者、大师和伟人的生平过往（除非只是遍览歌功颂德的篇章），就会发现，多数有着自传的强者、大师和伟人，却纷纷执拗地要表达出：他们并非是天生命定就要扮演这样的角色，也并非费尽心机地去摘取这样的殊荣。他们总希望以自己的言行恳切地告诉后来人：他们原本只是大时代下的一个小人物，只因怀了一颗本真之心，踏踏实实做人、认认真真做事，顺应世事变迁、穿越沧海桑田，最终走在了时代的前列。

都说“时势造英雄”，怎知英雄原本起自小人物，在时代的大浪潮下，是勇立潮头，还是急流勇退？是长成常青藤，还是雨打花落去？都不过是那当年一名小人物，本持一心、顺势而为，步步为营、险中求胜，不弃梦想、不忘初衷，终于走过艰难险阻，成就自我。已然成为伟人、强者的人，其身上那被笼罩的光环，总是与其他的伟人有着太多相似之处。而多数已入年迈的伟人、强者，却往往愿意选择缄默。留给后世的，是无尽的猜想——

在多少个日落黄昏的日子里，那个曾经叱咤风云的老人，在回顾人生的一幕幕之际，最愿后世记得他的什么呢？

目录

CONTENTS

第 1 章

以变求安：少年“仁楞”，愿做“逸夫”

上海滩的漂染坊

1840 年，英国越洋而来，以坚船利炮打开了中国大门。中英《南京条约》迫使中国开放通商口岸。上海，与其他四个口岸城市(广州、厦门、福州、宁波)沿海排开，成为了东西文化交汇的窗口。这是自 1793 年，为了打破广州一口通商的垄断地位，让英商能够更加顺利地获得中国的生丝和茶叶，马格尔尼爵士来中国觐见乾隆皇帝，无功而返之后，英国人第一次省去了各种天朝的繁文缛节，堂而皇之地踏上中国的土地。因此，一口气要求中国开放了五个通商口岸。

其中，上海，由于地处交通要冲，又较之传统的中外贸易城市广州气候更适宜，位置更加向北，有利于外商打开通往中国北方的贸易通道。这个曾经的小渔村，一夜之间就成为了一个由外国资本和市场主导的由进出口贸易带动发展的通商城市。不同于中国传统城市，这个新兴的城市，洋人聚居、华洋杂处、商业贸易发达是它的主要特征。1871 年《上海新报》刊登一位外地游客的来稿，描述上海商业繁盛的景象：“人杂五方，商通四域。洋货、杂货，丝客、茶客，相尚繁华，钩心斗角，挤挤焉，攘攘焉，蜂屯蚁聚，真不知其几多数目。”

1843年，上海外国租界成立，在这块杂居繁处之地，造出个“国中之国”来。租界内实行了与传统中国截然不同的市政管理机构——工部局，由外国纳税人选举代表组成董事会，商议决定租界事务，由常设行政机构负责执行，并设有维持治安、交通、监督法令执行的巡捕和审理商民纠纷的司法机构。租界是外国人的世界，华人虽在数目上远多于洋人，也一样照章纳税，却是低于洋人的二等公民。外国人在租界里日常行事，往往以特权者自居，鄙视华人，傲慢跋扈。华人也往往只能“人在屋檐下，怎能不低头”，忍气吞声。因此，多数居住在租界的人，无不体会到外国侵略带来的民族屈辱，心理蒙上重重的阴影。

不过，新鲜的事物总是有着巨大的吸引力。租界设于黄浦江畔、旧城旁边，靠近港口水陆交通方便。高敞气派的西式洋房、洋行、教堂，相映生辉，鳞次栉比沿街而立，与中国传统的土木高宅、民用瓦房形成鲜明对比，异域之风令人顿感新奇炫目。时人冠称“十里洋场”。

不过，最令人震撼的还是这十里洋场里演绎的令人眼花缭乱的市井生活。1879年，一位由江苏淮阴来上海的游客，游览租界后感叹：

> 出城乘东洋人力车游洋场宝善街一带，车声隆然，往来雷动，泰西十七国货物，麇集鳞聚，惊心炫目，应接不暇。晚则煤气火灯千百万盏，如列星。洋楼有高三层者、四层者、五层者，金碧迷离，境各异态，珠宫贝阙，谅不是过。花月胜场，所在皆有，妖姬艳服，巧笑工颦。市肆之盛，合埠第一。千两黄金，一浪头大腹贾，瞬间变为小乞儿。
>
> 王锡麟：《北行日记》，载《清代日记汇抄》，上海人民出版社。

这样的繁华地，是冒险者的乐园，更是让富有商业头脑者心动手痒的竞技场。

宁波商人邵玉轩，就心比天大。自打从父亲那里接手过开在镇海郊区朱家桥镇的祖传漂染坊后，他就等待着有一天，带着他的漂染坊去上海。

虽说宁波也是开放城市之一，但是比起那个黄浦江边的新都会，宁波更多的是祖上留下来的商贸世界。无论是商贸规矩还是商业市场，都不如上海更加新鲜和有机会。要将祖业发扬光大，守着朱家桥一辈子是不行的。上海，是个新世界，更是个通往外国市场的新天地。自古，宁波人就有出海经商的传统。要走，就走到一个新天地，就算风险大，只要兢兢业业，仔细经营，回报也大。

当年父亲曾反对邵玉轩去上海发展，认为漂染行是以土布为主要对象的行业，上海是洋布盛行的地方，漂染工艺如何立足？但是，玉轩不这样认为，他以为只要有中国人的地方，漂染还是有市场的，洋布、土布各有优势，只要工艺精湛，不怕没有生意。就这样，漂染行的小老板，抱着一试的想法，把这祖传的手艺带到了新兴的城市，准备接受一回现代对传统的挑战。

在 19 世纪末，邵玉轩终于把“锦泰昌”的牌子，挂在了临靠黄浦江的一条小街上。在这华洋杂处的大都会，面对这细腻挑剔，又追求新潮的上海客户，邵玉轩严格漂染程序、亲自把关，丝毫不敢懈怠，正是靠着精益求精的精湛手艺和童叟无欺的诚信，“锦泰昌”的牌子不仅在上海滩立了足，还搬迁到静安寺附近的一条大街上，成了远近闻名的商号，邵玉轩也从宁波小镇的一个富商，成为上海工商业的活跃人物。

像是配合这生意兴隆的气象，邵玉轩的儿女们也茁壮成长，令人羡慕。从 19 世纪的宁波毅然迁往 20 世纪的上海，做父亲的这一举措，似乎也预示了邵氏家族一个新世纪的开始，当年的邵玉轩没有想到，自己

在勇气和憧憬下，跨出从宁波到上海的一小步，若干年后却成就了儿子们迈出国门的一大步。

邵家是传统中国社会标准下的令人羡慕的大家庭。不仅生活富裕，还人丁兴旺、父慈子孝。

1907年底，继拥有了五个子女后，邵玉轩迎来了第六个孩子，是一个男孩。因排行老六，家中亲切呼其“老六”，取大名邵仁楞。

自小，邵仁楞就在三位兄长的影响和带领下，过着优哉游哉的无虞生活。

长兄邵仁杰，生于光绪二十二年(1896)，年长老六11岁，7年后从上海神州大学以优异成绩毕业，遵从父命，成为一名律师。

二哥邵仁棣，生于光绪二十四年(1898)，此时已经9岁，小小年纪就主意拿定，没有进大学名校却自择经商之业。

三哥邵仁枚，生于光绪二十七年(1901)，是锦泰昌做大之后又开设了一家大颜料号的年份。数年后，善于开拓的三哥只身下南洋，硬是在南洋开创了事业的新天地。

继两个姐姐之后，老六在一个革命风潮涌动、山雨欲来风满楼的大变革时期，呱呱落地，成为邵家第四个儿子。这个一睁眼就将看到中国大变局的孩子，从此走进了一个充满变局和挑战的新世纪。其一生，注定要在变局与机遇中沉浮、搏击。

不过，富裕的家境给年少的兄弟们，更多的是强烈的新奇心和冒险精神。他们热切地生活着，尝试着。中国传统经商世家的身世背景，让兄弟们拥有了从事商业以追求财富的人生理想，也令他们携带了中国传统世家大贾共有的归隐山林、悠闲恬静的精神向往。

邵氏兄弟的名字中，皆有一个“仁”字，这是传统中国家族的先祖

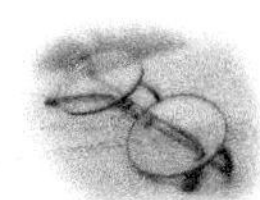

们厘定后世子孙辈分的字，一般都要同辈子弟共用一字，个人再分取一字以示长幼区别。名字的辈分祖宗定，长幼之分的后一个字，父亲定。因此名字竟寄托了一个家族和父亲的所有期望，无可选择地压在个人头上。这让就读于上海新式学堂、大学，也饱受西风熏陶的众兄弟，不免有些想法。不过，大家庭自有大家庭的规矩，如果擅自改名，必然令父亲生气，有违孝道。但是父辈的命名，却无法表达自己的志向和心迹。两厢权衡之下，取个字号的办法，既不违中国文化习惯，又能表达个人心志。

中国古语“仁者乐山，智者乐水”。既然祖辈传下一个“仁”，在宁波这样面临近大海的地方，必是希望后世子孙，善于在激浪中搏击，更能够以“仁”立世，使家族基业稳若磐石，犹如大山般坚实稳当。况且家族之兴旺发达，终究也离不开家和万事兴，为人“仁”者，必能善“和”。

正是在这样乐于商场搏击、又对仁山心向往之的中国传统大家商贾中，让邵氏众兄弟纷纷给自己取了字号。大哥号“醉翁”，所谓“醉翁之意不在酒，在乎山水之间矣”。二哥“邨人”，身处大都会，却以邨人自居，正是希望终归为“采菊东篱下，悠然见南山”的自在一人。三哥号“山客”，惟愿在“明月松间照，清泉石上流”的山间“随意春芳歇，土孙自可留”。已经在上海“青年会中学”上中学的少年邵仁楞，此时也按捺不住要做回个自己了。

“逸夫”，是继三兄长之后，邵仁楞为自己起的字号。虽然父亲对他同样寄予了厚望，身为第四子，但因为没有长兄天然的责任、也没有其他兄弟强烈的竞争性，仁楞打小就是在父兄的爱护和带领下过着和睦、安适的生活。

他天资聪明，十岁就能够背诵整本唐诗，被父亲送往美国人在上海开办的“青年会中学”，很快就能讲一口标准流利的英语。尽管父亲期望他能振兴家业，而年少纯真的仁楞却只希望自己能够一直做一个安安逸逸的人，这种温和又简单的生活理想，让他在日后，少了几多焦躁和抱怨，不论事业多么艰难抑或多么辉煌，所求者，不过是一个人的安逸的生活，所愿意出资助力的，也不过是希望更多人过着安逸的生活。“宁波人从小就立志做大事，头等大事就是经商。一生从商，终生忙碌。取这个名字，是希望自己以后能闹中取静，忙里偷闲，安逸度过一生。”据称邵逸夫后来也是这样解释自己的名字。

从小在上海大都市长大的众兄弟，竟是以这种方式，携带着宁波人的文化基因，在此后的一个世纪中，须臾不曾放弃。

天一影片公司《立地成佛》

1920 年，父亲去世了，“锦泰昌”也随之衰落。在新世界大上海，传统行业迟早都要遭受到现代工业的围剿。所幸，早在父亲去世前，大哥醉翁就已经开始在商界独自摸索了。当年做父亲的出于对时代变化的无奈，宽容地支持了长子收购了一家小戏院——“小舞台”，并改名“笑舞台”。不想，这家小戏院竟成为他身后，这个大家庭得以依靠和东山再起的基石，为邵家新一代开拓新事业接上了一条通道。

从漂染行到戏曲娱乐业，这样的过渡，在两代人之间实现，其实也是清末民初大上海整个社会生活方式变迁的写照。

开口通商后，中国传统的娱乐——戏剧，也率先在华洋杂处的上海出现了商业化发展势头。随着各地人口涌入城市，商业繁盛之余，商业生活也日益活跃，消闲娱乐业随之兴旺，娱乐市场眼见着扩张起来。先是营业性戏园大行其道，19 世纪 70 年代，邵氏漂染行还在朱家桥时，

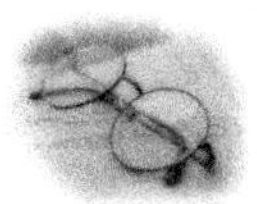

上海的戏园业已经是十分发达了，仅租界内有名号的戏园就有 30 余所，每日“集秀昆腔来茂苑，名优丹桂属京都。昼夜供欢娱”，盛况空前。到戏园、书场去看戏听书，已经成为上海各阶层市民普遍化、大众化的娱乐形式。

当初漂染行就是在这样的一个新天地中谨慎立足。因此，娱乐业之繁盛和娱乐业的巨大商机，无疑也是暮年邵玉轩愿意支持长子收购“小舞台”的一个动因。

像是时代的暗示，电影，这种由西洋人带进中国的新奇娱乐形式，在 1894 年法国人发明了电影放映机后，旋即在邵醉翁出生后一年的 1897 年，迅速来到中国上海，成为最时髦的娱乐。1905 年，在北京丰泰照相馆，旅日归来的老板兼摄影师任景丰购置了法国造木壳手摇摄影机以及 14 卷胶片，邀请京剧名家谭鑫培，拍摄了《定军山》中“请缨”、“舞刀”、“交锋”等几个片段。这一举动，后来被认为是中国电影诞生的标志。

以往的娱乐形式一般都离不开现场的真人实景，观众要受到距离上的限制。与此不同，电影这种新式娱乐形式，则以超越时空的虚幻影像，展现真实的画面，使人目睹幻影，却能产生身临其境、亲见其人的感觉。1909 年的《大公报》谈到电影的魅力，反映了当时人们争相观看的心理：电影这一样玩意儿，实在是欧美各文明国学问美术进化的一种大表记。不但能发显出各种景致，比如天然的那山水树木，人工的那楼台殿阁，并且能演出古今各种历史，直把那天下古今奇奇怪怪的事，都缩在眼前……美哉！乐哉！20 世纪的人，竟能享这个眼福，真是古人梦想不到的事情呀！

除此开眼界的新奇玩意让人们争相观看外，《大公报》也敏锐地发现了这新鲜的玩意，一点也不亚于传统的戏曲，同样也可以具有社会教育的功能。因为电影内容往往劝善惩恶，“所演的故事里头，有许多的道理，很可以劝善惩恶，叫人警醒”，而不像一些戏曲里有些淫秽不良的内容，会使青年子弟受到坏的引诱。

电影有着传统戏剧有的功能，更有传统戏剧没有的优势，加之放映电影的场地和成本都是传统戏剧不能比拟的。这样电影很快风靡大上海和多数开口通商城市，高档的电影院不仅设备精良，还有要求观众“安守秩序、宁静少谈、不妄吐痰、不碍他人”的《观众须知》。而低档影院每张戏票只售铜元十枚，顾客都是短衣跣足的下层民众。每到夏天，泥桥城外有露天电影者，每位只取小洋一毛。观赏成本的高低兼容，让电影像一股旋风，迅速开始在大上海市民上下阶层普遍流行开来。

不仅如此，一些颇有艺术才华又富有经商头脑的人们，还发现了电影带来的巨大商机。

1923年，比“天一”成立早三年的“明星”电影公司的《孤儿救祖记》成功带来的巨额利润刺激和鼓舞了人们拍摄电影的热情，众多的电影公司纷纷成立。到1927年，中国已有100多家电影公司，天一影片公司则是这些新公司中对后世影响最大的一家。其实，明星公司的创立人与邵醉翁有着密切关系。

1921年邵醉翁从律师改行从商，在津、沪、浙与人合办30余家商号。由于经营失败，于1922年初，在上海与人合作，经营笑舞台，由张石川任顾问。张石川，镇海县霞浦人，后即为明星影片公司创办人。其时，张石川为前台经理，郑正秋(我国著名戏剧活动家)为后台经理，从事文明戏演出，并创办了“和平社”剧团，演出自编讽世剧本。不久，张石川和郑正秋离开“笑舞台”，创办了明星影片公司。这样，笑舞台失去了两个骨干台柱，邵醉翁对搞文明戏又产生了动摇。

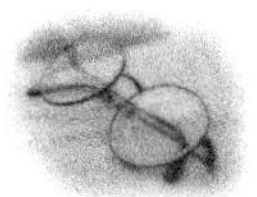

1923 年《孤儿救祖记》的成功，促使邵醉翁下决心转入电影业。

1925 年 6 月，大哥邵醉翁筹资 1 万银元在上海虹口横浜桥创办天一影片公司，专门从事影片的摄制与发行。邵醉翁任总经理兼导演，二弟邵邨人负责制片兼编剧。“天一”成立之初，清一色是家族班底。老大邵醉翁是制片兼导演，老二邵邨人擅长编剧，老三邵仁枚精于发行，老六邵逸夫则擅长摄影。创业之初，他们分工合作，完成一切工作，公司犹如家庭式作坊。成立当年，就摄制了“天一”的第一部影片《立地成佛》。

放下屠刀、立地成佛，本是佛教用语，是佛家劝人改恶从善的话。记载于宋代释普济的《五灯会元》卷五十三之中，在中国民间流传甚广，是一般处于弱势一方的大众，对握有权势的恶人们无可奈何之下的期许。

电影中，将军曾效棠在花天酒地里与姬妾玩笑，对儿子少棠在外仗势欺人视而不见。一日，少棠又开着汽车横冲直撞，殴打路人。青年吴凌云路见不平，将其痛打。少棠回家后立即命令士兵搜捕吴凌云。凌云闻讯躲避，士兵将吴父抓走。不久，少棠因伤势过重，不治而亡。效棠于佛寺超度爱子，兼以解脱痛苦。方丈的循循解说就仿佛五雷轰顶一般，使效棠豁然开朗。顿悟之下，效棠释放吴父，并遣姬妾，散钱财，造福乡里。尘世诸事一了，效棠投身佛门而去。

以邵醉翁之成长经历，开张第一部影片，既有着鲜明的道德感化和佛理点悟的作用，也彰显了“天一”的创作主张和审美趣味。而“天一”影片的片头也选择了一尊佛像作为标志，但是这个“佛”本身似乎不具备真正的宗教意义，倒像是符合大众趣味的“佛”。“天一”对传统道德伦理的热衷，迎合了相当一部分观众心理。这部影片在当时的上海非常卖座，也赢得了市民阶层的共鸣，给处于华洋杂处之地常常敢怒不敢言的老百姓以情感的宣泄。那些喜闻乐见的旧伦理框架中才子佳人的故事，与“发扬中华文明、力避欧化”的旗帜都吸引了市民观众，“天一”初次亮相，就大获成功。

“注重旧道德、旧伦理，发扬中华文明，力避欧化。”这是邵醉翁为天一公司确立的制片宗旨。在后来的很长时间里，邵逸夫旗下的邵氏兄弟，也沿袭了这一宗旨。

邵醉翁 1933 年接受采访时说：“我觉得什么都有新旧，只有道德没有新旧之分。就现在而论，还应适当提倡旧道德，忠孝节义不过是解释略有不同。”“守旧”是邵醉翁和他的天一公司留给外界最深的印象。天一公司的片头，是一尊佛像。在当时新旧文化激烈冲突的大背景下，很少有生意人会如此清晰地亮明自己的价值取向。不仅如此，邵醉翁还在办公室供奉佛像。天一的片场按他的要求，四壁刷成明黄色，很多第一次来的人，都疑心“进了佛堂”。

1926 年，“天一”迁址后在人才和技术上都有了新的扩充，在创作上也发生了重大变化，开始摄制大量“稗史片”，也就是流传在民间的一些逸闻趣事，因为故事和人物都家喻户晓、深入人心，所以仍然大受欢迎。先后拍摄了由胡蝶主演的《梁祝痛史》、《珍珠塔前后集》、《义妖白蛇传》、《孟姜女》以及其他古装片，多数取材自民间故事和古典小说，故公开标榜：“注重旧道德、旧伦理，发扬中华文明，力避欧化”。这些影片由于故事情节家喻户晓，加上浩大的宣传声势，颇受上海市民和南洋华侨欢迎。1928 年进一步拍摄《混世魔王》、《乾隆游江南》等神怪武侠片，掀起了所谓“古装片浪潮”。

就这样，在充斥着西洋风味的大上海，“一只眼盯着艺术、一只眼盯着商业”的天一电影公司，以富有中国传统道德色彩、饱含中国传统

文化元素的影片，以明确的市场取向获得了商业上的成功，虽是后起之秀，它却成功地引领了“稗史片”、“古装片”等风潮。这些制片路线也给“天一”在上世纪后半叶的继承者“邵氏兄弟”电影公司打上了印记。

20 世纪二三十年代的上海滩，灯红酒绿、霓虹林立，年轻的邵氏兄弟只是众多电影淘金家中的一员。新成立的“天一影业公司”既没有黑帮靠山，也没有左翼背景，有的只是精明的商业头脑和“宁波帮”吃苦耐劳的天性而已。历史的吊诡之处，就在于一批批财大气粗、激流勇进的电影公司都在岁月流逝中解体了，唯有不事旁骛、专心拍片的天一公司最终存活下来，并在之后的颠沛流离中逐渐演变成“邵氏兄弟”，成就了一代“东方好莱坞”传奇。

以今天的眼光看，天一公司是典型的家族企业：邵醉翁自任总经理兼导演，二弟邵邨人任会计兼编剧，三弟邵山客任发行。不久，邵醉翁娶了当红演员陈玉梅为二房太太。在当时，再找不到第二个家族，有这样的电影生产势力。邵逸夫当时的身份是摄影师，他使用手摇式摄影机，出任了大哥执导的影片《珍珠塔》的摄影，合计上下两集。

天一自 1925 年创立，到 1937 年南下香港，在上海的 12 年间，共拍摄了 101 部故事片，制片速度几乎达到 50 天一部。“邵氏兄弟善于揣摩大众心理，搭准市场脉搏，比同行领先一步，推出新题材与新样式，以此吸引观众，争取更多票房份额。”这是内地传媒学者李亦中对邵氏兄弟早期创作的看法。胡蝶是天一公司最为后人熟知的影星，她曾在回忆录里这样写道：“签约两年，共主演 15 部影片。公司出片神速，一部影片常常十来天就拍摄完成。刚上完一部戏，下一部就接踵而来，中间没有任何休整。”

在此十多年间，“天一”拍摄的100多部影片中，一半以上取材于“水浒”、“三国”、“西游”、“施公案”、“三言二拍”，以及其他取之不尽的乡村野史、民间稗闻。比如江南地区广为流传的《珍珠塔》、《白蛇传》都拍了3集，风靡一时；《乾隆游江南》更是拍了9集之多。一时间，“天一”势头蒸蒸日上，所出品的影片几乎部部卖座。上海滩上的大小电影公司感觉受到了威胁，于是1927年，“明星”联合“大中华”、“民新”、“友联”、“上海”及“华剧”组成反“天一”联盟——发行机构六合影片营业公司，凡是“天一”出品的新片，他们一概抵制不买，不让进影院，史称“六合围剿”。突然的变故，让邵氏兄弟措手不及。

六合围剿之下，“天一”的上海市场遭受重创，醉翁遂派高中毕业不久的六弟邵逸夫远赴新加坡及东南亚一带协助三哥邵山客开辟南洋市场，由此“天一”也得以另开蹊径，进入了飞跃发展的新天地。

少年仁楞，自父亲去世后，长兄如父。在长兄的耳濡目染下，早早就对电影行业有了兴趣。擅于摄影的老六，早早就开始参与“天一”电影的拍摄，在六合围剿的困局下，曾一心向往安逸的“逸夫”，既按捺不住对电影的热爱，也必须承担对这个大家庭的责任，听从了长兄的安排，前往南洋，和三哥一起开始了“天一”影片发行网的开拓。

从此，其一生注定与电影业结下不解之缘。在那段时间里，在南洋的城乡大街小巷中，邵氏兄弟带着一架破旧的无声放映机和“天一”影片，亲自手摇放映机巡回放映，逐地开设游艺场和电影院。他们历经磨难，备尝艰辛，星马的穷乡僻壤留下了他们的身影。想要成为“山中逍遥客”和“安安逸逸一夫子”的兄弟，在不知疲倦地忙碌和奔波中，常常会因为这恬淡安宁的心愿而愈发在商场中充满力量吗？

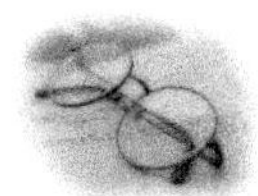

智慧与启迪

19世纪末、20世纪初的大上海，是众多新鲜事物在中国发轫的摇篮。宁波朱家桥镇的邵家父子，先后走进了这个新世纪的风暴眼，实现了邵家的一系列转变，也书写了中国商人的一次转型。父亲从乡村走向城市，那是中国本土的漂染业走进近代染织业，做了谦恭谨慎又稳扎稳打的最后一搏。儿子从漂染业走向电影娱乐业，是年轻的商人迎着欧风美雨义无反顾的一次进军。《立地成佛》登台亮相，博得一片回应喝彩声，是中国传统道德本色在十里洋场中的一次发声。下南洋，不仅是商场博弈的一次突围，更是寻找华人世界电影市场的一次拓荒。所谓“风物长宜放眼量”，在已然变革的大时代，以“变”求“安”，成为邵氏父子兄弟们共同写下的答卷。

由此，本性向往归隐山林、做一介安逸风雅之士的众兄弟，却争相活跃在电影业和大众文化的勃兴中，在大时代的风云变幻中开始书写小人物的人生梦想。

这是一个出身于经商世家的少年，振兴家业的万丈雄心和创新求变的商人传统注入他的身心，开出的将是绚丽而又坚韧的智慧之花。

第2章

拓荒之旅：临危受命赴南洋，宝剑磨砺只待出

下南洋喜逢黄美珍

南洋是明、清时期对东南亚一带的称呼，是以中国为中心的一个概念，沿用至民国时期。其中包括马来群岛、菲律宾群岛、印度尼西亚群岛，也包括中南半岛沿海、马来半岛等地。南洋的地理概念主要是指当今东盟十国在内的广大区域，包括印度尼西亚、马来西亚、菲律宾、新加坡、泰国、文莱、越南、老挝、缅甸、柬埔寨。

中国与东南亚的交往，可以追溯到两千年前的汉代。基本都是在国内政治动荡或者战乱的时期，沿海百姓为谋生而出走南洋。因中国大陆与南洋诸岛国自然地势呈北高南低之状，加之离开故土，出外谋生，在守土重迁的中国传统观念中，被视为不得已而为之的下策，故民间把前往东南亚地区谋生并定居，称为“下南洋”。

中国近代大规模的下南洋移民潮，开启于明末清初时期。其时，王朝更替、部族控权、外族入侵，战乱不断、民不聊生。福建、广东及浙江一带人稠地狭，老百姓生活难以维持，为了谋生计，维持家庭生活，改变个人或家族的命运，躲避战乱，闽粤浙地区的老百姓一次又一次、

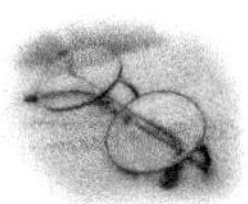

一批又一批地偷渡到南洋谋生。据 1935 年中国太平洋学会对流民出洋的原因所作的调查显示，因“经济压迫”而出洋者占 69.95%。英国、荷兰殖民统治下的南洋，正处于加速开发过程中，对劳动力的需求量非常大。南洋诸国为吸引华工，也先后推出一系列优惠政策，如马来西亚联邦最大的一个州——沙捞越州，在白色拉者(意即国王)二世执政时期，就颁布过一个特别通告：给移民足够的免费土地种植，政府提供临时住屋安置移民；免费供给大米和食盐一年；提供交通运输工具，建立警察局保护华人安全，华人可永久居住在沙捞越等。这样的政策对于中国国内流离失所、丧失土地的无业流民来说，具有强大的吸引力。很多人就是在这个时候，或携妻带子，或孤身一人，漂洋过海来到南洋谋生。

大量的华人涌入东南亚后，对当地的生产、生活以及经济建设，都产生了巨大的影响。一方面，许多华人在侨居国从事商业活动，负责管理海外贸易，收购当地土特产，销售该国货物，从而形成一个沟通中国与海外贸易的商业网络。这些人也多为当地政府所倚重，暹罗王室就曾表示，“如果没有华侨，宫廷什么买卖也做不成”。另一方面，还有相当一部分华人从事手工业，烤面包师、裁缝、鞋匠、金匠、银匠、雕刻师、锁匠、画家、泥水匠、织工，几乎无所不包。从事农业、园艺和渔业的华侨人数也很多，他们同样在当地社会的日常生活中发挥了积极作用。

“下南洋”的中国人，以他们的勤奋与努力，贡献给所在国经济和发展。就连英国的海峡殖民地总督瑞天咸也承认，马来半岛的繁荣昌盛，“皆华侨所造成”。“马来诸邦之维持，专赖锡矿之税入……锡矿之工作者，首推华侨。彼等努力之结果，世界用锡之半额，皆由半岛供给。彼等之才能与劳力，造就今日之马来半岛。”“马来政府及其人民，对于如此勤奋耐劳守法之华侨之谢意，非言语所可表达。”

在南洋诸国中，首推新加坡华人移民最为繁盛。新加坡，又称星加坡、星洲、星城。早在1819年，英国人史丹福·莱佛士(Stamford Raffles)发现新加坡，并于1824年正式变其为英国的殖民地开始，已经有不少华人居住。英国人在新加坡设立商站后，第一批到来的还是来自马来亚的华人。新加坡由莱佛士开埠、大量马来亚土生华人商贾及欧洲商人集聚，当地开发需要大量的劳动力，契约劳工(猪仔)成为下南洋的主要形式。这类猪仔由华人契约劳工贩商带到新加坡，以12个月的酬劳抵消他们的路费。特别1842年8月中英《南京条约》签订后开始形成大规模华工出洋的情况。1860年中英、中法与中国清朝政府签下的《北京条约》，使买卖人口合法化，华工出洋一时达到高潮。直到1914年，契约劳工才被废弃。因此，在20世纪初，华人俨然成为星城的最大族群之一。

故土多灾多难，离开了故土的游子，不仅要承受初入异乡艰苦谋生的逼仄和困窘，更饱受脱离故土文化滋润的孤独和焦渴。

1925年，诗人杨骚怀揣着发财梦，来到闽南人心目中的“黄金的国土”——南洋，目睹了南洋华侨初来此地的生活：工资低廉、地位低下，吃的是“那要丢了的隔时的冷饭和冷水”，睡的是“湿气迫人而阴暗的壁角空地”，穿的是“终年只挂一条短裤子”，深切感受到“一般有钱的华侨大都是从这样的地狱中转生过来的”。

与生活的艰难相比，精神上的孤独寂寥和文化上的隔离、空疏更让下南洋的华人们时时盘旋在思乡和苦涩的情绪中。本打算开一片新天地的诗人也忍不住低诉：“家乡的水土虽不合，你是家乡的水土养大的。家乡的故旧虽秽臭，那都是你小时的朋友。回你十年前的梦里，家乡的一草一木一块石，都是你追慕根深的归宿。”虽然仍有着“回去干什

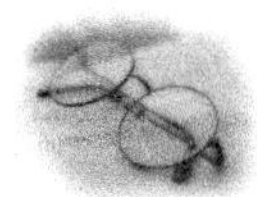

么？”的矛盾和纠结，诗人还是于两年后，抵不住精神的苦闷，“归来去呦！归来去呦！归那往日沉醉低吟的乡土呦！”

但是，同多愁善感的诗人相比，一般下南洋的人们，是无论如何也不能这样就返回故乡的。浓浓的思乡之情、焦灼的文化断流之渴，并不因为身体劳作之苦而减轻，也不能为赚到钱的成功而消弭。南洋的华人消闲娱乐世界就成为一个伴随着南洋经济不断发展的巨大的空洞，对于富有敏锐眼光和开拓精神的商人来说，这更是一个广阔的市场机遇。

早在自家的“天一”诞生之前，邵醉翁兄弟就已经顺着下南洋的人流看到了商机。早年醉翁经商失败后，曾与后来的“明星”电影公司创始人张石川等合作过戏剧，而踏实肯干的邵山客则远渡重洋在新加坡创业。1928 年，邵逸夫也受大哥委派，前往南洋协助三哥。邵氏四兄弟在“六合围剿”的商战中，开始了一次战略转折：老大、老二坚守上海，继续走制片路线，在上海电影业分一杯羹。老三、老六共拓南洋，坚固发行网络，既是“天一”影片放映的海外阵地，也是邵家事业的另一个根据地。

俗话说，“打虎亲兄弟，上阵父子兵”，邵逸夫来到新加坡和三哥一起，组成“兄弟档”。当时南洋的条件十分艰苦，夏季天气炎热，蚊子又大又毒，简直无法忍受，但凭着对电影事业的执著追求，他们都坚持了下来。新加坡的华人，除了早年已经立足和发达的华侨外，大多数是分布在矿区、林区和乡村的华侨苦力。他们的娱乐世界还是一块未开垦的土地。邵逸夫和三哥商量，把“天一”电影送到乡下去，地毯式宣传“天一”出品的影片，拓宽“天一”的影片发行网。为此，他们拉起了 6 组流动放映车，把放映机、银幕、桌椅、帐幕等器材全放到车上，到新加坡、马来西亚的城镇、乡村巡回放映。20 年代末，马来西亚的小镇和矿区、林场有很多华人，他们平日没有娱乐消遣的去处。邵氏兄弟的流动放映车来了，他们便蜂拥而来，享受着流动电影难得的乐趣。

在下南洋的华人中，能吃苦耐劳不是什么稀罕事，但是像邵氏兄弟二人这样出身富家，不仅能吃苦，还聪明、敏锐、坚韧又颇有经营头脑的年轻人，很快就引起了槟城首富华人王竟成的注意。同是在南洋拼打致富的中国人，英雄惺惺相惜之下，王竟成主动找到了邵氏兄弟，提出与他们合作，支持邵氏兄弟发展自己的公司。

就这样，两兄弟在新马逐渐站稳了脚跟，先后买下了位于新加坡闹市区的美之路新娱乐剧院和曼舞罗戏院，开始建立自己的影院网络。

1930 年，邵氏兄弟在新加坡成立“邵氏兄弟公司”，终成与上海的邵氏“天一”电影公司遥相呼应之势。第一次“突围”，打了一个漂亮仗。经过兄弟二人的不懈努力，到 1937 年抗战前夕，邵氏在新加坡、马来西亚、爪哇、越南、婆罗洲等东南亚各地已拥有电影院 110 多家和 9 家游乐场，并建立了完整的电影发行网，称雄东南亚影业市场。

对决心进入电影业的商人来讲，从电影一开始兴盛起，就是“问渠哪得清如许，为有源头活水来”。发行渠道与制片就是渠和源的关系。这个道理大家都明白。所以，邵氏兄弟兵分两路，在南洋修下庞大渠道，固然能够解上海的市场之危。但是，若没有自己的王牌影片，终究还是会落得腹背受敌，受制于人。因此，邵逸夫和三哥，在继续稳固南洋发行网的同时，也密切关注着上海“天一”制片业的发展。

人在不顺的时候，往往是“祸不单行”，逼迫人绝地反击，但却也常常会“喜从天降”，直令人有如虎添翼，春风得意马蹄疾之感奋。

刚刚中学毕业的邵逸夫，就不畏艰险只身下南洋协助三哥，这个一直在父兄羽翼下备受呵护的年轻人，不仅出色又成功地迎接了这次挑战，

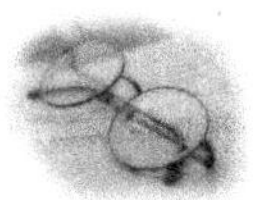

也意外地收获了两情相悦又相濡以沫的人生伴侣。

事业上的成功也给邵氏兄弟打开了爱情之门。以《珍珠塔》为媒，邵氏兄弟结识了新加坡富豪——中国广东人余东璇。邵逸夫也遇到了未来的发妻，即时任余东璇女友的黄美珍。

《珍珠塔》　1926 年，天一公司拍摄。原作为中国清代弹词作品，全称《孝义真迹珍珠塔全传》，流传甚广。现存最早刻本为乾隆年间的周殊士序的刻本。全书叙述相国之孙方卿，因家道中落，去襄阳向姑母借贷，反受奚落。表姐陈翠娥赠传世之宝珍珠塔，助他读书。后方卿果中状元，告假完婚，先扮道士，嬉笑怒骂羞讽其姑，再与翠娥结亲。20 世纪 20 年代由天一电影公司拍成电影，其中《方卿羞姑》一节，讽刺刻薄势利小人入骨三分，动人心魄，遂盛演不绝。经南洋邵氏公司在新加坡放映，亦引起华人共鸣，争相观看。

余东璇，其父亲靠行医卖药起家，成为新加坡医药行业的老大。老父过世以后，余东璇继承祖业，边经营边搞慈善，在当地享有极高声望。因为很小就离开了家乡，一场《珍珠塔》竟然令余东璇泪湿衣襟。电影结束，他特意邀请了邵山客和邵逸夫，赞许他们的电影。共同的文化血脉，再一次令同在南洋闯天下的华人建立起了特殊又密切的关系。

黄美珍是余东璇当时的女友，却与到余府拜访的邵逸夫一见钟情，爱情的细丝在两人之间慢慢缠绕。但是，既是朋友的女友，又是对邵氏在新加坡颇有助力的首富之女友，这双重的阻碍，都令邵逸夫犹豫不决，徘徊不已，三哥的劝导也让老六不由得沉思。要不要在事业的关键时刻，冒着失去朋友、异域树敌的风险，拥抱这样的情缘？作为男人，年轻的邵逸夫必须做出一次人生抉择，给自己心仪的女子一个交代，也给自己一个交代。

生活常常会在关键的时候，触动人做出重大选择。就在年轻的邵逸夫为这段情缘沉吟不决之时，事业上的一次远行，让他决然做出了一个一生的承诺。

1931年，邵逸夫前往美国购买有声电影器材。途中轮船触礁沉没，幸亏其命大，落水的邵逸夫抱着一小块木舢板，在茫茫的大海上漂泊一夜后终于获救生还，并从美国好莱坞买回所需的“讲话机器”。在茫茫大海上命悬一线之际的邵逸夫，其时做何思何想，今日已经不得而知。但据说人们在面对死亡威胁地逼近时，往往会像过电影一样迅速回望自己的一生，并过滤出最为珍贵和最为遗憾的人和事。后来发生的事情至少说明了，邵逸夫劫后余生后，除了坚持买回了最需要的有声电影器材，也毫不犹豫地向余东璇坦白了自己与黄美珍的恋情，坦然恳求余的成全。中国人认为“大难不死必有后福”，邵逸夫能够从茫茫大海上生还，不但没有被突如其来的灾难击倒，反而勇敢地要争取人生的真爱。余东璇也是一位饱经风霜、阅人无数的华人精英，不由得要为这个年轻人的运气和勇气所感动。

有了被承认的爱情支撑，邵逸夫如虎添翼，到1937年上半年，邵氏兄弟在新加坡、马来西亚、爪哇、越南、婆罗洲等东南亚各地已拥有电影院110多家和9家游乐场，并建立了完整的电影发行网，称雄东南亚影业市场。事业颇有成就之际，也是邵逸夫迎娶黄美珍，交付一生承诺的时刻。在新加坡的婚礼现场，一对新人不仅得到了众人的祝福，还收到了余东璇派人送来的50万元大礼。余东璇的宽宏大量让邵逸夫为之动容、让众人赞叹，也让在场的所有人看到了邵逸夫旺盛的人脉。

日本全面侵华战争爆发前，邵氏兄弟公司和邵逸夫的人生一样，节节高，十分令人羡慕。

《歌场春色》首发声

就在南洋邵氏兄弟公司成立的同一年，上海的邵氏天一影片公司也积极在六合围剿的困局中寻求突破。制片是“天一”本业，当然要在制片上另辟蹊径。

有声电影，是观众既能在银幕上看到画面，又能同时听到剧中人的对白、旁白，以及解说、音乐和音响的一种影片。它产生于 20 世纪 20 年代，初期以蜡盘（即唱片）发音，后改进为片上发音。1910 年 8 月 27 日，爱迪生发明有声电影。1923 年 4 月，第一部同步有声电影在纽约公映。

1930 年初，天一电影公司就最早尝试了有声片的制作，采用蜡盘录音方法摄制有声短片《钟声》。可惜，7 月间一场大火，毁了天一的摄影场，也毁了未及放映的《钟声》。下半年，凭借六弟邵逸夫历经劫难从美国购买回来的有声器材和技术，天一公司旋即也拍摄上映了中国最早的两部片上发声影片之一《歌场春色》。

《歌场春色》：剧情描述了某马车夫之子与一红歌女秘密同居，为博取歌女欢心，马车夫之子花言巧语骗取妻子的首饰钱物，供歌女挥霍。不久被家人察觉，夫妻失和，时起争吵。一天，夫妻间又发生争执，导致妻子被车子撞死。马车夫之子也因杀妻罪被处死刑。悲剧酿成后，歌女受到良心谴责，悔恨无已。

其实早在《歌场春色》之前，由张石川执导，胡蝶主演，明星公司制作的中国第一部蜡盘发音的有声影片《歌女红牡丹》已经抢先公映，影片讲述了一歌女嫁给一个无赖，受尽折磨和痛苦，但毫无怨言终于感动了丈夫的故事。它于 1931 年 3 月 15 日在上海新光大戏院公映后，轰动了上海，轰动了全国的大城市，也吸引了南洋的侨胞观众。相比较，《歌场春色》的反响则稍逊一筹。分析其原因，有声电影与无声电影的分野似乎是主要原因，第一个吃螃蟹的人总是会引起众人的惊异，影像和声音的配合让观众的感官享受跨域了一个台阶，人物的声音和表情相配合更加能够将视觉的感受直接转化为内心的体验。但是，越是新奇，越在初期令人着迷，仅有半年之隔的《歌场春色》本应同样享受到观众的惊呼和欢迎。可见，差距不仅仅是技术应用的早晚，应该还有其他的因素。

熟悉20世纪中国社会的人们大多了解，自民国初年军阀混战开始，中国社会一度陷落在武夫当道、社会动荡不堪的时期，平常人家多数受战乱祸害，背井离乡、妻离子散。柔弱的良家女子，不乏陷落青楼得以求生。中国传统社会道德也在这一时期跌落至低谷。1928年，孙中山创立的南方政府，在蒋介石的指挥下，实现了打倒军阀、统一中国的初步计划。整个中国社会渐渐恢复秩序，工商业也迅速活跃，像电影这样的消闲娱乐业蓬蓬勃勃的发展，也正是这个时期社会回升的写照。虽然有声电影跟随欧美潮流，迅疾来到中国，固然满足了人们求新求异的娱乐心理和感官享受，但是，却还不能完全满足一般大众对社会道德言说的诉求。因此，歌女红牡丹在胡蝶这样一个拥有良好家庭教养和热爱艺术的演员的演绎下，不仅境遇令人可叹可怜，道德水准也令人敬仰。基本上表达了一种人们对“出淤泥而不染”的道德偏爱，也阐发了整个社会期望连最低、最弱的社会阶层都能够出现的道德救赎。相比之下，《歌场春色》虽然结局上也实现了歌女的忏悔，但诱惑男子、破坏正常家庭的“事实”，多少还是唤起人们对风尘女子阴暗面的印象，从而无法令观众满足一次精神上的自我愉悦。

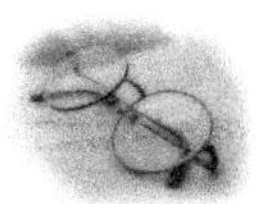

本来，“天一”最早出道，是以道德正面为标榜，而今却落“明星”之下，一时间还是有些慌乱。

值此之时，随着日本侵华的步步紧逼，国内的局面也是一天天紧张起来。政治风潮之下，娱乐界也备受民族危亡的影响，在左翼电影运动影响下，天一电影公司也相继拍摄了《王先生》、《花花草草》、《飞絮》、《飘零》、《挣扎》、《海葬》、《母亲》等较有社会意义的影片。

左翼电影运动：20 世纪 30 年代在中国共产党领导下的进步电影运动。“九一八”事变后，各电影公司的经营者为了摆脱困境，吸引观众，同时也由于广大电影工作者抗日爱国要求的影响，纷纷开始了“向左转”的趋向。1932 年 5 月，明星公司在洪深的建议下，邀请夏衍、郑伯奇、钱杏邨(阿英)三位左翼作家担任“编剧顾问”，并与郑正秋、洪深等人组成编剧委员会；以后，又吸收了沈西苓、司徒慧敏、胡萍、王莹、陈凝秋等“左翼剧联”成员参加创作，率先开始“转变方向”。接着，联华、艺华等公司也相继起用了田汉、阳翰笙、聂耳、郑君里、金焰、王人美、舒绣文等左翼文艺工作者。以共产党人为首的进步电影工作者逐渐成为各电影公司的创作骨干。

查此一时期在上海颇有盛名及为后世人熟知的《渔光曲》、《新女性》、《大路》、《神女》、《女儿经》、《马路天使》、《十字街头》、《迷途的羔羊》、《夜半歌声》等左翼进步电影中，鲜见“天一”的作品。足见其并不敏感于这类电影。

《白金龙》另辟蹊径

就在“天一”于左翼电影运动中颇显黯然的时期，已经富有开拓经验的邵逸夫，敏锐地觉察到，在上海这样的文化潮头之地，“天一”的传统优势是无法得到发挥的，异地求生仍然是一种可以尝试的策略。以邵氏兄弟在南洋创业的经历看，南洋华人多有闽、粤、浙省籍，家乡话本身就是介绍信。眼下的困局，当该聚合邵氏所有的优势，再次另辟蹊径。有声电影技术、粤语、传统剧、南洋发行网，这几个元素的聚合，恰好可以避开"推行国语"、"政治"、及"上海本土竞争激烈"这几个短处。

1932年，邵逸夫高价请来粤剧名伶薛觉生担任主演，自任制片和导演，拍出了一部有声电影《白金龙》，轰动一方。据说放映的时候，观众对电影中的人说话十分惊奇，只要一有声音出来，就大声欢呼！有一次在泰国放映时，观众硬是要把留声机砸开，看看是不是有人藏在里面，害得邵逸夫以后每次放电影都要派专人保护留声机。该片是在香港公映的第一部完整的粤语有声片，映期长达一个月，观众多达10万。不久，该片又在广州以及东南亚各国上演，深受观众欢迎。《白金龙》的卖座，也使天一公司获得丰厚盈利，促使早前以上海为基地的天一公司 1934 年就得以南下香港开设分厂，即"天一港厂"，致力拍摄粤剧电影、拓展东南亚电影市场。

著名儿童文学家、翻译家任溶溶就回忆起上世纪30年代在广州读小学时看这部片子的情景说：这部片子当时在广州、香港乃至东南亚影响很大。片子的歌许多店铺广播出来，我听熟了，还会哼两句，"你係高窦嘅猫儿，我偏要监人赖厚，你将来就知道透……"，意思就是"你是骄傲的猫儿，我偏要自作多情，你将来就会全明白……"。

《白金龙》的主演是著名粤剧演员薛觉先和他的夫人唐雪卿。当时粤剧最红的小生就是白驹荣、马师曾和薛觉先这几位。薛觉先夫妇大概正好来上海演出，在上海拍成了这部片子。内容写一位高贵小姐在旅馆

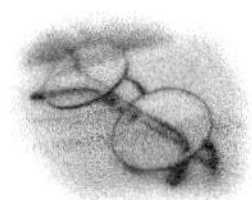

投宿，旅馆阔少看中了她，扮作服务员追求她，晚上还睡在她的房门外打情骂俏，那几句唱词就是在房门外唱的。片子结尾当然是大团圆。薛觉先善演风流小生，在片中两撇小胡子，西装笔挺，偶尔穿上西式服务员服装，背景是高级旅店，完全是好莱坞喜剧风格。《白金龙》这部片子太红了，记得当时有一种香烟，牌子就叫“白金龙”，可能也是借用这片子的名字。

1934 年，初设香港的天一港厂，就乘胜追击，捧出的粤剧电影《泣荆花》，则是当红粤剧小生白荣驹最拿手的剧目。这让“天一”摆脱了政治生活的窘境，重回了“天一”初创时最拿手的民间文化资源土壤，重回了邵氏兄弟擅长的商业片轨道。

渡过这次难关后，邵逸夫仍回到了南洋，同三哥一起继续拓展做大南洋的电影渠道。但是，这次成功，无疑是邵逸夫小试身手的一次，不仅初启了邵逸夫在制片业开拓的历程，也令大哥和兄弟们对这个幼弟的才干有了新认识。

南洋影片公司闯香港

从 1934 年开始，“中华民国”政府推出公民教育运动，横跨八年抗战，提倡纪律、品德、秩序、整洁等，一再教导人们礼义廉耻，不要随地吐痰、随地丢垃圾，养成整洁习惯等。最后因“中华民国”政府于 1949 年内战失败而“暂停办理”。除了歌曲被作为新生活运动社会教育方式之一外，像电影这样的文化娱乐方式也毫无悬念地成为影响和引导大众社会生活和观念的主要形式。与左翼电影运动不同，响应政府的倡导似乎是某一时期政权下的一般商人应该做的。更何况，运动所提倡传统中国美德——礼义廉耻，是为邵醉翁这样的电影人所熟悉。

1936年，社会教育片成了香港电影的主流。这是由于中国国民党政府当时正提倡“新生活运动”及香港社会提倡的“反蓄婢运动”。在上海，与左翼电影相比，邵醉翁无法发挥“天一”的传统特色，而自《白金龙》在粤、港开辟出空间后，邵醉翁执导的《广州一妇人》、《博爱》等影片就来得游刃有余了。

《广州一妇人》叙述罗品超和梁雪霏本是同学，后结成夫妇，育有儿女。罗后来到都市工作，受了诱惑，纵情声色，不顾妻儿。梁到城市寻夫，罗已因亏空公款而入狱。梁得好友帮助留在城市工作，并含辛茹苦抚养儿女。她克勤克俭，代夫逐步还债，其夫获释后觉悟前非，与妻儿团聚，并一同参与救国工作。影片塑造了一个当代妇人的模范形象，讲述了她如何“教育儿女，鼓励丈夫，服务社会，为国效力”。

由于《广州一妇人》主题正确，富有教育意义，当时广州当局最高负责人陈济棠，曾题“节门良范”四字，对该片予以奖励。“广州市戏剧院电影歌曲审查委员会”亦以该片有益世道人心，给予荣誉奖状，奖状上有“发扬妇德”字样。

天一港厂是30年代香港重要的电影制作公司。出品的电影不仅数量多，而且其中不乏佳作。不过在1936年5月11日和8月6日先后两次失火，给“天一”造成极大的经济损失，令“天一”元气大伤，直接引发了“天一”的改组——后来“天一港厂”改组为南洋影业公司。“天一”改组后，邵醉翁离开香港返回上海颐养天年。新的南洋影业公司由二哥邵邨人负责。

李欧梵曾经说：“我多年追踪30年代的上海，却无时不想到香港，这两个城市形影相随”。1930年的上海已然是一个繁忙的国际大都市——世界第五大城市，她又是中国最大的港口和通商口岸，一个国际传

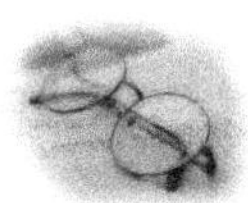

奇，号称“东方巴黎”，一个与传统中国其他地区截然不同的充满现代魅力的世界，和世界最先进的都市同步。香港，虽然在同一时间被写进中英《南京条约》，却是作为一个被割弃的地方，开始走上繁华路。由于被迫隔断了中国文化之脉，同样是华洋杂处、经济繁盛的港口城市，但在中国人、特别是上海人眼中，香港却成了一座“他者”的城市。20 世纪三四十年代声名鹊起的作家张爱玲，就以一个典型的上海人眼光，描述了香港，称其为一座“他者”的伪东方、一座华美而悲哀的城。

显然，与总是第一时间传入法国电影放映机、引进美国好莱坞电影得到“东方巴黎”之称的上海相比，在 20 世纪 30 年代的上海已经是电影繁盛之地、各电影制片公司已是百舸争流、硝烟四起之时，香港的华人电影业却比较平淡、稍逊风骚，虽然已有了“黎氏”兄弟、“光亚”等电影公司。随着 20 世纪 30 年代日本侵华战争的步步逼近，香港成为不少商界和文化界人士的避风港。电影业的人士，也纷纷看到了这块新的拓荒地，开始向香港进发。

就这样，上海和香港，这两个特殊的城市，在发展的道路上有着千丝万缕的相似性，在电影领域也有着时空交错的密切联系。

南洋影业公司出品的第一部电影是《乡下佬探亲家》，于 1937 年元旦公映，导演是老六邵逸夫，这是他亲自执导的第一部也是唯一一部电影。借着这部片子，邵逸夫对导演的工作环节有了进一步的了解。显然，这部片子并不出众，目前有关这部片子内容和反响的信息微乎其微，这大概也是邵逸夫唯一的一部亲自执导的片子的缘故。正是在每一个环节都试图尝试过，才知道自己是否拥有某方面的特殊才能。不过，这部片子的立意，却还是反映了邵逸夫在电影市场上的敏锐之处。

邂逅《新加坡之歌》

自 1934 年“天一”迁往香港，1937 改名南洋影片公司，老二邵邨人负责制片，在新加坡的邵氏兄弟二人则负责提供资金和发行。邵逸夫和三哥充分利用了东南亚英属殖民地在金融、交通和法律方面的优势，使新加坡的邵氏兄弟公司得到飞速发展。根据 1939 年新加坡《南洋年鉴》的广告，当时邵氏兄弟有限公司位于新加坡罗便臣道 116 号，旗下分支机构遍布马来西亚、印度支那、曼谷等地，总共有戏院超过 60 家，这些戏院不仅放映电影，还有马戏和戏曲表演。

但是 1942 年 2 月的新加坡陷落，给了邵氏兄弟重重的一击。日占时期是新加坡历史上最黑暗的时刻。日军尤其是宪兵队对当地的华人做出了诸多暴行。为了报复新加坡华人之前支持中国抗日和新加坡的义勇军，日军从 1942 年 2 月 18 日至 25 日进行了大肃清。最后日方抓走了几万人，当中绝大多数人被带到郊区或偏远的海边予以集体枪杀，剩下的则被送到泰国建造“死亡铁路”。邵氏影院被摧毁殆尽，邵逸夫自己更因为“拍摄反日电影”被日子宪兵打得皮开肉绽，关进大牢。黄美珍一边独力支撑家业，一边托关系找到原来在邵氏兄弟公司做事的日本人山本和中野，花重金请他们赶到日本宪兵部，替邵逸夫说话，才将他救出。这段生死相依的日子，让黄美珍成为邵逸夫人生路上坚定不移、相濡以沫的伴侣。邵逸夫也因此对妻子黄美珍恩爱绵长又尊敬有加，始终称她是生命中对他影响最大的两个人之一，“是一等一的好妻子，样样都好，回到家里我没有麻烦”。

二战时期邵氏兄弟公司受到重创，但是战后他们迅速恢复元气，1957

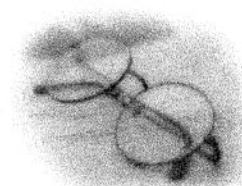

年他们在香港和东南亚已经拥有了超过一百家戏院。

值得注意的是，这次战后重建及新的拓展，竟成为邵逸夫后来能够出掌香港邵氏的一次实践演练，而这是大家都没有想到。两次走过死亡威胁的邵逸夫，不仅没有被厄运打败，却从厄运中变得更加强大、坚韧和富有开拓精神。命运似乎总是眷顾着那些屡挫屡奋的人们，这次重整，收获的竟是他人生的“新加坡之歌”。

原来，邵氏兄弟在对院线重整旗鼓的同时，也开始独立摄制华语影片。当时邵逸夫首先聘请了上海明星影片公司的名导演吴村负责拍摄了在当地的第一部华语影片《新加坡之歌》。

《新加坡之歌》：影片描述了抗日军在二战期间与日军作战的情形，其中也穿插了三位女性在战前、沦陷和战后生活的转变。影片中的角色基本上全由当地演员担任，除了主要角色是由当地职业艺人担任外，其他的角色都是由非职业性的临时演员出演。《第二故乡》和《度日如年》是邵氏继《新加坡之歌》后开拍的两部影片，前一部影片主要是描述南来华人在南洋一带刻苦奋斗的艰难生活，最终决定落地生根，以侨居地为故乡的故事；后者则是以当地各族人民在二战期间的苦难生活为故事主线，这两部影片的票房纪录平平。

邵逸夫原本认为在二战结束后的新加坡，基于日占时期新加坡华侨的抗日义举在当地建立起来的认同，可以开拓一片华语电影的新天地，所以和三哥在重建院线的同时就立即着手自己组织拍摄以新加坡风情和历史为背景的新加坡华语片。但是反响却不尽如人意。邵逸夫与三哥商量遂果断停止在当地拍摄华语影片，而把制片方针全盘转向马来语影片市场。

1947 年，邵氏兄弟在新加坡成立了马来亚电影制作公司，这家公司有别于原有的“天一”和“南洋”影片公司，专门拍摄马来语影片。从

1947～1967年这20年间，总共制作了将近160部马来语影片。在这期间，邵氏兄弟也从印度引进当地的导演和影片技术人员，所以这时的马来语影片很大程度上在剧本、电影风格和技巧等方面都带有明显的印度色彩。由于设备增加，加上摄制人员素质提高，所以在产量方面与二战前相比也显著增加。不但如此，这些影片内容和二战前的电影比较也有很大不同，这时期的影片以现代戏剧和情节剧为主，题材和取景皆为本土化，有较强的节奏感，音乐性也很强，娱乐性较先前更大，所以很受当地马来观众的欢迎。

任何时候，有市场就有竞争。自1939年，以陆运涛为股东之一的国泰戏院开幕后，新加坡影业就逐成两家分庭抗礼的局面。邵逸夫也隔空与自己后来多年的老对手陆运涛(陆运涛此时正在英国剑桥大学读书，1946年学成归来即主掌国泰)相遇。后来的历史也证明，强者相遇，纵有成败，也必是一回回精彩的较量。于较量的双方来说，收获更多的是才干、眼光和能力的提升。此时，国泰影片公司与邵氏兄弟一样，也在新加坡开设了自己的制片厂，专门制作马来语影片。有趣的是，国泰影片公司的马来语影片以类型片为主，而且多数以马来神话和传说为故事题材来源，与邵氏的情节剧有异曲同工之妙。在双方竞争激烈的情况下，新加坡本土电影工业呈现出一片欣荣的景象。在1957年后，双方则移战香港。

这一时期，邵逸夫不仅唱响了事业上的“新加坡之歌”，更是邂逅了情感历程中的“新加坡之歌”。

那时刚经历过日军炮火的南洋，许多从开放城市上海来的戏班子在这里到处淘金。祖籍上海的方梦华在20世纪50年代是一名红遍东南亚的歌手。她自幼继承母亲——当时舞国红星方文露的美貌和歌喉。20世

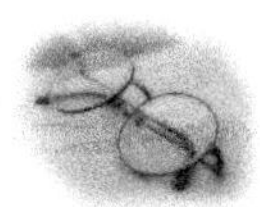

纪 40 年代末，她跟随母亲移居香港，在坚拿道西的唐楼居住，并自修唱歌，最擅长以美国传奇歌手帕蒂•佩姬的唱腔唱英文歌，加上貌美如花，穿上旗袍更显雍容华贵，在当时拥有不少粉丝。

1952 年，方梦华在新加坡邵氏旗下的大世界游乐场的新生夜总会演唱，一曲磁性唱腔兼纯正的《花月佳期》唱出“your folks and mine,happy and smiling”时，多少离开故土又遭遇战争劫难的游子都为之动容，这个柔弱而貌美年轻的华人女子，在这欢歌笑语的游乐场里触动的正是他们内心深处最柔软的地方。一个年纪轻轻的女子，倘若没有经历过人生的磨难，纵有天然美妙的歌喉，却也难唱出那般的深沉滋味来。在战后重建的奔波劳累中，邵逸夫的坚强是毋庸置疑的，而这个自幼就向往“安逸”的中年人，轻易不为人察觉的柔弱心弦就这样被这个女子拨动。就这样，新加坡的一曲，让这个女子走进邵逸夫的心。世人总以歌女傍富豪为八卦谈资，却不愿意直面在大时代下小人物对命运的抗争和争取。相依为命的母女，以一己之长谋生，吞咽世态炎凉，却口吐芬芳，唱出美妙的歌声，欢愉生活。这份坚持和独立足令人起敬。当共同的人生磨难、共同的生命坚强，让两个人心与心彼此接近的时候，一切的指责和非议都成为弱者对曾经的弱者进行的无力又充满嫉妒的嘲笑。

令人肃然起敬的是，这段本来既可以完全合法化(遵从娶为妾室的习俗)，也可以完全娱乐化(沿用始乱终弃的游戏规则)的感情，并没有成为人们茶余饭后的谈资和笑料。两个在娱乐界颇有盛名的人却选择了默默地一路相伴，谨慎地呵护着一切秩序，也呵护着这份感情。能够让这段经久不衰的感情再次重现在今人视线中的，是当年那个独立坚毅的女子，不愿意把自己的貌美年华书写成“金丝雀”，毅然决然地放弃歌唱生涯，终凭自己的努力和才能成为邵逸夫后半生中最得力的事业助手。方梦华

的名字，在今日已经由方逸华所取代，何以由“梦”化为“逸”，已不得而知。一段相守白发的爱情，已写下了所有的解读。而作为20世纪华人世界中的一位成功的男性，方梦华的坚守和相随，正是邵逸夫的人格魅力最生动的真实写照。

而邵逸夫在邂逅这个气质脱俗的女子之时，是否也预料到了，他的事业之歌也即将于另一个“异域之邦”再次唱响！

智慧与启迪

下南洋的邵逸夫，开始了事业和人生的拓荒之旅。在这里，有太多的第一次：和三哥合力建立了南洋的第一个“邵氏”兄弟公司；收获了第一段爱情，拥有了一个相濡以沫的人生伴侣；第一次只身前往美国，带回最先进的电影器材；第一次执导拍摄电影；第一次在南洋制作华语电影；第一次邂逅方梦华……三十年的徐徐渐行中，曾经遭遇过死亡的威胁，更品尝过爱情的甜蜜；目睹数十年心血化为一片废墟，更亲手在废墟上重建昔日辉煌。所谓“天行健，君子以自强不息”。在南洋这异域之邦谋生创业中，邵逸夫对阻难不抱怨，也不退缩，对人事不激进、也不放弃，只是认认真真而非穷奢极欲地生活、勤勤勉勉而不墨守成规地做事，点点滴滴根植下邵氏的南洋基业，就这样不慌不忙地踱进了人生的知命之年。

机遇总是垂青于有准备的人。就在“一个南洋富商”的名号似乎已然定格的时候，五十岁的邵逸夫却在不经意间就迎来了事业的第二个春天。

这是一个眼光独到又行事稳健的中年人，丰富的事业经验和人生阅历，并没有让他成为一个墨守成规的商人，对电影的痴迷和专注，让他始终以青年人般的热情，微笑着信步走上更大的大舞台。

第 3 章

创世纪：打造“东方好莱坞”，华界始称雄

“东方好莱坞”筑就事业新舞台

20 世纪 50 年代是个风云际会期。二战结束后，笼罩在中国上海、香港以及东南亚新加坡上空的，是已然不同于战前的风云变幻。

先是在中国大陆，随着国民党政权的败落迁台，中国共产党领导的新中国建立后，展开了一场轰轰烈烈的社会主义改造运动。资本家们惶惶然不知所措，不少人结束了自己的产业或者事业，热情地积极响应公私合营，投入到社会主义建设的大潮中。也有不少人携带家眷转而出走。除了跟随国民党到台湾外，不少人选择了涌向香港。而中国大陆也以毛泽东 1949 年发出“一边倒”（即坚定站在苏联社会主义阵营的外交政策）的声明，徐徐关闭了中国对西方外交的大门。

彼时的香港，在战后又回到了英国香港总督的治下。由于中华人民共和国在朝鲜战争中与西方交恶，被西方国家禁运，使香港成为中国大陆转运物资、征集资金、收集情报的唯一据点。香港旋即从转口港逐渐发展为工业城市，加之 1949 年底至 20 世纪 50 年代中叶，有 75 万人从内地涌入香港。大量移民，为香港提供了人力资源。香港工商业和文化

得以快速发展。

此后香港虽成为中国国民党及中国共产党继续角力的场地，但却避免了战争和政治动荡的侵袭。

在学者李欧梵看来，“一个城市需要一个‘她者’才能被理解”。长期以来，香港与上海就是处于这种互为她者的关系之中的。20世纪50年代，尽管香港经历了明显的“上海化”，但“它依然是上海这个传奇大都市的可怜的镜像”，直到20世纪70年代，“香港终于走上了超越上海并成为一个大都会的道路”。显然，香港在20世纪50年代，成为追忆一个时代的人们的乐园，也成为曾经驰骋疆场的上海电影人们的又一个角逐之地。香港电影业的竞争也进入空前激烈之中。从电影的角度考察，1949年以前的中国电影史基本上是以上海电影为主体的中国电影史，香港电影虽有其地域特色，但总体上看，与内地电影一脉相承，香港电影不仅与上海电影有着一致的文化传统和历史背景，两地电影的交流也十分频繁，香港电影只是内地电影的一个分支和补充。1949年以后，政治的分立使得香港电影同内地电影走上了截然不同的发展道路，在政治见解、运营机制、人才格局以及出品的类型等方面都产生了巨大的差异，出现了所谓“三地电影”的概念。但初期内地对香港电影的影响仍十分明显，因为20世纪50年代的香港是以南下电影人为主的，一直到20世纪70年代，香港电影才形成鲜明的具有本土特色的电影形态。

与此同时，东南亚地区也在战后进入一个不平静的时期。邵氏兄弟的根据地新加坡首当其冲。1945年9月，曾经投降日本的英军回到了新加坡，但是战后的新加坡已经与战前大不相同，人民要求在政府中有更大的发言权，分散总督权力。分别成立由官方人士和非官方人士组成的行政及立法会议。1959年新加坡取得自治地位。新加坡开始以一个民族

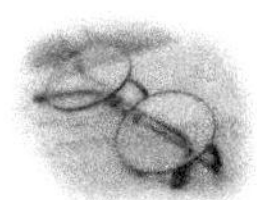

国家的方式来建立其国家认同。马来人与华人似乎再也不能如战前一样共同开创星城的经济，更无法同战争期间那样并肩作战了。马来人的民族认同，在“马来人至上”的观念渐渐弥漫的情况下，1965年，以华人为族群主体的新加坡终于被迫宣布独立，脱离出马来西亚联邦，这令缺乏天然资源的新加坡面临了空前的困局。

也正是在这样的时局下，邵氏家族众兄弟分别主持的事业出现了一次转换。在香港代替大哥邵醉翁主持“南洋”影片公司的二哥邵邨人，在拍电影与地产租赁之间，显然更得心应手于后者。虽然，南洋影片公司在四五十年代也拍摄了不少影片，但也是对手如云，如“永华”、“长城”、“凤凰”、“新联”“星洲国泰”、“光艺”等等声名赫赫的电影制片公司。不同于大哥邵醉翁执著于用拍电影而言志，终止于无法承受连连打击而隐退，二哥邨人对拍电影的热情并不高昂，对于这样竞争激烈却成本风险不小的事业，渐生转移的念头。1946年，邵邨人就加入大中华影业公司成为股东之一，并出租南洋片场给“大中华”作拍片之用。1950年，更改南洋影片公司为“邵氏父子公司”，试图从独做电影业渐渐拓宽转移至房地产等。竞争的激烈和自身的思移，都让20世纪50年代的南洋影片公司制片业务停滞不前。与此形成鲜明对比的是，邵逸夫和三哥在南洋的电影发行事业却蒸蒸日上。实际上，早在二战后，邵逸夫已经从拍摄马来语影片开始了制片业的尝试。

已届知天命的邵逸夫，早已不再是当年兄长护翼下的年轻人了，从20年代只身来到南洋协助三哥开始，创业的艰苦已经渐渐磨砺了他的双手、一次次死亡的阴影也坚毅了他的内心，更养成了他面对困境时的笃定和淡然。这个看上去从不炫示雄心大志、偏偏一心想要“安逸”的邵家老六，在审时度势之下，微笑着缓缓走来，接过邵氏在香港的电影事业，走进香港群雄争霸的天地。1957 年，在众兄弟的共同协议下，邵逸夫赴香港全权接管制片事务，次年就成立了“邵氏兄弟(香港)有限公司”。而原来的“邵氏父子公司”则只负责经营影剧院和影片发行。

20 世纪 50 年代初期，随着大陆的解放，香港成了中共和国民党政治意识形态激烈斗争的地带，这对电影发展带来了或多或少的影响，同时电影也成了两大派别斗争的工具之一，他们都通过电影来宣传自己的政治主张或者打击对方。但是，这些充满政治色彩的电影让越来越多的人厌烦，观众开始不买账，这样，电影人为了寻找出路，适应市场，开始淡化了政治，向商业电影发展，这就为香港电影业的繁荣开出了一条道路。邵逸夫来到香港能够做大“邵氏”，从某种意义上讲，正是他“在商言商”、从来不卷入政治当中的行事风格，让他的“拍商业片——赚钱”的核心机制与香港社会的发展相契合，从而成就了他在 20 世纪香港电影业屹立不倒的传奇。

跟二哥谨慎求稳的经营策略不同，邵逸夫一到香港，便拿出了自己的大手笔。1957 年，邵逸夫为打开市场缺口，倾向发展拍摄大型题材电影，当时香港最大的电影公司、由陆运涛掌舵的“国泰机构”旗下的“国际影片发行公司”和李祖永的“永华片场”已合并为“电影懋业公司”，并引入当时先进的彩色电影摄制技术拍片及借鉴西方资本主义模式进行片厂管理，风头一时无两。于是，邵逸夫计划筹建邵氏影城。

他在寸土寸金的香港斥资 700 万，买下清水湾当时占地 65 万平方尺的地皮，开山填海，兴建邵氏影城。邵逸夫初到香港就大兴土木、挥金如土，大刀阔斧的豪爽做派，让当时香港的电影人也为之咋舌。当为期 7 年才竣工的邵氏影城拔地而起时，当他和他的清水湾影城出现在香港大小报端时，香港同行顿时都明白了邵逸夫的来头。针对“电懋”的优

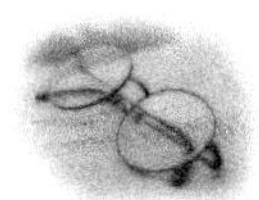

势，曾经在新加坡游乐场的邵逸夫的对策是典型的游乐场思维。他提出，邵氏必须要“大”：建大厂、拍大片、挣大钱。

据邵氏导演张彻回忆，邵逸夫曾对他言道，当时他怀里揣着一张可以无限透支的支票，所以花钱毫无顾忌。因为三哥邵仁枚不仅坐镇新加坡，为六弟提供雄厚资金支持，还亲自到香港了解邵氏影城进展状况。1958年，邵逸夫宣布邵氏兄弟(香港)电影公司成立时，清水湾片场已经建成四座摄影棚。1959年的宫闱巨片《江山美人》，就是在清水湾的摄影棚诞生的。

1961年12月6日，邵氏片场一期落成并正式启用，面积达到65万平方米；1964年，邵氏影城全面落成时，建有6个独立的摄影棚，2条布景街道；1967年的扩建中摄影棚数量达到12个。影视人文隽回忆：“清水湾邵氏片场占据了整个山头，搭建了十几座房，同时前山后山还建了无数街道、城墙、吊桥、堡垒。在20世纪六七十年代古装武侠片盛行之时，每一日，在邵氏片场里开工的台前幕后人员，数以千计。”

邵逸夫的梦想，就是把邵氏打造成“东方好莱坞”。邵氏影城内拥有当时世界最先进的电影设备，致力发展有声电影的邵逸夫，特别为邵氏片场的硬件设施花下重金。他从美国重金买入先进电影器材，全面提升邵氏影片的画面音响，并使用了当时美国流行的彩色宽银幕技术，制作“邵氏综艺体弧形阔银幕”，为香港首创。香港从黑白电影普及到伊思曼七彩电影、从普通银幕普及到“邵氏综艺体弧形阔银幕”，都是在邵氏的引进下完成的。关键性拍摄特技需要的设备，都有单独的人和车间安排；拍摄古装片需要的服装、刀剑，历朝历代配备齐全。一部影片从剧本策划到最终发行拷贝的各个步骤，都可以在邵氏影城内完成，完全不需要借助外力。

在生产流程上，邵氏制片有着一套有效的方式，保证影片的产量和质量。首先是引进配音组，影片拍摄过程中演员只念“ABCD……1234”，加快拍片速度，拍完之后由配音组统一配声效和对白，这也有助于南北演员不受方言阻碍。为适应不同市场的电影检查标准，邵氏把影片剪成三个版本，最激烈的版本提供欧美和日本市场，最温和的版本提供给新马市场，中庸版本供本港市场。以制片部为核心部门，旗下有编剧、导演、演员分配、剧务、厂务、美术、布景、宣传等一系列部门负责各个步骤，分工有序，保证了各个步骤之间可以紧密衔接。

在人事管理上，邵氏有着一套独特的方法。由于清水湾远离市区，邵氏影城内建有4座职工宿舍，保证了制片人员的稳定性。影城内人员分为技术人员和演员两大类：技术人员通常是签订合约，住在职工宿舍，常驻技术人员（包括木工、电工、布景师、美术人员、录音师、摄影师等）有500余人；而演员的情况相对复杂一些。邵氏早期从各大公司高薪挖大明星，包括李丽华、林黛等人，每部电影签约一次。曾是邵氏红小生的尔冬升回忆说：“从邵氏时代开始，电影拍摄的标准时间是40天，古装武侠片因为有动作和服装场景等问题，拍摄周期可能是80天，最黄金时期的武侠片的拍摄过程可以长达120天到200天。”

导演、演员方面，邵逸夫则相继聘请了张彻、李翰祥、楚原、井上梅次、林黛等，也培养了姜大卫、狄龙、陈观泰、刘永等明星。而1967年垄断地位确立后，就开始施行“捧明星制度”。即公司内开设演员培训班，从社会上招收年轻人进行培训，如果发现新人具有发展潜力，就签订长达五年的合约，在工资和接片方面控制演员，把新人捧为明星，例如当年邵氏最红的女星凌波就曾两次签约。

正是通过建立大量的摄影棚，邵氏保证了多片同时开拍的能力，并

以流水作业形式发展出影片投资、制作、发行、上映独立包办的运营结构，各业务环节的管理权统一由邵逸夫负责，邵逸夫的管理制度，是仿效好莱坞八大公司的“大制片厂制度”。邵逸夫通过邵氏片场的建立，成功创立了香港电影制作规范。

今人对邵逸夫当年这一举动，都给予高度赞扬，公认这是邵氏电影帝国的奠基之举。但鲜见为我们解读邵逸夫这一举措背后，究竟做过什么样的功课。似乎邵逸夫当年的这一举动只不过再次印证了商场上要想引起大关注、获得大收益，就须斥资大手笔、打造某某“第一”的豪放尚大模式。

事实上，以当年香港电影业风声鹤唳的局面看，若仅以自己的片场来决胜强劲的对手，已并非是什么创举。邵逸夫来港之前，邵氏父子公司就曾经拥有过当时连“国泰”都不具有的片场资源，但是却无心也无力决战对手。这足以说明，邵逸夫后来能够战平对手的，不仅仅是清水湾的邵氏影城，而是邵逸夫擅长的商业经营思维和对电影本身的终身志趣。

在商业经营中的善于学习和变通，是邵逸夫不同于兄弟之处。与身处上海电影制片竞争场的大哥、二哥不同，虽然邵逸夫从一开始涉足电影业，是从在南洋的发行做起的。但生性细腻和善学思变，让他拥有了俯瞰的高度和宽阔的视野。南洋是个移民地区，又是个殖民地，在新加坡除了华语电影外，来自欧美，尤其是好莱坞的外语电影是最重要的片源之一。邵逸夫因此对欧美的电影发展十分了解。

从1926年，华纳兄弟影业公司拍摄了用唱片来配唱的由J·巴里摩尔主演的歌剧片《唐璜》，至1929年，华纳公司又推出了“百分之百的有声片”《纽约之光》，有声电影在欧美全面推开。邵逸夫也觉察到这是一个关键的技术晋升，邵氏电影要抢占市场，必须在技术上占据优势。

遂于 1931 年，邵逸夫就渡海历劫从美国购回先进的有声电影器材，令“天一”在半年后就推出了《歌场春色》。

随着好莱坞电影的蒸蒸日上，邵逸夫对好莱坞电影的经营模式也格外关注，并在自己的经营过程中渐渐吸收利用。

也就是在邵逸夫南洋创业的 1928 至 1949 间，正是美国好莱坞八大电影公司环球、派拉蒙、福克斯、联艺、华纳兄弟、米高梅、哥伦比亚、雷电华称雄的好莱坞黄金时代二十年。随着好莱坞电影漂洋过海的还有好莱坞商战的传奇。

最早崛起的环球电影公司，早在 1912 年就在一个叫“好莱坞”的荒凉之地，买下一个 230 英亩的牧场，建立了一个拥有商店、餐馆、加油站、磨坊、温室、学校、图书馆、警察分局、消防处、小型公交系统等全套市政设备的制片厂，成立了自己的新公司。

在这刺激下，发行商赫德金森把二十多家发行商召集到纽约，叫他们成立一个发行影片的全国性组织，新公司派拉蒙，旋即被制片商楚克尔于 1916 年兼并成立了好莱坞历史上第一个兼制片、发行业务的集团企业，沿用被购方“派拉蒙”的名字，成为好莱坞实力最强的大制片厂。

同年，威廉·福克斯将他的福克斯电影公司从美国东海岸迁至好莱坞，开始放手向制片、发行、放映业务全面扩张。

查理·卓别林、道格拉斯·范朋克、玛丽·碧克馥、D·W·格里菲斯四位好莱坞巨星于 1919 年共同出资建立了联艺制片公司，这在一定程度上也开了演员转当制片人和老板的先河。

在此期间，华纳四兄弟杰克、哈里、山姆和阿尔伯特也已经从五分钱一次的“西洋镜”生意转向发行和制作，在 1923 年成立了华纳兄弟公司，推出了好莱坞历史上第一部卖座有声片《爵士歌王》，后又收购了两

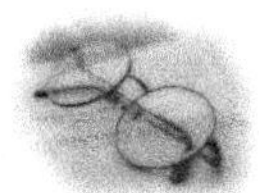

家同行，逐渐跻身大制片厂行列。

1924年，米高梅公司成立，这头怒吼的雄狮后来成为好莱坞黄金时代最耀眼的明星。同年成立的还有哥伦比亚电影公司，它由环球的三名前员工创建，起初以摄制喜剧短片为主，后扩大业务范围，逐渐跻身大制片厂行业。"八大"里最年轻的一个是于1928年末成立的雷电华，它由美国无线电公司兼并一家制片公司和一家放映公司组成，虽然资历较浅，但底子并不薄。

大制片厂成立之初均全面开花，制作从歌舞到冒险等各类能把观众吸引进影院的电影，但随着越来越多小公司参与竞争，高预算大制作成为赢得市场的拳头产品，因为此时的大制片厂通过扩张控有制作、发行和放映全套系统，自家出品影片均可通过最好的影院进行大范围首轮放映，而独立制片商的小制作影片要想通过大制片厂的旗下的影院放映，就要献上高额的票房分成。一些小放映商更是被挤得无处存身，他们要想拿到首轮放映的新片，不但要交上每周高达七百美元的租片费，还要打包购入他们实在不想要的成套影片，即当时流行的"一揽子购片制"。在此阶段，大制片厂在从制片(票房收入)、发行(租片费)和放映(票房分成)三个业务同时进账。

好莱坞在大制片厂体系下维持了20年左右的辉煌，八大公司的统治格局稳如泰山。到1939年夏，"八大"控制了好莱坞95%的市场，其他小制片厂加起来分享剩余的5%。这一局面直到1948年5月3日法院宣判大制片厂必须出售旗下连锁影院，才开始了垄断体系的打破。

显然，邵逸夫对好莱坞的风云变幻有着比较仔细的了解和观察。要想在电影业立于不败之地，必须形成自己的一套完整的制片、发行和放映体系。邵氏兄弟公司在南洋，曾经拥有完整的发行和放映系统，在战

后复苏的过程中，不能仅仅是恢复原有的体系，还必须完善这个体系。因此，二战刚刚结束，邵逸夫就和三哥一手从事恢复重建，一手开始尝试建立邵氏兄弟公司自己的制片业务。所以才有拍摄华语三部曲和马来语电影的作为。

1957年，来到香港的邵逸夫，显然对香港的局势和电影业未来发展的决胜关键了然于心了。相比南洋，香港在未来一段时间里，市场潜力是十分可观的。最精明的商人总是能比其他人早一步洞察商机。南洋的强劲对手“国泰”已经早一年捷足先登转战香港，也证明了邵逸夫来到香港之前，其实心中已有了一盘棋。

因此，接手邵氏父子公司，成立邵氏(香港)兄弟公司，建立集制片、发行、放映与一体的电影托拉斯，是从南洋邵氏兄弟公司走出来的邵逸夫积三十年所为所思的一次厚积薄发。

邵逸夫从购入清水湾打造邵氏影城开始，逐渐跻身香港电影业强者之列，终至做大邵氏、成就邵氏电影帝国，这是后话。仅到20世纪50年代末看，邵氏兄弟皆已年过半百，从中国传统观念看，都是知天命的年纪了，从20出头出道，30年风风雨雨也是看尽人生百态，用尽平生之心力和能力了，因此事业能做到什么程度大概也都既定了，要想有什么突破恐怕是比较难。大哥邵醉翁的隐退、二哥邵邨人的转向，似乎在电影这条路上，兄弟二人已是心力交瘁。三哥以三十余年在南洋创下一片家业，谨慎持重，步步为营。唯有邵逸夫，跟大哥拍过片、为二哥拍过片，跟三哥跑发行，只身前往美国买器材、为电影蹲过日本地牢，劫后余生而不改其志，废墟重建还琢磨着自己拍片，年届五十却不畏年轻新派的对手，转战香港。果真应了古语“有志者事竟成”的话，这个“志”也必是“志趣”而非“志向”。

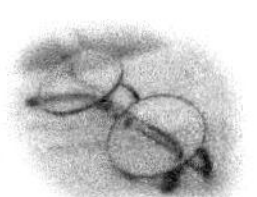

子曰：知之者不如好之者，好之者不如乐之者。邵逸夫正是一个对电影痴迷不改的“乐之者”，才让他不畏艰难、不惧威胁、不囿成就，也让他乐于尝试、乐于坚持、乐于创新。业内人士也都熟知，邵逸夫有个多年的习惯，就是每天必看数部电影，雷打不动。年轻时，邵逸夫曾有1天看9部片子、1年看700部片子的纪录，他说：“我晚上只睡1个小时，其余时间便是工作，我根本没有时间生病”。新加坡媒体评论说：“邵氏兄弟公司的成功，从很大意义上来说是一个神话故事。兄弟三人的发迹，显示了邵逸夫在生意场上绝顶的聪明和艰苦的努力。”1966年进入邵氏，与邵氏公司颇有渊源的资深香港电影人吴思远，从邵氏的场记、副导演开始做起，直到后来成为独立制片和导演，连任六届香港电影金像奖主席。他回忆说：“邵逸夫给我最大的印象就是他太热爱电影了，我记得当时他在公司里每天都要看好几部电影，不管是不是邵氏自己的电影，包括一些好莱坞的片子，这个习惯坚持了好多年。”其痴迷和坚持的程度，最令人讶异的，据说是在听闻儿子被绑架时，他本人正在看电影，在得知儿子没有受伤并且可以用钱解决后，竟然继续看电影。吴思远回忆最后一次见到已过百岁的邵逸夫时，邵逸夫还感慨：“如果我再年轻几岁，一定再拍电影。”

建立邵氏兄弟有限公司，对邵逸夫来说，与其说是一次商业性的战略转移，不如说是邵逸夫本人的乐趣获得了更大的舞台。自此后，在这个舞台上，邵逸夫矢“志”不移，长袖善舞，打造出香港电影的一场场盛宴。

《貂蝉》一出，艳惊四座

貂蝉与西施、杨贵妃、王昭君为中国古代四大美女。传说貂蝉降生人世，三年间当地桃杏花开即凋；貂蝉午夜拜月，月里嫦娥自愧不如，匆匆隐入云中，貂蝉之美，所谓“闭月羞花”。正是因了这种美貌，让东汉末年的英雄豪杰为之神魂颠倒、反目成仇，使得混乱不堪的朝野更添动荡。但貂蝉的身世始终是个谜，这让貂蝉成为四大美女当中最美貌又最不可捉摸的一位。

1958年，邵氏一部《貂蝉》横空出世，一举囊括了亚洲影展“最佳导演”、“最佳编剧”、“最佳女主角”、“最佳音乐”、“最佳剪辑”五项大奖。

古典的故事、传统的审美、先进的技术、精益求精的导演。邵逸夫主掌下的“邵氏”，第一年捧出来的电影，就将其传统和现代的所有优势进行了集中组合，而且一炮打响。

古典的故事，在新中国成立前的上海电影界，就是一股经久不衰的主题。50年代的香港，作为上海的“他者”，无论是沉醉在回忆当中的南下上海人，还是初闻国语声的香港本土人，都津津乐道于在古典的故事中获得中国传统文化的认同和对话。上海人是出了名的精致，香港人则是出了名的实际。这两厢一叠加，让五十年代的香港观众也是出了名的不好伺候。拍摄古典故事的古装片，邵氏是有传统的，但是能否拍出让观众买账的古典故事，才是胜出的关键。同年“电懋”，做的可完全是洋餐——时装片，饱含着现代都市的五光十色：模特儿选美、健身比赛、交际舞的流行风尚，航空、时装、汽车酒店的新兴工业，社交应酬、女子公寓、分期付款的现代生活方式，还洋溢着烂漫的摩登青春气息。因此，如果这纯正中餐的古装片做得令人没有了食欲，无疑是为洋餐做了免费的广告。因此，在故事主题已经确定的情况下，能否做成一场符合传统审美的视觉和听觉的盛宴，就成了这一影片乃至这一类影片能否立

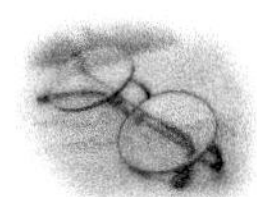

足市场的关键。而这正是像李翰祥这样的南下香港的导演们最为擅长的地方。李翰祥以精益求精著称，不但善导，还精通表演、剪辑，因此对其作品精致的追求足令今人惭愧。就连今人评价1958年的《貂蝉》，还认为其“相当的养眼，演员美、服装美、布景美，看上去就是非常精致”。即使在编剧上，虽然取材传奇故事，却也是严谨慎重，而不是像今天的一些电影胡编乱造。

有趣的是，与大哥、二哥不同，邵逸夫的经营格局，恰恰是棋逢对手勇者胜、将遇良才共双赢。“电懋”(1956)早“邵氏”(1957)一年成立，又早一年(1957)打出了“巨片标志·荣誉之征”口号，出手就把其欧美海龟系的电影管理风格表现得淋漓尽致。“邵氏”则是直面而上，于次年(1958)也打出“邵氏出品·必属佳片”的口号，稳健又自信，成为邵氏电影最著名的一句宣传语。尽管作为商业化的大制片厂，邵氏电影不可能每一部都“必属佳片”，但是在很长一段时期里，邵氏电影确实在各种不同的题材、类型和风格内造就了大量的传世佳作。据说邵逸夫为保证出品影片的质量，甚至多次将低劣的影片烧掉以免影响邵氏声誉。二哥引入李翰祥，邵逸夫也看重李翰祥的精致与邵氏佳片目标的内在统一。因此，李翰祥在兄弟交接的过程中仍能够顺利拍出奠定自己名导地位的佳片。所谓将遇良才，在此后的几年里，李翰祥在“邵氏”的旗下，一路高歌，1959年《江山美人》创香港开埠以来票房最高纪录，获第6届亚洲影展最佳电影金锣奖；1960年《倩女幽魂》，影片饱含人文诗情与古典雅趣，景观经营玲珑剔透，场面调度繁复精妙，叫座又叫好，成为邵氏进军国际影坛的代表作品，参加1960年第13届坎城影展竞赛单元获得好评；1962年《杨贵妃》，1963年《武则天》，1963年《梁山伯与祝英台》更是在港台两地屡创卖座记录，掀起黄梅戏电影热

潮。双方都攒足了人气，不仅成为香港黄梅调影片的老大，踱步亚洲冲击国际，还都赚了个盆满钵溢。

《梁山伯与祝英台》后，一笑泯恩仇

无独有偶，20 世纪五六十年代的中国两岸三地(大陆、香港、台湾)，竟然在《梁山伯与祝英台》这个民间传说上出现了交集。《梁山伯与祝英台》与《白蛇传》、《孟姜女》、《牛郎织女》并称中国古代四大民间传说。其中，梁祝传说是中国最具魅力的口头传承艺术，也是唯一在世界上产生广泛影响的中国汉族民间传说。梁祝故事在民间流传已有一千四百六十多年，可谓是家喻户晓，流传深远，被誉为爱情的千古绝唱。从古到今，有无数人被梁山伯与祝英台矢志不渝的悲惨爱情所感染。

新中国建立后，虽然在政治上展现了越来越浓烈的红色标识，但在文化上，却着意关注传统文化——这一与人民群众的内在联结元素。因此，在新中国拍摄的第一部舞台戏曲片《梁祝》进京演出后，随后即传来据说是毛主席的指示，要将其拍成彩色电影。1952 年底，新中国第一部彩色电影在上海电影制片厂由桑弧导演、黄绍芬摄影开始投入拍摄。除了有国家财力的支持外，当时领导上海文化工作的夏衍十分关心这部影片的进展。为了克服技术上的困难，经上海市长陈毅批准，防空用灯白天便被搬到上影厂，晚上则还给防空部队。

新中国版的《梁祝》，在摄制上保留了越剧艺术唱腔优美特点的同时，发挥了彩色电影的优势，摄影和美术处理颇具中国艺术独特的意境。影片于 1953 年上映后受到观众的热烈欢迎，在 1954 年卡洛维·发利国际电影节上获音乐片奖及爱丁堡国际电影节“映出奖”。在香港创造了票

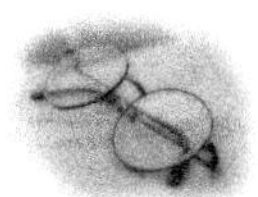

房纪录。当然，最广为人知的故事，是在日内瓦会议期间，周恩来总理为美国著名电影艺术大师卓别林放映了此片，并称之为“中国的罗密欧与朱丽叶”，用以招待各国记者，国际舆论对红色中国传统文化发展的怀疑由此冰释。

作为华夏族群精神认同的文化符号，梁祝这千年的传说，一次次穿越时空，成为不同时空中国人情感勾连和消弭隔膜、一起飞舞的心灵纽带。

这一次，它不仅让两岸三地的中国人，跨越了政治的偏见和人为的阻隔在感情上形成共鸣，也让香港“邵氏”与“电懋”这两大电影公司，停止恶意竞争，握手言和。

1963 年，李翰祥执导的《梁山伯与祝英台》大获成功，不仅于第 10 届亚洲影展斩获四项个人技术奖项，在台湾创下首轮连映 62 天、年票房收入 800 余万新台币的纪录，将“邵氏”黄梅调电影推向高潮，也让“邵氏”在与“电懋”竞争的“双胞案”(即争拍同题材同名的古装片)中大获全胜。但是，分离的裂隙也开始渐渐扩大。李翰祥也是一代名导，自是有雄心壮志，“邵氏”的成功，他立下了汗马功劳，也让他对开创自己的电影公司有了想法。不过一山不容二虎，在“邵氏”，邵逸夫是当然的老板，大导演也不得不听从老板的决策，这也让名气渐长的李翰祥萌生出离心。所谓“瞌睡借枕头”，“电懋”在《梁》片中大败于“邵氏”，遂以协助李翰祥去台湾组建他自己的“国联”电影公司为条件，趁势鼓动李翰祥离开“邵氏”。果然，李翰祥出走之后的“邵氏”黄梅调电影开始衰落。这着实给了邵逸夫一个不小的打击。

据魏君子的《香港电影史》记称，从 20 世纪 50 年代末开始，“电懋”与“邵氏”就开始了以整垮对方为目的的非常规操作，竞争转入恶性阶段：互挖人才，甚至釜底抽薪。“电懋”陆运涛先后说服女主演林黛、导演严俊离开“邵氏”转投“电懋”。“邵氏”也如法炮制，用高薪聘回“电懋”的导演陶秦和岳枫。两大公司亦频出“双胞案”，抢拍相同题材影片，以《红楼梦》为引子，先后抢拍《梁山伯与祝英台》、《武则天》、《杨贵妃》、《七仙女》等。

因此才有了1963年的一幕。足可见，在“邵氏”的黄梅调影片类型中，李翰祥贡献十分大，作用也十分明显。而在这场争斗过程中，邵逸夫的做法令人颇有兴趣。今天看来，这场恶意竞争的双方，以“电懋”之损伤更为严重，而这个损伤主要还是来自其攻击性太盛，以至于舍本逐末。相反，“邵氏”在这场竞争中，在采取的是稳健迎敌、步步为营。与斥资清水湾的果敢决断相映生辉的，这一次则体现了邵逸夫一贯的稳健持重。我们无意用“成王败寇”的传统史观，为成功者歌功颂德，却饶有兴趣地发现，在这场恶意竞争的戏台上，双方虽频频过招，但舞台之下的事情，却更能说明些问题。

其一，据李翰祥自述，离开“邵氏”的原因之一是，有了功高震主之嫌，遂未能得到自己一直期望的《红楼梦》执导权。而此后的《梁》片，“邵氏”仍然临危授命给李翰祥。足见，作为老板的邵逸夫的确看到了李翰祥在“邵氏”的地位日益重要。但不完全可以认为是嫉贤妒能式的限制。从电影商“邵氏”的生存来说，对李导的依赖越强，则可能未来受到的局限越大。因此，有意给别的导演机会，也是给“邵氏”的黄梅调电影留下梯队。果然，李翰祥的离开，令“邵氏”黄梅调电影开始衰落。所幸，“邵氏”于同时期，也开始了多样化片种的建立，从而避免了致命性的打击。

其二，在整个恶性竞争过程中，“邵氏”采取的方式是，不主动出

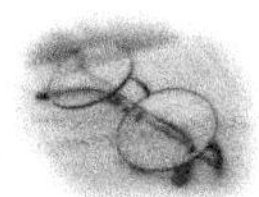

击，但是绝不退缩拒敌。从整个“双胞案”的过程看，都是围绕着古装片展开的。这种类型一开始就是“邵氏”最早打出的品牌，而“电懋”欧美系的管理和青春时尚的时装片才是自身的优势。因此，此案可谓是“电懋”主动挑战“邵氏”的。譬如，自1958年《貂蝉》让女主角林黛声名鹊起后，到1959年《江山美人》击败“电懋”时装片，时装片被时人戏谑为“烂衫戏”后，“电懋”就出手挖林黛。而到《梁山伯与祝英台》后，就釜底抽薪，助李翰祥离开“邵氏”。对此，“邵氏”，一面采取兵分几路的方式，让“邵氏”支柱增多，一方面也直面而上，高薪聘回“电懋”的导演，并委重任于有实力的导演放手一搏，但也并不刻意将战火引展。

致力于研究旧上海明星和电懋电影的网友“北京杨贵妃”在其博客中也分析称，“双胞案”从本质上来说，是发生在钟启文出走电懋之后，陆运涛亲自披挂上阵和邵氏硬碰硬的结果。因为钟启文时期电懋在制片路线上一直走文艺小品路线，逐渐不敌邵氏的黄梅调；硬件方面又是很晚(1963年，比邵氏晚了两年)才开始尝试阔弧综艺体银幕和伊士曼七彩影片，致使市场份额大幅下跌，国际电影发行公司的股东及主事人之一的欧德尔甚至以灾难性来形容电懋的经营，当时的亏损高达二千五百万新加坡元。电懋以命搏命的自杀式竞争并未博得观众的喝彩，主要在于上述两个理由(戏路窄和硬件不足)所致。可见的电懋与邵氏的对抗，从一开始就有意气之为的成分。

第三，也是由互相拆台的动作引申而来的，则是被邵氏聘来、挖来的导演、演员，后来多数都能留在邵氏，持续或迎来自己艺术生涯的黄金期。如，从电懋高薪请回来的导演陶秦再入邵氏后，进入创作高峰期，直到1968年病逝。而1959年加盟的岳枫则在邵氏执导至1973年退休等等，尤以1972年邵逸夫与李翰祥冰释前嫌，后者回归邵氏又执导10年之久。邵氏团队中人才济济，多有十年、数十年的合作历程，反映了邵逸夫善用人和能容人、更能留人的眼光、胸怀和魄力。

也正是由《梁》片为契机，1964年，在香港电影界的调和下，“邵氏”与电懋握手言和。双方签订“君子协定”：1、不拉对方的编剧、导演、演员或者其他重要职员。2、不再闹双胞案，每一月或二月，双方制片部门负责人以茶叙方式会面交换意见。3、名导李翰祥(已经离开邵氏)与邵氏的合约限制宣布解除。双方都同意李翰祥可以为其他公司服务……

唯其不幸的是，同年电懋老板陆运涛夫妇和参加第11届亚洲影展的50余名电懋高管，在回程途中飞机失事全部罹难。邵逸夫亲临致祭，也坦言“如今我失去了对手，今后无人竞争，进步亦很有限”。令世人一窥邵逸夫对商场“对手”的认识和心态。历史何其吊诡，《梁山伯与祝英台》因难圆的爱情悲剧而流传千古，电懋之陆运涛与邵氏之邵逸夫刚刚握手言和，尚未及携手合作、各领半壁江山，造就影界世纪传奇，就阴阳两隔，岂不令人扼腕叹息？！

也不由得令人悬疑，痛失对手之下，邵氏是将走向独孤求败，还是会且行且珍惜？

《千娇百媚》实现共赢

像是为了印证邵逸夫在这场初入香港的竞争中拥有着令人吃惊的魔力似的，1959年导演陶秦为电懋拍出彩色国语歌舞片《龙翔凤舞》虽然在当年票房屈居邵氏的华丽古装片《江山美人》之下，但邵逸夫却慧眼

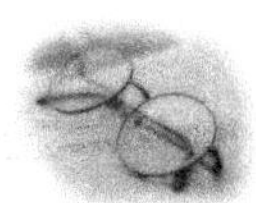

独具决定将陶秦请回邵氏。原来，早年即出道的陶秦早在1950年就加入了邵氏父子公司，但这位极富才华的年轻导演于 1955 年转投了电懋发展，此后佳作连连。在《龙翔凤舞》败于《江山美人》，电懋执拗与邵氏打双胞案时，邵逸夫却决定用高薪将陶秦聘回来。回归的陶秦享受了高达 2.5 万港元的片酬，为同行最高。邵逸夫知人善用，他与这位极具潜力的歌舞片能手约定，每年要导演一部歌舞片。1960 年，邵逸夫就钦定陶秦筹拍了邵氏的第一部综艺阔银幕彩色歌舞片《千娇百媚》。

《千娇百媚》被誉为香港电影史上出色爱情歌舞片，阴差阳错的布局加上载歌载舞，令人赏心悦目。林黛饰演一随歌舞团远赴日本的年轻歌舞艺员，人在异乡，排遣寂寞，在征友广告中认识一年青男子，虽素未谋面，但书信早已互生情愫。谁知对方正是舞蹈团团主！此角由当年首席喜剧小生陈厚扮演，欢喜冤家与扑朔迷离的爱情故事，是网上情缘的怀旧版，林黛更凭此赢得第八届亚洲电影展最佳女主角。而本片布景及摄影非常华丽，首用伊斯曼七彩阔银幕，水平直逼当年好莱坞歌舞片大制作，同年，另获同届亚洲影展最佳美术指导、最佳音乐、最佳剪辑及最佳录音等五项大奖，和第一届金马奖获得最佳导演及最佳音乐两项大奖项。电影歌曲悦耳，由姚敏作曲，静婷主唱，风行半个世纪。

此片于 1961 年上映，20 余种舞蹈，包括中国花鼓舞、日本樱花舞、马来西亚土风舞等，令观众大开眼界，成为当年港台最卖座的电影，陶秦也收获了其事业的巅峰之作。这样巨大的成功背后，正是邵逸夫为陶秦提供了最有利的拍摄条件。在邵逸夫的支持下，陶秦率队赶赴日本，借助日本完善的舞台设备和声色俱全的歌舞团，打造瑰丽堂皇的外景，甚至聘请各国舞蹈家花费 8 个月为主角塑造身段。显然，没有邵逸夫在陶秦背后的支持和肯定，《千娇百媚》将很难达到后来的气场。不过，也正是邵逸夫的善用和决断，“邵氏”不仅“千金散尽还复来”，更赚足了叫好声。就在黄梅调电影还是蒸蒸日上的同时，邵氏的又一类型佳品——歌舞片，就已经开始登台亮相。让邵氏佳品在古装和舞装，戏曲和歌舞上，千娇百媚，争奇斗艳。即便是从今天的经营战略上看，邵逸夫当年不仅没有在与电懋的争斗中失去脚跟，相反他还借力给力地推动了邵氏影片走向类型多样化的格局。

陶秦也自此视邵氏为其事业的唯一平台，随后拍出数部佳作，如《不了情》(1961)，《蓝与黑》(1966)，《船》(1967)等，可惜1968年因胃癌病逝，不得已终止了他与邵氏长达十余年的合作共赢。

忘不了 忘不了 忘不了 你的错 忘不了 你的好
忘不了雨中的散步 也忘不了那风里的拥抱
忘不了 忘不了 忘不了你的泪 忘不了你的笑
忘不了叶落的惆怅 也忘不了那花开的烦恼
寂寞的长巷 而今斜月清照
冷落的秋千 而今迎风轻摇
它重复你的叮咛 一声声 忘了 忘了
它低诉我的衷曲 一声声 难了 难了
忘不了 忘不了 忘不了春已尽 忘不了花已老
忘不了 离别的滋味 也忘不了 那相思的苦恼……

——《不了情》主题曲《忘不了》

早在1961年，这位大学尚未毕业，就以陶秦为笔名，翻译外国名著，在文坛颇有声名，未正式进入影坛就当上编剧，少年得志的一代歌舞片大师，曾为电影《不了情》主题曲作词《忘不了》，成为传唱不朽的经典，似乎暗合了他对歌舞电影的不了之情……

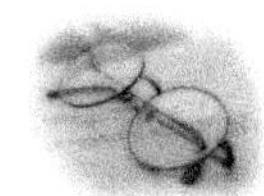

老板邵逸夫与导演陶秦之间，从冷冰冰的经济角度说，确是雇佣的关系。但从电影事业角度说，对电影共同的热爱和迷恋，对制作每一部叫座又叫好的电影佳品的追逐，才是两人能够合作多年，联手推出一部部佳作的内在动力。

在共同迷恋和创制一次次视听盛宴的路上，痛失对手与失去伙伴都一样令人哀伤，但在轻雾迷漫的路上，道路虽然湿滑，那些对电影拥有着奇妙迷恋的人们，仍然会缓缓地、结伴而行。

智慧与启迪

1957年，是邵氏兄弟(香港)有限公司的创立元年。“东方好莱坞”是后人给予邵氏影城的赞誉，也点出了邵逸夫身在南洋而放眼世界影业的宏阔视野。“东方好莱坞”的真正寓意，是邵逸夫开始亲手搭建一个更大的事业平台。从这个平台开始，邵逸夫带领邵氏与对手角逐、博弈，实现共进，也与同志同趣之人携手、合作，实现双赢。邵氏稳步迈入香港电影界，于群雄中显露峥嵘。

其实，纵观古今中外，拥有雄心壮志者不乏其人，拥有超常的才干能力者亦如过江之鲫，但能够成就大业的人，往往如大浪淘沙，所剩无几。大时代下的小人物，如何能够成就自己，本身就是一个令人饶有兴趣的话题。仁者见仁智者见智，无外乎客观、主观两方面。若论，同时代同出身的人，何以成业有所不同，自然要与个人志业的立足点有关。

这是一个踌躇满志又善解人性的中年人，出于商人的本职和对电影本身的热爱和不离不弃，让他在新天地里，既能出手不凡、稳扎稳打，又能乐于提供平台，与别人实现共赢。

第 4 章

笑傲江湖：稳坐中军帐，艰难渡险关

《金鹰》的盘旋

1964 年出了不少的佳片，让香港观众大饱眼福。这一年，也是电影业最令人唏嘘感叹的一年。先是电懋与邵氏握手言欢，让电影界人士大了舒一口气，紧接着电懋当家人陆运涛不幸罹难，影界人士和影迷们着实痛心不已，也令电懋从此衰落。是年底，“凤凰”制作的《金鹰》盘旋在港土上空，成为香港电影史上首部票房超过百万元的故事片。

当初，“电懋”和“邵氏”的争斗，你来我往，令人眼花缭乱。如今眼看尘埃刚刚落定，似乎又横空杀出个程咬金，俨然成为邵氏的又一劲敌。其实，这“凤凰”并非横空出世，而是早在邵逸夫赴香港之前就已经是一方诸侯了。

《金鹰》：写蒙古族青年布尔固德，不屈服于巴音王爷的淫威，奋起反抗，被迫逃离故乡。由于他敢于反抗王公的统治，被蒙古族人民誉为金鹰。他在逃亡中与蒙古族姑娘珊丹相遇，两人相爱相许，但不幸被嘎拉僧发现，将他绑送给巴音王爷。巴音王爷威逼利诱，布尔固德宁死不屈，受尽折磨。在布尔固德的父亲希日和乡亲们的帮助下，最后布尔固

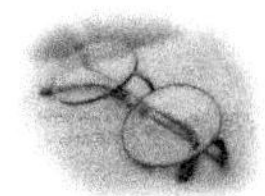

德和珊丹冲出牢笼，像雄鹰一样飞翔在草原上。

剧本通过生动的情节揭示出蒙古族人民在王公统治下的苦难生活；歌颂了蒙古族人民反抗暴政，争取自由的斗争精神。剧本不仅注意情节上的起伏跌宕，同时十分注意挖掘人物之间情感撞击的火花，许多场景都充满激情。主要人物布尔固德、珊丹、希日、查干呼、都桂玛等都塑造得个性鲜明。在语言上运用了具有蒙古族特色的谚语，再加上对于蒙古族的风俗、民情的真实细致的描写和穿插在剧中的内蒙古民歌，使剧本如诗如画，充满浓郁的内蒙古草原气息。

该电影改编自中国话剧作品。作者超克图纳仁。剧本发表于《剧本》月刊 1957 年第 9 期。内蒙古自治区民族实验剧团 1957 年 5 月首演于呼和浩特。被香港凤凰影业公司拍摄成国语古装武侠片。于 1964 年 12 月 17 日在香港公映。

抗战结束后内战爆发，为躲避战乱，大批南下电影人中，因政治倾向不同，遂分化为亲共(产党)的左派和亲国(民党)的右派。“长凤新”就是在五十年代创立的左派电影公司，分别包括 1949 年成立的长城影业公司、1952 年先后成立的新联影业公司、凤凰影业公司。他们拥有不少南來的著名上海影人，并栽培出夏梦、石慧、傅奇等明星；凤凰是兄弟班公司，由大师朱石麟带领年青的编导演人才，创作了不少叫好又叫座的喜剧，有“喜剧之家”的美誉。长城、新联、凤凰等影业公司推出了一系列具有比较强的民族意识和历史使命感的作品，深受观众喜爱。在电懋、邵氏等公司以娱乐观众为主的商业类型电影暂时还没有成为主流之前，那一段时间，在香港电影人的心目中，或许称得上是一个业已遥远的“理想年代”。

当时，早年就已经驻足香港的“左派”凤凰影业公司，与从南洋而

来的商人主掌的电懋和邵氏之间，在电影观念上有着一定的区别，在“左派”电影公司看来，电影主要是承担了社会教育的功能，因此在内容和主题的选择上重视政治取向和正派的价值观宣传。而电懋和邵氏则更注重商业化的因素。虽然在电影艺术上各有所取，但在极力利用电影娱乐功能的方面有着一致性。这也是电懋与邵氏能争得硝烟四起，而与此同时的长凤新影业公司，却独占一边，与电懋和邵氏成三足鼎立之势的原因。

有趣的是，无论邵氏还是电懋都无意将长凤新当做直接的竞争对手，据称，邵氏每年以每部12万港元的价格收购长城制作的10部影片，并与“长城”签订代理发行协议，而电懋也曾购买凤凰出品的影片。

到大陆1966年“文化大革命”爆发的当年，长凤新则进入制作全盛期：全年总产量多达262部。不唯《金鹰》在港创了故事片票房记录，1965年“新联”的《东江之水越山来》也成为香港电影史上首部票房过百万港元的纪录片。

在已有的有关邵逸夫的传记作品中，我们很少看到关于邵逸夫与政治，特别是左派关系的片段。而邵逸夫本人也曾不止一次公开表示，他只是生意人，对于政治不感兴趣。“这可能是他能够在香港和内地都德高望重的原因之一。”香港浸会大学电影学院教授卓伯棠博士这样评说。“实用主义”是媒体间对邵逸夫生存之道的进一步评定。对此，邵逸夫也从未做过任何进一步的解释。“我是生意人”的坚守本职的一句自我定位，实际上也表明了邵逸夫对待政治的根本态度。令人饶有兴趣的是，历史上也不乏生意人频频被牵扯进政治潮流中的例子。即便是在身处南洋的过程中，邵逸夫身边也有着像陈嘉庚这样的抗日爱国华侨领袖。身处香港，更是在国共双方的意识形态争夺中，难以置身事外。那么，邵

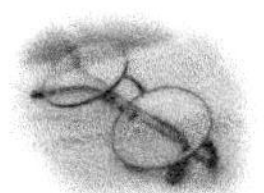

逸夫如何在这样的环境中得以保全，全心全意做自己的生意呢？

事实上，中国传统的生意人，从来不可能脱离中国的政治环境，也不可能完全以身在商场的方式对中国的政治置身事外。

所不同的是，做生意的商人们，是否将自己的道德认同与商业贸易行为之间，划分一条清晰的界限。

多数善经营、有谋略的商人，身处时局之下，往往会受到不同政治利益立场的集团关注，为拉拢富有财力和经营力的商人进入自己的政治利益集团，不同集团都会通过一定的策略。道德正义感召和利益给予是两条制胜法宝，但本质上讲都是交换。因此，对于商人而言，是否会在经商的过程中进入政治，很大程度上是商人对这种“交换”的本质认识和采取的行为。

中国历史上不乏盛极一时的“红顶商人”最终在失意和困顿中财散人亡的例子，譬如晚清巨商胡雪岩，悬壶济世，善于经营，终累成家业。为左宗棠的西征举借洋款，成功收复新疆，结束阿古柏在新疆十多年的野蛮统治立下了汗马功劳，被御赐二品顶戴，被赏黄马褂，这在中国历史上是罕见的。但就是这样一位名利双收、事业有成的人，最终却在亦官亦商长袖善舞中野心膨胀、马失前蹄，成为官场权力倾轧中的牺牲品，惨淡离世。

也不乏有事成之后全身而退，为后世敬仰之人。如因不满当时楚国政治黑暗，辅佐勾践兴越国，灭吴国，一雪会稽之耻的范蠡。于功成名就之后急流勇退，化名姓为鸱夷子皮，变官服为一袭白衣与西施西出姑苏，泛一叶扁舟于五湖之中，遨游于七十二峰之间。期间三次经商成巨富，三散家财，自号陶朱公，修成中国儒商之鼻祖。世人誉之：“忠以为国；智以保身；商以致富，成名天下。”

以彼时邵逸夫的行事方式看，能够在商场中一路顺利发展，不踩政治这敏感的“雷区”，既与其本性淡然有关，也和他在南洋的经历有关。

邵逸夫排行老六，在世代经商的大家族中，是一个饱受经商传统熏陶而又生活无忧无虑的富家子弟。这让他对生活和人事的认识，除了看重“投入产出比”这样的思维模式不断被强化外，鲜有太多刻板的被视为捍卫家族行为的道德评价和道德批判。当然，这并不意味着家庭中并没有道德标准的影响，相反，大哥邵醉翁作为长子就鲜明的代表了家族坚持传统道德的特色。换句话说，这个大家庭在传统道德下井然有序，邵逸夫个人没有处于“道德抉择”的紧张冲突中的精神体验。在中国传统的“家国天下”模式中，一个家庭中的家长处于权力顶峰也占据着道德高地。因此，家族传统的继承十分重要。如果传统被一以贯之，那么家长就可以始终占据道德高地，而如果传统受到挑战，就意味着有争夺道德高地的竞争者，这对于生长在家族当中的年幼的孩子来说，就意味着处于“道德抉择”的冲突中，否则就可能失去宠爱和地位，甚至威胁生存。过去大家族的长房女人们，是否善待妾的子女，也不乏有占据“道德高地”的策略之嫌。

加之在时代大转换过程中，个人所受的教育也并没有表现出明显的“新道德”冲击态势。比如，兄弟对于名字的看法，都选择了不忤逆父亲的意志，以自取“字号”的方式，实现孝顺与个性的调和(有趣的是，字号透露了这些在上海新世界长大的兄弟们，却都向往着传统中国儒商的风雅)。在“父慈子孝”之下，做父亲的也并不是一个独断专行、喜欢用道德高地的权威来强制子女服从自己的人。尽管邵玉轩本人在后来有热心支持于革命党人的涉猎政治行为，并且说服长子做了律师，但在得知长子热心经商却无心律师业的事实后，也采取了默许和认可的态度。

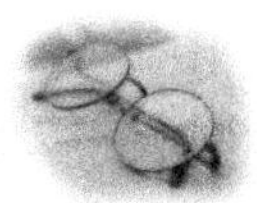

因此，邵逸夫作为第六个孩子，家族道德标杆的继承者角色并不特别的要求他来扮演或者抉择争取，倒是老父的慈爱和兄长的呵护，都让这个少年更加拥有自由自在成长的空间和氛围。从十三岁失去父亲到二十岁下南洋之前，长兄如父，邵醉翁不但继承了父亲的精明和谨慎，也延续了对六弟一如既往的呵护，他的生活并没有出现太大的断裂。因此，正是受家庭成长环境的影响，邵逸夫并没有形成警觉于“道德抉择”的个性特征，也不认为需要通过敏锐的“道德抉择”来实现个人环境的利益最大化。相反，会有意无意之间淡化或者无视环境中隐含的道德抉择和冲突，心无旁骛地做自己感兴趣的事情。因此，邵逸夫晚年始终坚持说“我是一个生意人”，其中，确有最本真的一面，就是个人真正的兴趣点在于生意，在于这种利益交换的古老形式，而不是什么隐含了道德的其他利益交换形式。

其次，早年闯荡南洋的经历，也让邵逸夫在秉持这种本性行事的同时，融汇了丰富的人生阅历。刚刚中学毕业的邵逸夫就赴南洋，开始与三哥在异邦寻找立足地。作为英属殖民地和自由港的新加坡成为他前半生的主要活动场域。

新加坡在正式独立前的几个世纪里，是英属马来亚的一部分。英国统治期间，新加坡吸引了很多外来移民。主要有华人(新加坡华人)、马来人、印度人及欧亚裔人等，使新加坡成为一个多种族国家。另外，新加坡还有大量来来往往的外国人。这种移民国家的特色，让新加坡政府认为精英政治是社会的基石，人民会因为自己的个人成就而得到奖赏，而不考虑他们的种族或背景。在道德层面，并无类似中国传统专制体制下形成的定于一尊的国教占据唯一的道德高地，相反，由于民间的主要信仰是佛教、基督教及伊斯兰教，政府并不横加干涉、推崇或者贬抑。

社会更强调“个人奋斗”的社会价值观，政府更依赖法律制度实施社会治理体现了浓厚的西方文化色彩。同时，华人作为最大族群之一，以家庭为基本单元的集体观念盛行，尊老重孝的传统道德规范、社会习俗浓厚，社会又弥漫着浓郁的东方文化色彩。因此，求同存异、兼容竞争的社会氛围是众多华人创业者能够在南洋立足和发展壮大的主要环境因素。这样一个亦东亦西的创业环境，对于从上海来到南洋的青年人而言，不仅没有国内军阀混战、政局不稳的担忧，反有如鱼得水的自在和广阔天地。因此，虽然早年创业不免应对恶劣的生活环境和陌生的社会人际环境，但坚持下来，很快就为南洋华人商界所接受，继而立足于这个移民社会。因此，新加坡的创业不仅没有令邵逸夫的个性志趣发生剧烈的变动，相反成功创业的经历强化了这种淡化“道德抉择”冲突的习惯。

在新加坡沦陷时期，邵逸夫因为涉嫌拍摄“抗日影片”被投入日本地牢，但最终化险为夷，逃过一劫。而这一劫，大概也如“海难”那一劫一样，不是令邵逸夫吓倒而放弃志趣，而是令他更坚定了心无旁骛地做自己最感兴趣的事。

20 世纪 50 年代的香港，有着与新加坡相似的移民社会文化，有着老上海太多的投射，也有着新时期国共意识形态的争执。在这种情况下，既是习惯使然，也是志趣使然，邵逸夫都把关注点放在了香港的电影业上，搭建自己的电影平台、迎接自己的电影竞争者，做自己认为最赚钱的电影。与“左”、“右”并无亲近疏远之分。“我是一个生意人”，让他心无旁骛只做自己熟悉的、擅长的、志趣所在的“生意”。

“左派”电影业因为政治的背景走向巅峰时刻，却不想也迎来了低谷。1966 年 5 月 16 日后，文化大革命在中国大陆展开。受此影响，20 世纪 60 年代后期至 70 年代中期，长凤新在创作上有许多教条主义的限

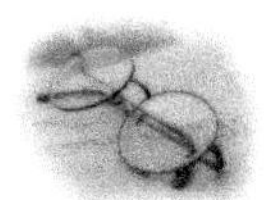

制，拍摄的影片在题材和手法上都难以符合观众需求，制作锐减。也就渐渐退出了香港电影(“文革”后长凤新已不能恢复五六十年代的元气，1982 年三家公司合并，组成银都机构，一直至今)。

至此，在香港电影界，邵氏独步天下。

《独臂刀》走江湖

只对生意感兴趣的邵逸夫，一贯严谨地审视着邵氏旗下导演拍出的每一部片子，如果不够精彩、预期票房不高，他就会毫不客气地批评，甚至认为该“烧掉”。

1964 年，就在李翰祥的黄梅调电影如日中天的时候，有一个以善文善歌著称的年轻导演进入了邵氏，所拍的第一部电影就被邵逸夫批评该“烧掉”。他就是后来名震港台的新武侠大导——张彻。

人生就是一个充满矛盾的过程。本来少年从政的张彻，短短逗留台湾之际，就拍出了《阿里山风云》，尤以主题曲《高山青》传唱不衰。在浅尝黄梅调电影被老板否决之后，旋即展露本性走进了一个阳刚、酣畅淋漓的武侠天地。而老板邵逸夫，却在专注生意的视角下，推出了一个武侠片的大导演，也有意无意间在一个政治之外的另类江湖中叱咤风云。

张彻生于 1924 年，出生于杭州，成长于上海。少年从政，1940 年在中央大学法学院修读政治时参加文化运动委员会而得到张道藩的器重，担任文运会专员，参加中央文化运动委员会从事戏剧工作，后就任上海市文化运动委员会秘书。1947 年，张彻护送张道潘往台湾，创作了剧本《阿里山风云》，1948 年与蒋经国结下友谊，借此在台湾执导电影。1949 年带队拍摄台湾风光外景，期间创作了主题曲《高山青》。每每当“高山青，涧水蓝，阿里山的姑娘美如水啊，阿里山的少年壮如山”的歌曲响起，总令人联想到一个才华横溢、敏感细腻又阳光轻快的翩翩男子形象。这也让后来的人们，无法将此和擅长拍摄各种杀人、血腥、复仇的武侠片导演联系在一起。

就这样一个与政治始终保持着暧昧距离的电影人，在1957年来到香港后，通过电影，与香港最不感兴趣于政治的电影大亨邵逸夫一起，开创了主流社会政治之外的江湖天下。

《独臂刀》剑走偏锋，打造不同于主流意识形态的另类江湖。

在1965年的黄梅调电影《蝴蝶杯》受到邵逸夫毫不客气的批评后，张彻于1967年铆足劲导演的武侠片《独臂刀》，成为香港首部票房过百万的影片。

《独臂刀》1967年在香港首次公映。剧情讲述仆人方诚为救大侠齐如丰身亡，齐收留其子方刚，传授武艺并欲其立为掌门。女儿齐佩因爱方不成，与师兄以比武为名暗算方，致其右臂被砍断。负伤逃走的方刚为少女小蛮所救，并以其父所留《左手图谱》练成左手神刀。其后，齐家遭到仇人笑面三郎和长臂神魔等的攻击，危难时刻，方不计前嫌，与小蛮合力救出师傅及齐佩，并身背代表师门的金刀，挑战长臂神魔，最后用亡父断刀及蛮父刀法战胜长臂神魔。本片为阳刚导演张彻的成名经典作，也是首部票房超过百万港币的卖座片，因而掀起港台两地的“新武侠世纪，”具有影史上的重要意义。主演王羽以其硬朗的面部线条和匀称的肌肉，展示着香港影坛久不见的男性阳刚之美，成为第一位武侠巨星。

其实，在《蝴蝶杯》失败后，张彻先后拍过《虎侠歼仇》(1966)、《边城三侠》(1966)等影片，虽未取得后来《独臂刀》一般的荣耀，但是邵逸夫显然对张彻的武打片表示了许可。这也与1964年的《金鹰》不

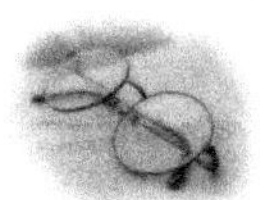

无关系。《金鹰》的巨大成功，不但在于祖国内蒙古草原的壮丽风光令人新鲜，也在于其中展示的摔跤、套马等传统功夫。这让蜗居香港的观众们感受到的，不是早已熟稔的西方(包括来自上海的)小资情调式的儿女情长，而是天大地大、荡气回肠的侠骨柔情。《金鹰》的成功，让邵逸夫看到了武侠片的前景。作为善于判断市场需求的商人，邵逸夫愿意搭建一个平台，引得凤凰择良木而栖。

而六七十年代的香港，之所以成为武侠片的大舞台，乃是因为此时的香港正处于经济腾飞前夜、香港多元文化交织冲突中形成本土核心文化的转折时期。

香港开埠之前，华南地区的文化中心是广州。其后香港成为英国的殖民地，虽受到西方文化的冲击，可是华人社会中大部分中华传统文化及价值观得以保留下来。较著名的例子如在英治初期，华人如有纠纷，一般会到上环文武庙前“斩鸡头，烧黄纸”宣誓，而非英式的在法庭宣誓。此外，不少中国民间风俗，如太平清醮、盂兰盛会等，也在华人社会间无间断地保存下来。

英治初期西方文化对香港的影响仅限于西方人士，但随着 20 世纪香港的华人地位不断提高，西方文化便逐渐影响华人社会。二战后经济起飞，西方文化进一步提高其影响力，例如赛马、足球及西式下午茶等娱乐休闲生活方式也得以在华人社会普及。

1949 年中国大陆政权更迭，大量大陆难民及资本家来港，使香港原来以广东文化为主的中华文化受到一定影响。另一方面，因中共政府的政策影响，华南地区的文化中心亦由广州转移到香港。其粤语文化至今仍对华南、东南亚以至世界各地的粤语社群产生了主导性的影响，例如以粤语为主的香港电影也一度雄霸东亚，培育出李小龙和成龙等国际知名影星。因此，香港社会在家国远离和身份认同的迷茫中，一度出现了多元文化的冲突。自大陆南下的华人一代至两代人，在香港分裂成不同的政治文化群体：受“左派”思想影响的一部分华人，在六七十年代响应大陆的“文革”，在香港也演绎出各种各样的文革场景；对“左派”没有认同的一部分华人，则陷入到投射故园的深刻行为记忆中和失去家园、寄人篱下的惶恐和流离情感中；至于香港的原住民，则处在英殖民地文化与华南传统文化的碰撞融合中。

因此，在英国殖民制度统治下的中国香港小社会，出现了一个不同于中国本土社会的上下层断裂：香港的政治治理模式是西方式，但是香港的社会文化模式是中国式。因此，在彰显于表面的英殖民地政治模式下，左派不能占据上风，右派也不能独霸天下。因此，不惟香港社会的中下层大众转而热衷于在一个中国人共有的历史文化符号——江湖中，一遍遍重温、演练甚至是丰富、再造中国人的生活秩序和行为规范。这在以法律为天花板的英属殖民地，更多寄托到能够搭建“武侠天下之江湖”的电影娱乐界，就成为顺理成章的事。

香港著名影星任达华在一次采访中就回忆60年代的香港称：因为在当时(香港)什么物质都没有，也没有手提电话，也没有什么电脑，结果每一个人都能够互相帮忙，打开门，你今天睡这边，我明天睡这边，大家都能够互相一块吃饭的那个世界是在60年代。所以60年代是一个很有生命力的年代，是一个精神，60年代是一个能够包容全世界的朋友，能够互相帮忙的世界。这个世界其实很像电影，这个电影就是比如说我们拍个电影是一个团体的精神，不是一个人做的，导演、演员、制片、工作人员，还有配角，大家能够一起合作，才能拍一个好的电影，这个就是精神。

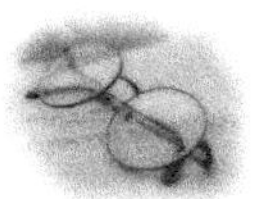

从这位出身贫民区，靠自身努力成名的香港影星口中，生动了展现了那个本身就富有“江湖天下”的香港平民世界。对于年轻时期就身处南洋的邵逸夫来说，这样的华人世界也是他熟悉的，这种华人世界的娱乐风格和取向，也是他能够迅速把握和利用在电影业当中的。

因此，我们今天纵览六七十年代香港的武侠片，从百万大导张彻的《独臂刀》开始，邵逸夫聘入风格各异的武侠片导演数人，纷纷远远超出当年黄梅调电影的导演阵容，也反映了邵逸夫对武侠片的情有独钟。

其中，张彻的影片以阳刚著名，充满了男性的粗犷和雄健的美。整个节奏以激烈痛快见长。《独臂刀》主要情节其实来自金庸《神雕侠侣》杨过断臂一节。张彻在本片很多创新之处都成为后来他的招牌场面：壮硕的男子赤膊大战、开膛破腹仍勒紧肚皮地血战、破格地用手提方法拍摄打动场面，强调动作的剧烈气氛和动感。《独臂刀》之后的《大刺客》(1967)讲聂政刺韩傀，以文戏为主，只有一两场打斗，票方却仍过百万。《金燕子》(1968)由郑佩佩演金燕子配王羽演的银鹏，更成为当时传颂一时的名作。两片动作令人耳目一新之处，令主角飞越人头施以凌空一击，很有威势。而《金》片中，壁上题词的一个幻想镜头，令整个画面充满大字， 个白衣人萧然独立，很有意境。打斗则特别惨烈，主角常常以一敌十，满身浴血而亡。张彻的成功有一个独特的因素，就是他特别推崇年轻人的血气和勇悍。20 世纪 60 年代中是年轻人文化抬头的开始。张彻讲年轻人打败有权有势的老人家，把年轻人的血气尽情发挥，《独臂刀》的男主角也独具匠心地叫做“方刚”。

三片之后，张彻成为邵氏既多产又最有卖座保证的导演。他捧红了一批批的男明星。他第一轮便把王羽捧成天王巨星，王羽自立门户后，张彻却又以《死角》(1969)、《报仇》(1970)、《十三太保》(1970)、《新独臂刀》(1971)等影片捧红了姜大卫和狄龙。姜大卫身材不高，但却有种年轻人不怕天高地厚、锋芒毕露的气质。狄龙则英俊高大，用功极勤，擅演沉稳的角色。姜大卫、狄龙之后，张彻还以《马永贞》(1972)捧红了陈观泰，《洪拳与咏春》(1974)及《洪拳小子》(1975)捧红了傅声。除了张彻捧红的男明星以外，最卖座的是武后郑佩佩，她主演的《毒龙潭》(1969)、《荒江女侠》(1970)、《五虎屠龙》(1970)不比王羽、姜大卫主演的影片逊色。

这个时期，邵氏生产了很多武侠片，几乎所有导演都要拍过武侠片。如善导家庭伦理剧的岳枫，也拍了自己从未尝试过的功夫片，如《燕子盗》(1961)、《盗剑》(1967)《夺魂铃》(1968)、《群英会》(1972)、《功夫小子》(1972)等。导演程刚，于 1970 年的《十二金牌》，讲侠士阻止秦桧用金牌召岳飞，香港首轮收入票房达 156 万港元，成为当时邵氏最卖座的电影；1972 年的《十四女英豪》虽然改编自历史演义和京剧，但打斗也已武侠片化，更显示出拍摄大制作的实力，囊括了金马奖最佳导演等奖项。

与黄梅调电影不同，邵逸夫对武侠片的投入比较持续，直到 20 世纪 80 年代，即便是时装片和电视剧的兴起，都没有让他完全放弃对武打片的支持。1971 年李小龙加盟“嘉禾”拍出拳拳到肉的功夫片，使得古装刀剑武侠片渐渐退隐。但张彻得邵氏支持自组长弓公司远赴台湾，影片却仍由邵氏在香港发行。他导演的《方世玉与洪熙官》(1974)、《少林五祖》(1974)、《洪拳与咏春》(1974)、《洪拳小子》(1975)再一次带动潮流，以岭南拳派为主的功夫片因而大行其道。张彻走后，自《独臂刀》以来为他任武术指导的刘家良开始在邵氏任导演。刘家良是洪拳正宗、林世荣嫡系传人。拍摄的主要是南派少林拳和洪拳电影。刘家良凭 1976 年的

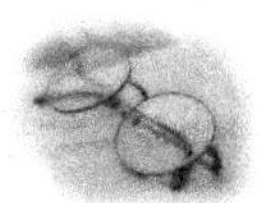

《陆阿彩与黄飞鸿》建立地位，其后拍出《洪熙官》(1977)、《少林三十六房》(1978)等。刘家良最擅长的是用不同的武打设计，把洪拳的威力和各种招式巧妙之处展现出来。在邵氏转向电视业之前的 1984 年，刘家良的《五郎八卦棍》，讲杨五郎如何由杨家枪化出八卦棍的故事，创出了武侠片风格的最后辉煌时期。

20 世纪 70 年代，在武侠电视剧兴起的同时，邵氏也重新拍了不少古装武侠片。当金庸武侠剧在电视上取得空前成功时，武侠电影却是古龙的天下。楚原 1976 年导演的《流星・蝴蝶・剑》和同年推出的《天涯・明月・刀》两片卖座成功，让改编古龙的电影成为时尚。楚原改编了十多部古龙小说的电影，为观众熟悉的如 1977 年的《楚留香》，奇诡的剧情，明快的节奏，语不惊人死不休的作风，整体做出一种新奇和唯美的风格。

在楚原改编古龙的同期，邵氏也趁着金庸小说改编成电视剧的热潮，把绝大部分金庸小说改编成电影。改编得最多的是回巢的张彻，他拍了三集《射雕英雄传》(1977～1981)、《飞狐外传》(1980)、《神雕侠侣》(1982)等多部。

由 20 世纪 70 年代中到 80 年代初接近二十年间，邵氏出品的武侠片和功夫片在香港电影中占有一个很重要的位置。一个个英勇威武的英雄好汉和女侠，不单帮助塑造了两三代在当年成长的男孩，今天重看，或许有些地方会令我们失笑，但仍有不少影片会令我们感受到其中的英雄气概和动作的壮美。

这样执著地投资于武打功夫片，一方面看，是香港平民社会中武打片的文化土壤和娱乐市场还存在。另一方面来说，“江湖世界”也是人到晚年的邵逸夫最谙熟和痴迷的一种中国传统民间文化。因为，武打风格设计可以经由各路导演实现推陈出新，武打的效果可以通过硬件技术的投入实现最佳视觉冲击力，而武林江湖的基本规则却始终表现为正反分立的人物构成，合纵连横的江湖关系，义字当头的江湖道德，和邪不压正的江湖结局。这与大哥邵醉翁当年开创天一，“注重旧道德，旧伦理，发扬中华文明，力避欧化，”以最新娱乐之形式，注入鲜明之道德立场，竟有遥相呼应之状。应该说，每一个拥有传统中国文化基因的中国人，几乎内心都有一个“江湖”，这对于生长于从传统迈向现代的20世纪中国的人们来说，更是具有着特殊的历史文化记忆和人生体验。

直到1980年代“香港人”的身份获得普遍认同，同时亦建立起一套面向本地市场的普及文化，如电视、电影、歌曲、漫画等，衍生出一个新生的“香港文化”体系，武侠片的黄金时期也随之而去。

邵逸夫与张彻等导演在电影史上开创的武侠潮，究竟是时势造就英雄，还是英雄顺应时势，已经难以分辨。但是，“邵氏”本身也如“江湖”般，展开了一幕幕分分合合的悲喜剧。

《大醉侠》引争执

其实，在1967年《独臂刀》创出百万票房佳绩的前一年，胡金铨导演的新武侠片《大醉侠》，采用具有日本武士片风格的配乐、摄影和动作特点，令人耳目一新，票房不错，也区别于20世纪50年代香港武打片的粗糙，奠定了他在影坛的重要地位，在港台和东南亚掀起了新派武侠片热潮。

《大醉侠》电影讲述了江湖败类“索命五虎”作恶多端，杀人如麻。其老大被两江总督张大人俘获，不日问斩。其余四虎铤而走险，劫走张大人之子张步青以作要挟。张步青之妹张熙燕武艺高强，人送绰号“金

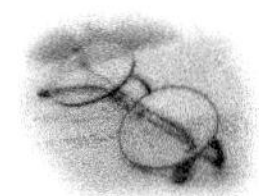

燕子”。为救兄长，张熙燕独闯虎穴，然恶徒狡猾非常，金燕子救兄不成，还险些丢掉性命。关键时刻，幸得隐于江湖的大醉侠范大悲出手搭救。

范大悲曾为某寺院修行者，其师兄了空大师为夺掌门人之位杀害师傅，师傅临死前将丐帮掌门人信物交给范大悲。念及师兄弟之情，范从此隐姓埋名，以“醉猫”的诨号浪荡江湖。此次“索命五虎”与了空大师联手，势要将金燕子和范大悲斩草除根，金燕子则和大醉侠与群贼恶战一场，最终歼灭群贼，救出张步青。

《大醉侠》从戏曲取材，使用了周蓝萍创作的古曲风情。影片《大醉侠》有着成熟的美术造诣以及中国传统戏剧的诸多风格引借，无论是人物的亮相、装束、动作都受中国传统戏剧“文武场”的影响。片中的打斗场景宛如京剧武场的层次，给人留下许多想象的余地。胡金铨自述说：“许多人以为我拍了很多武侠片，其实不然，我对武术一点都不懂。我拍的动作完全是从国剧中借来的，我的武打动作是将舞蹈、音乐、戏剧合而为一，我把戏剧动作分解，并且想尽办法让它在电影中达到最惊人、最突出的效果。”

与《独臂刀》相比，胡金铨的风格同样突出：制作和细节上十分讲究。一衣一物，一件兵器，一件头饰，都有考究。全片重视气氛的营造，对打时的对峙和奔跑构成重要的前奏。胡的动作比较强调动感美感，一招一式都很清脆，很有美感，在画面上也不追求残酷美和动作的利索，他塑造的人物不强硬，性格含蓄。胡金铨的《大醉侠》与张彻的《独臂刀》使二人并称为“绝代双骄”。

胡金铨特别擅长制造英气逼人的女侠，郑佩佩演的女侠金燕子便极为夺目，郑佩佩也就因此片成为邵氏武侠片的首席武打女星。

但是，这部颇具开创之功的电影，却受到了邵逸夫的批评。起因是，

邵逸夫认为胡金铨的《大醉侠》拍摄周期过长，无法控制成本。1967年，胡金铨假借受台湾电影人沙荣峰的邀请，而离开了邵氏电影机构，去往台湾国联电影公司寻求发展。在“邵氏”出品的武侠电影中，像胡金铨《大醉侠》这一风格独特型的武侠片也就此停住，并未如张彻阳刚激烈型影片那般枝繁叶茂。自“邵氏”创立起，均予人以大制作、大投入的印象，此次邵逸夫却对颇有开创之功的胡金铨加以指责，暗示了邵逸夫对成本控制的变化。

无独有偶，1970年，自“邵氏”兄弟电影公司创业起就加盟的香港行销宣传老手邹文怀不满邵氏对“分红制”的固执反对，离开“邵氏”，另立门户，以40万元港币起家，成立新的“嘉禾”公司。这令“邵氏”内部的管理分歧进一步表面化。

同年，当时在好莱坞发展受挫的李小龙带着被华纳兄弟枪毙的电影项目《无音箫》返港，对向他伸出橄榄枝的香港公司开出条件：片酬1万美元，拍摄周期不能超过60天，剧本必须让他满意。“邵氏”拒绝，与后来誉满欧美的中国功夫明星李小龙失之交臂。后被称为是邵逸夫少有的错判行为。

要解读这几件看起来对“邵氏”造成不小影响的事件，还得看看同时期发生的相关事件。

张彻在《独臂刀》之后，进入高产状态，既有《大刺客》(1967)这样的票房过百万的大片、也有张式、郑佩佩的《金燕子》(1968)，还有捧红姜大卫的《报仇》(1970)等，也有成绩平平的《游侠儿》(1969)、《死角》(1969)。直到1973年张彻带张家班移师台湾前，邵逸夫还是始终支持张彻的。张氏的阳刚、暴力、血腥和激烈的打斗，也始终是其电影的主要特色。

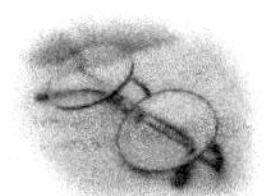

1967 年，由日本引进的导演井上梅次拍摄的《香江花月夜》大放异彩。由日本方面提供的美术指导、灯光和武术指导、舞蹈艺员、富丽堂皇的布景、超现实的梦幻歌舞，在观众中掀起一股热潮。这不同与“邵氏”传统的歌舞片，与激烈打斗的武侠片相得益彰。而韩国导演郑昌和拍摄的武侠片，也很快出了佳绩，1972 年的《天下第一拳》，横扫亚洲，打入西方市场，创下第一部在美国大范围上映(约 1000 家影院)的中国电影纪录，票房狂收，并跻身全美七大卖座电影之列，位居“全球十大卖座电影”第 9 名。

1969 年，方逸华进入“邵氏”，从采购部做起，直接进入成本控制最基础环节。

1972 年，“邵氏”花重金从“国泰”礼聘多面手导演楚原。楚原出手不凡，1972 年拍摄古装武侠片《爱奴》，除了布景和服饰美轮美奂外，尤以女同性恋情节轰动一时(张彻在 1971 年也拍摄了大量展现男性情谊的双生电影，如《无名英雄》、《拳击》、《新独臂刀》等)。1973 年，更是以《七十二家房客》成为当年票房冠军，还击败了李小龙主演的《猛龙过江》。

把相关的几件事情联系起来看，就会看到，实际上在六十年代末七十年代初，邵逸夫已经开始调整“邵氏”的经营策略，从最初的大制作、多样化向控成本、核心化发展。这既是顺应市场发展的需要，也是邵氏兄弟的创业风格使然。

回溯“邵氏”前身，从“天一”开始，邵氏兄弟就致力于建立一个纯粹的家族企业。“天一”从经营到艺术全部掌握在四兄弟手中。经营方面老大是经理，老二任会计，老三、老六管发行。艺术方面也是兄弟齐上阵，公司成立头两年所生产的 11 部影片，基本都是邵醉翁执导，有

9 部是邵邨人、邵仁枚独立或联合编剧，邵逸夫虽然还在美国青年会中学读书，但也又编剧又摄影，还协助导演拍片。唯一需要花大价钱聘请外人来做的就是演员。如胡蝶以一部 100 大洋的酬金为“天一”演出了《梁山伯与祝英台》、《义妖白蛇传》、《孟姜女》、《珍珠塔》、《孙悟空大战金钱豹》等影片。

邵醉翁集长兄、经理、导演于一身，性格固执倔强，在公司实行的是家长式管理。这种组织形式，避免了内耗，最大限度地缩短了影片的制作周期，降低了成本，增加了影片的竞争力。但能够引发“六合围剿”的漏洞在于，“天一”采取低、快、多战略，也必然造成不少影片品质不好的现象。

为杀出重围，邵醉翁一方面派出发行人员在国内建立非“六合”院线，一面派三弟、六弟带着拷贝和放映机赴南洋开辟新的市场。兄弟俩于 1930 年在新加坡注册的仍是家族式的邵氏兄弟公司。

30 年间，邵氏兄弟以股权与决策权异常集中的权力形态和邵氏兄弟之间的权力传承方式，齐心协力，开辟出一片新天地。这一时期，他们共拍摄影片 100 余部，拥有了 100 多家影院和 10 座大型游乐场及不少房地产项目，为未来邵氏电影王国奠定了全方位的基础。

1957 年进驻香港的邵逸夫，接过邵氏兄弟多年的积累，开始将原来分布于上海、香港以及南洋的制作、发行和放映环节进行整合。邵逸夫仿效好莱坞八大公司的“大制片厂制度”，投巨资建造清水湾邵氏影城，并以此为平台重金聘入各路导演、成立“南国实验剧团”培训自己的电影演员，打造了香港“邵氏”电影帝国。这期间，对成本的预算，基本上是采取了“千金散尽还复来”的姿态，目的是做成香港电影的龙头老大，以绝对的优势占据香港这块初期市场。因此，只要投入大成本，短

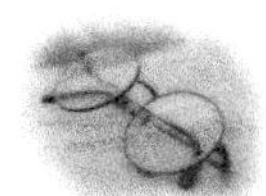

时期内大量制造电影占据院线和观众的娱乐时间，虽不乏有反应平平的作品，但对市场的占据足以抵消部分不盈利的产品带来的利润影响。所以，1957～1967 年应该是一个抢占高地的时期，以大成本博大收益是邵逸夫的主要经营策略。这在“邵氏”与“电懋”的对决中一览无遗。但是，这并不意味着这种大制作的方式就可以一成不变地纵横江湖。到 20 世纪 60 年代末期，随着香港社会经济的不断发展，特别是大陆的“文革”更加推动“香港文化”的逐渐形成，必然导致以中国传统文化为内涵的电影主统天下的局面走向消解，原来就有一定小众市场的歌舞片、时装片、伦理片、喜剧片等，也必然成为“香港文化”的一分子。这个多元文化融合特色的港文化，将让观众的娱乐口味越来越难以调和一致，越来越多样化。这势必引发更多的以不同风格为主打的电影公司出现，如果这个时候拍电影还坚持大成本的话，很可能落得尾大不掉、负担异常沉重的下场，不仅“船大难调头”无法应对市场的分化，即便是有一些大票房的佳品，其收益也很快会为这沉重的大盘子消耗殆尽。

邵逸夫是个勤奋善思、眼光敏锐的商人，当初一掷千金，就是看重“以大(成本)换大(收益)”的市场时机，现在开始看重成本控制，也正是敏锐地觉察出必须采取收缩成本、以一当十的市场转变。无论如何，对于一个企业来说，风光总是在外，只有当家的人才知道如果这么大的盘子，分分秒秒都不可以出现资金链断裂，否则，昨日之荣耀的笑容旋即就会变成了毁灭前的苦笑。若不是“电懋”后来遭致厄运走向衰落，可以肯定“电懋”走到这个时期也会进行一定的策略调整。

这就不难理解邵逸夫在胡金铨的《大醉侠》赢得轰动的时候，却冷峻地批评他的周期太长。因为，如果不看到这样的拍片路数将在日后可能带来赢利困境的话，那么无疑是将“邵氏”进一步捆绑在了“以大换大”的路径上而难以调头。所以，批评《大醉侠》并不惜与其决裂，实际上是邵逸夫果断地开始进行战略调整的一个先声罢了。

胡金铨到台湾后，受到台湾电影界的热烈欢迎，同年，胡金铨在短期之内就拍成《龙门客栈》，上映之后掀起武侠狂潮，不但在台湾创造了新的上映、票房的奇迹纪录，更打破了整个东南亚地区的票房纪录，在港台、韩国和菲律宾等地引发观影热潮。这似乎应该令邵逸夫感到后悔。不过，胡金铨此后花费了3年时间拍摄了中国武侠电影史上的鸿篇巨制——《侠女》，拍摄周期之长，耗费之巨大，都在当时令人无法企及。影片到1972年才公映，但商业状况并没有想象中那么火爆，自此胡金铨武侠电影开始受到质疑，评论界也在台湾电影新一轮的文艺片浪潮中很快将其遗忘。直到1975年，影片《侠女》时隔三年之后才不得已参加海外影展，以求外埠商机，不想却获得第28届戛纳影展“最高技术委员会大奖”，自此胡金铨也成为首位获得国际承认的中国电影人。获奖之后，《侠女》又引发台湾媒体的大范围评论，开始不断研究电影的艺术成就，称其为中国电影开先河、争光荣的历史巨作。这极具戏剧意味的一段，说明了胡金铨的电影风格独树一帜，颇有超前的一面，也印证了邵逸夫对胡金铨的大成本电影制作不符合“邵氏”后续发展的判断。

关于“邵氏”与李小龙失之交臂的事，外界流传，当邵逸夫听到这番条件后冷笑回应：“开什么玩笑？一个武师，真敢开口！他难道不知道，邵氏300元一个月的武师有一大把吗？”似乎有将错失李小龙的原因归咎于邵逸夫苛于成本。后来，邵氏元老黄家禧给出了“真相”：本来邵氏已经决定起用李小龙，但当时公司旗下的两大男主角狄龙和姜大卫的片酬才1万港元，李小龙却要1万美元，考虑到自家艺人的感受，最终邵逸夫才错失了李小龙。李小龙最终被邹文怀成立的“嘉禾”以

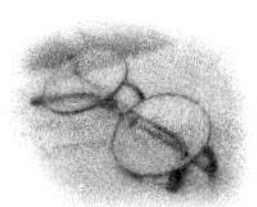

7500 美元的片酬请走。

从 20 世纪 70 年代开始，电视等娱乐媒体在娱乐业中开始产生影响，1967 年无线台开播之后，香港的观影人次已经从 20 世纪 60 年代的 9000 万人次高峰跌至 1975 年的 5000 万。观众的欣赏心理也在发生变化：大厂流水线式的电影产品逐渐不能令观众满意，观众更乐意看到有新意、有创意的作品。这个变化无疑也是邵逸夫调整成本策略的重要动因之一。

因此，1969 年，方逸华进入“邵氏”从采购做起，并不能完全看做是邵逸夫要把自己人安排进来进行监控，挤走曾经共同打拼的外人，巩固邵氏家族的绝对地位。毕竟，刚刚起步的方逸华既不姓“邵”，也看不出来有后来接手主持“邵氏”独当一面的能力。但是，方逸华初入“邵氏”就在采购部做起，也当然是邵逸夫开始侧重成本控制的一个明显的举措，要贯彻这个思路，红颜知己比其他人更值得信赖也是自然的。

《香港电影史》中就记载曾在“邵氏”服务十年的演员田丰称：“邹文怀一走，方逸华上来，邵氏拍戏才开始做预算，以前没有，她来才有。一个导演说一个街头用两百人，方逸华说不行，一百人。今天有的戏需要做服装，他说不用做了，邵氏服装间太多了，去挑挑拣拣吧。比如我这种角色用的兵器，一做就是一百把，一打就坏了嘛，衣服最少两套到三套，一个是给替身穿的，有的时候是夏天，一打一身汗怎么办，就再换一套。但方逸华的时期就没有了，有预算了，这是收摊做法，但也是邵氏更赚钱的时候，因为成本低了”。

至于此一时期，好莱坞的“八大”已经在逐渐朝独立制片体制转轨：大公司选择合适的制片人予以财务和发行支持，最终进行利润分红。一贯善学思变的邵逸夫却坚持沿用家族管理，独自经营，盈亏自负。拒绝了邹文怀和总经理周杜文关于分红制的建议，实际上是双方在对电影业发展和企业发展的思路上出现了分歧，而非邵逸夫坚持大权独揽的权力之争。

曾担任香港美国新闻处主管的邹文怀，在报界拼搏多年，深谙行销宣传之道。1957年邵逸夫刚从东南亚来到香港成立邵氏兄弟影片制片公司，急需人才帮手，等到老朋友吴嘉棠推荐邹文怀，出任宣传部主任。自信满满的邹文怀提出出任的条件之一是他的下属必须由他亲自挑选，得到邵逸夫支持。后来邹文怀带着出走邵氏的何冠昌、蔡永昌、梁风等人，这些皆是当年一起进入“邵氏”的好友。邹文怀曾为“邵氏”立下汗马功劳，最为成功的两件事就是协助邵逸夫购买下清水湾大片空地建立起摄影棚，以及挖来导演张彻。邹文怀在邵氏公司虽然职位不算高，但权力只在邵逸夫一人之下，事无巨细，也几乎都要通过邹文怀。但是，邵氏公司基本上是实行垂直整合型的经营模式，邵逸夫也习惯于自己独资干事业，他与下属之间只有雇佣关系，而没有合资关系。随后，因不满邵逸夫对推行分红制一事不予回应，总经理周杜文辞职离开，邵逸夫聘请了凌思聪继任总经理职位，随后又聘请方逸华女士负责“采购”，邹文怀遂带领一班管理搭档和几位当红影星，离开“邵氏”，另立“嘉禾”。

对于这次搭档分手，不论后人如何议论，当事人邹文怀事后回忆称：“人在一个地方待久了，总会有想改变的时候。而且，我跟邵老六其实是同一类的人。一小片天底下有两个我们，实在是太挤了点。”也点破了因为在理念上出现的不同才是双方分手的主要动因。邹文怀进入“邵氏”，是“电影”搭的桥，在十余年的共同打拼下，“邵氏”电影在香港独步天下，而香港社会大众文化娱乐形势的变化，“电影”世界的光怪陆离让邹文怀更加富有激情，跃跃欲试，想在电影界再创新高。因此后来带着自己培育的班底出走，虽然只以200万元创办了“嘉禾”小公司，却在接下来的二十年中独领风骚。

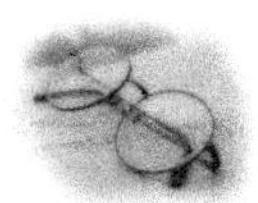

而作为“邵氏”掌门人，从戏剧到电影，再到进军电视，邵氏兄弟兴趣在于“娱乐业”、落脚点始终在于“生意”。邵逸夫从接触电影业开始，尤其敏感于新式技术的应用和娱乐形式的革新。在邵氏兄弟的电影业发展史中，邵逸夫总是与每一阶段的电影技术更新相联系。从这一点说，邵逸夫是一个与时俱进又恪尽职守的生意人，任何时候都牢牢立足在商业的立场上，把企业的生存始终建立在稳固的经济基础上，而不是一个富有浪漫气质的艺术家。因此，当初对电影这种新娱乐方式迷恋甚深的邵逸夫，在吸收新的经营管理方法以及新技术方面，也是“有所为，有所不为”，接受新技术、新挑战，甚至是好莱坞的新制度(大制片厂制度)，他丝毫不亚于年轻人的敏捷和果决，但是接受自己不能娴熟运用和控制的“分红制”，则表现出谨小慎微。关于拒绝“分红制”这一点，在今天的管理界，自然成为了一个分析“邵氏”电影帝国衰落的常见理由。但是若从企业自身看，每个企业的发展史当中，除了时代的共性外，更多还是表现为个性。究竟是应该时时引入最新经营理念，还是保守个体相对娴熟和稳健的经营方式，本身就是一个复杂的操作应用过程，毕竟在商场上，没有哪个赢家的成功是可以完全复制的。

而邵逸夫在 1967 年开始做出的经营策略转变，也恰似村妇俗语所言的“把鸡蛋放在不同篮子里，打烂了一坨，还有一坨”。这一点，与当年兄弟下南洋创业与上海遥相呼应，竟有异曲同工之妙。不同的是，当年是不得不突围，今天是未雨绸缪，先行一步。

《七十二家房客》笑人生

尽管邵逸夫的经营策略已经开始了调整，电影业也不再是邵逸夫唯一经营的业务，但1973年，有一部片子，却出人意料地以562万的票房压过上一年嘉禾重拳出击、由李小龙主演的《猛龙过江》，成为当年票房冠军。其导演楚原，最为人知的是他从1976年以后以古龙小说为底本拍摄的一系列武侠片。

不过，这个《七十二家房客》的剧本，却是一个穿越世纪的经典之作，也十分戏剧化地成为了当年邵逸夫领导下的邵氏影视王国跨越一个非常时期的标注。

《七十二家房客》原是上海人民滑稽剧团的看家之作。1958年，为响应“大搞现代戏创作”的号召，杨华生、笑嘻嘻、张樵侬、沈一乐4位老滑稽艺术家以新中国成立前上海底层市民的艰苦生活为素材，写就了轰动一时的《七十二家房客》，从此在观众心目中，“七十二家房客”成了住房狭小的代名词。本剧当初的现场演出可谓一票难求，曾进京演出。随着时代的发展，《七十二家房客》不断吸收当今社会鲜活事件发展补充，后曾拓展出续集《七十三家房客》。

基本剧情讲了1949年初春，在上海某弄堂一幢石库门房子内，住着大饼摊的老山东、苏州老裁缝、洗衣作坊小宁波、小热昏杜福林、卖香烟的杨老头、小皮匠、舞女韩师母、金医生等“七十二家”房客。所谓：“房间小的像白鸽笼，房客都像进牢笼”。二房东和流氓炳根，鱼肉乡里，欺压房客，到处惹是生非，闹得鸡犬不宁，令众房客愤愤不满。二房东和炳根视爱打抱不平的小皮匠、杜福林、金医生为眼中钉，为赶他们搬场“通路子”请“老头子”警察局王科长派人发难。警察“三六九”受命赶众房客搬场，乘机敲诈捞“横挡”(油水)、闹出了种种丑剧。为了达到不可告人的目的，二房东与炳根竟将十六岁的养女阿香许配给六十岁的警察局局长。小皮匠和阿香同是天涯苦命人，相怜相惜，在众

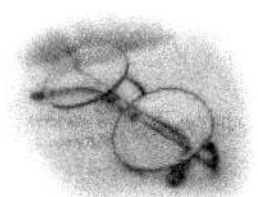

房客的帮助下，终于双双冲出“牢笼”。不言而喻，二房东、炳根、“三六九”之流自然不会有好下场。正印证了中国的一句老话“多行不义必自毙”。

滑稽戏《七十二家房客》的成功也纷纷引来了不少效仿者，影视界尤为突出。1963 年王为一把这部上海滑稽戏移植过去成电影，由珠江电影制片厂拍摄成了粤语方言喜剧片，在大陆引起观看热潮。1973 年，导演楚原担任导演，岳华、沈殿霞、胡锦、南红等港星出演其中角色。谁也没想到，竟凭着该片令粤语片再次复兴，让香港的电影掀开了新的一页。

如同《茶馆》在话剧中的地位，《七十二家房客》也是滑稽戏中的绝对经典，至今该剧依然被滑稽老观众津津乐道。正是由于这部《七十二家房客》的深远影响和意义，内地和香港以及东南亚在 20 世纪 60 年代中后期起到现在，也步其后尘地不断根据这部影片改编拍摄了不少同名影视剧、情景喜剧、话剧，乃至于广告创意等。大家都在用不同的方式，苦心经营着这部经典艺术作品的延续、传承和发展。

20 世纪 50 年代的香港主流电影是粤语片，占产量的四分之三。写实电影继承了来自内地的上海电影的文化传统，占据电影市场的主流。到了 20 世纪 60 年代初、中期，粤语片产量非常高，1960 及 1961 年均超过二百部，制作条件和技术水平也较 20 世纪 50 年代大有进步，而国语片则由于大片厂制度的壮大而渐渐占据了市场的优势，为 60 年代末、70 年代初粤语电影的戏剧性滑落，留下了伏笔。

据说，《七十二家房客》本是国语片，楚原坚持粤语对白，邵逸夫想了一个晚上才答应。这部电影的成功，使以国语片主导的香港影坛，掀起粤语片的一个拍摄高潮。而关于国语片和粤语片在香港的观众群，据电影人陈冠中忆称，从1950年代中开始的十多年里，在国语片市场一度力压邵氏公司和“电懋”，大部分国语片其实主要是针对1949年后从大陆移居香港、台湾、星马或海外，原籍江浙或北方的中产阶层。20世纪60年代开始，香港电影出现类型片，青春剧、时装剧、黄梅调影片和“左派”公司的国语故事片、武侠片等出现，国语片更是一统江山。国语片的主要受众群除了有族群和阶层的取向外，还比较偏女性，尤其是一些教育水平较高的粤籍女观众。香港另一大类电影——平民化的粤语片，由于在类型和题材上似比国语片更多样化，则更多吸引了年轻的粤籍和非粤籍的男性观众。

陈冠中忆称，在20世纪60年代香港黑白电视开始用大量黑白粤语片作为常态节目，影响已经扩散到他们这类外省家庭的同时，粤语片电影的制作却陷入了短暂但严重的衰退期，从1961年的222部，跌落至1971年只有1部。

这从某种程度上，说明了电视的逐渐普及，让大众娱乐的主要形式从电影片向电视片转移。粤语电影片的衰落，表明了电影业的被冲击，却反映了粤语的文化产品(如此时期的粤语电视片)的渐渐兴起。《七十二家房客》最大的看点是滑稽戏，这类滑稽戏在内地用上海方言掀起热潮，在香港如果用国语的话，可能会有让“阳春白雪”式严肃的人讲“下里巴人”的笑话的感觉，怎么也讲不出其中的俗味和接地气的感觉来。就一贯有着个人文化根底的邵逸夫本人来说，他来自上海，上海文化是其底色，而对广东文化没有什么感觉，因此“邵氏”多年都看重做国语片，粤语片显然不是他的强项。因此，此时已经开始进入电视业的邵逸夫，在思考之后，决定同意原本做粤语片起家的楚原拍成粤语片，主要是看准了这个市场的新动向。

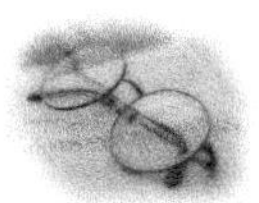

像《七十二家房客》这样的具有现实意义的滑稽剧能够在此一年创下香港票房新高，其实也是“香港文化”形成过程中的一次标志。20 世纪 70 年代的香港，从政治上说，渐渐摆脱了原来国共意识形态争夺阵地的身份，香港政府于 1970 年代初调整了政策方针，逐步吸纳华人进入决策机制，减少危害英国管治香港的可能性。经济上自 1974 年开始了长达 20 多年的高速增长。香港人也从最初的南下大陆人、香港本土人、外来人口等文化、阶层的分别中渐渐走向融合，香港市民社会形成，与之相对应的“香港文化”形成。注重个人奋斗、重视合作，注重人情、讲究实际，追求精神享受、对政治淡漠，喜欢新奇、轻松的节奏等等，都成为一个新兴的工业城市的文化特点。

《七十二家房客》无疑是用滑稽、轻快的语调描述平民生活中的喜乐和烦恼，一反以往那种沉重、庄重的，板着面孔的说教道德主题或者血腥暴力触目惊心的快意恩仇。同时，粤语也从“下里巴人”，扫去了阶层和族群的色彩，变成了新香港市民的一种身份认同。陈冠中也发现，到了 20 世纪 80 年代自己干电影这行后，才发觉大伙永远是在平民的旧粤语片而不是中产的旧国语片里找原型，而且不断把粤语片的既有类型翻出来重拍。这足以说明，关注香港市民生活内容的粤语片，其实是代表香港文化最有生命力的东西之一。

年届古稀之年的邵逸夫，以其独有的敏锐眼光和判断力，不可能没有看到香港社会娱乐土壤里所发生的这种变化。在这个新的土壤里，文化层面多元化、多取向的变化，已经不是他这一代人所能完全可以把握的和掌控的，这势必成为更多年轻一代挑战驰骋的天地，“嘉禾”就是其中最具代表，也最有功底的一个。因此，他把视野投向了一个新的战场——电视业，继续搭着一个平台，任由粤语片和功夫片、风月片“你方唱罢我登场”热热闹闹，自己还是据守这生意人的高地，作壁上观。没曾想，竟也促成了七八十年代香港电影业的一道奇观。

智慧与启迪

20 世纪 60 年代，是个多事之秋。政治的波折和混乱，同样令悬浮在祖国之外的香港人受到了影响。现实和电影，像躯体和灵魂，时而合鸣，时而对唱，让每一个香港观众都浸淫在时代的风暴中。像是在配合这个时代似的，电影业的人们，合纵连横，戏里戏外也上演着悲欢离合。“邵氏”与“电懋”的对抗刚刚谢幕，“邵氏”与“嘉禾”的戏就张罗着开锣了。电影里，身怀绝技的侠义之士们，群英荟萃，快意恩仇。人生却比戏更精彩！香港商人邵逸夫，走过高山，走过险滩，笑傲江湖。

这是一个与时俱进又恪尽职守的电影业商人，从上海到南洋，又从南洋到香港，在商场江湖中，他眼力精准、出手迅捷，却也有着自古侠士们都有的个性坚持。持一柄自家最擅长的兵器，抛一片纷纷扰扰的声音，信步走在滚滚红尘中。

第 5 章

花开两朵：勇立潮头，打造邵氏影视帝国

搭建“明星梦工场”

伴随香港经济走向繁荣的，还有香港的帅哥和美女。香港的娱乐业也一改往昔扮演老上海“他者”的角色，开始走向香港特色。令人眼花缭乱的布景、色彩，让人情绪跌宕起伏的题材，更有层出不穷的明星和空前多样的娱乐形式，都让香港故事越来越成为香港生活中不可或缺的一部分，甚至成为香港人的生活方式。传统上，电影人讲故事——观众听故事的模式，在七十年代的香港，开始悄然变化。先是演员，接着是艺员、美女，后来越来越多的大众，都渐渐走进了影视生产的城堡中。一个全民娱乐的时代悄然拉开……

在最早搭桥扫雪的人中，邵逸夫仍是令人注目的一个。

1967 年，眼光敏锐的邵逸夫将视野转移到了当时新兴的电视产业。同年，邵逸夫开始了和广东人利氏三兄弟的合作，也启动了“邵氏”图霸以“粤语”为底色的港文化娱乐圈的枢纽。毕竟，20 世纪 70 年代的香港，已经不再是老上海人可以俯视的天下，要想在香港新生代为主力军的香港娱乐业立足称霸，就必须接纳并融入他们的文化。老骥伏枥志

在千里！邵逸夫像十二年前来到香港一样，踌躇满志，开启又一次新的挑战。

1967年，广东人利家三兄弟(利孝和、利荣森、利荣达)投资创办了香港广播电视有限公司，邵逸夫以董事身份加入。因为采用当时最先进的无线发射传送讯号，人们也习惯上称其为“香港无线广播电视有限公司”，简称“无线”(TVB)。

由利氏兄弟主掌的香港无线电视广播公司——这个即将影响了几代华人的传媒巨擘应运而生。对于娱乐业并无经营经验的利氏兄弟，却以亚洲地区当时首屈一指的私营商业电视台，在香港新兴的电视业独占鳌头。这中间，不乏有过五方争雄的局面，终究“无线”以其雄厚的财力，维持了香港霸主的地位。

而此时，初入电视业的邵逸夫，在1980年出任“无线”董事局主席之前，一直以董事的身份在默默地构筑着日后“邵氏影视帝国”的基石。

据称，邵逸夫在加盟“无线”之前，电视还处于奢侈品的阶段尚未普及，当时的智囊邹文怀曾建议邵逸夫介入电视业。后来他加入“无线”，无疑是对当年邹文怀的建议有所采纳，不过，以邵逸夫个人的实际做法看，他并不愿意贸然就挥金成立一个电视业的公司。一方面是他对电影的志趣未改，二则在这激烈变化的时期，要维持一个庞大的电影帝国，“守”比“攻”更加稳妥，“边走边做”比“陡然转向”风险更低。

因此，1967年以后的邵逸夫，一方面控制电影成本，推动影片类型更加多样化，更加重视电影的商业收益；一方面，与“无线”一起开办艺员培训班，继续培养演员(这是同样可以为电影业所用的重要资源)，

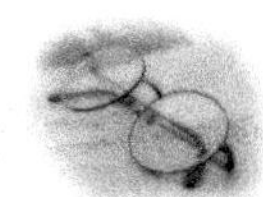

悄悄收购“无线”股票，1980 年董事局主席利孝和突然去世时，邵逸夫已经以 32.458 万股，成为仅次于利孝和及其亲属(38.244 万股)的最大私人股东，随即接任“无线”董事局主席一职。

与商场上资本谋略的稳扎稳打相比，为“无线”培养演员的做法，一开始就让“无线”打上了鲜明的邵氏色彩。

1971 年，与“邵氏”的明星制理念一脉相承的无线艺员培训班成立。这个原本自产自用的明星培养基地日后竟然撑起了香港，或者说是整个华人演艺圈的半壁江山。而它的蓝本，就是十年前的邵氏电影公司的“南国实验剧团”。

南国实验剧团：“邵氏”初立，为与“电懋”争霸，不惜投入重金礼聘当红演员，如以高过“电懋”两倍的片酬争回林黛。此举虽然令“邵氏”赢得胜利。但也成为“邵氏”高昂成本的一部分，且有受制之嫌。1961 年，邵逸夫成立“南国实验剧团”自己培养演员。任顾文宗为团长，招考新人，然后签下有潜质的新人予以力捧，成为红星。最大的好处，就是不必付出惊人的片酬拉拢天皇巨星加盟。胡燕妮、郑佩佩、何莉莉、李菁，就是邵氏一手捧红的大明星。甚至连早期拍福建片的小娟，也由邵氏捧成红极一时的“凌波”。1987 年在《倩女幽魂》中饰演道士燕赤霞而大受好评，并凭该片荣获第 24 届台湾金马奖最佳男配角奖的香港老戏骨午马，于 2014 年 2 月 4 日去世，这位邵氏影业公司南国实验剧团第一期毕业生的谢世，再次让人们想起了半个世纪前邵逸夫一手创建的那个香港明星制造基地。

与当年邵氏“南国实验剧团”带来的积极影响相同，“无线艺员培训班”的成立，受益最多的首推香港电影。无论是台前还是幕后，从无线走向大银幕的艺人几乎同步经历着香港电影的发展历史。蓬勃发展时期他们崭露头角，盛极一时之际他们是中流砥柱，市场萎靡的低谷他们不离不弃，而现今的图谋破壁他们又是不可或缺的中坚人物。很难想象如果没有一届届的无线艺员培训班，还会不会有这片熠熠生辉的璀璨星河，而没有了这些优秀的电影人，香港电影乃至中国电影又将如何地黯然失色。无线艺员培训班也被称誉称为“香港明星的黄埔军校”。

无线艺员训练班：早期与邵氏兄弟制片公司合办，自1971年起每年开办一期，1978年第8期开始由无线电视独自主办。

训练班属全日制，为期一年，分为两部分。前半年学习多项幕前知识及幕后理论，包括表演、台词、舞蹈、武术、编剧、摄影、电视、形体、化妆、服装、发型等。后半年则进行实习，中间经过多次考试，优胜劣汰，毕业者即签约成为无线电视签约演员。

1984年1月开始，艺员训练班改制，分为艺员招募、舞蹈艺员招募和司仪招募，训练期也由一年缩为半年，头3个月学习基本知识，后3个月则进行实习。

显然，这个无线艺员训练班，是沿用了邵氏“南国实验剧团”的模式，即自己办培养基地，培养自己的艺员和明星。从1971年训练班开始创办至今，无论是香港还是大陆的观众所熟悉的明星和演员，甚至是一些大牌的导演，几乎都是出自于此。譬如第1期的甘国亮、招振强，第3期的周润发、吴孟达、任达华，第4期的林岭东、杜琪峰，第5期的关锦鹏，第6期的陈玉莲、吕良伟，第8期的汤镇业，第9期的黄日华，苗侨伟，第10期的刘德华，第11期的梁朝伟、周星驰、吴镇宇，第12期的刘嘉玲、刘青云、吴君如等等。

从1957年来到香港创办“邵氏”开始，邵逸夫就形成了一套自己的创业思路。先是投巨资打造制片的航母——清水湾影城，可谓是从硬件

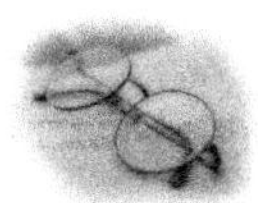

上入手，庞大的清水湾影城不仅使“邵氏”的大制片厂制度可以挥洒自如，不为场地所限，也为“邵氏”进一步建立自己的电影王国搭起了舞台。1961 年成立的南国实验剧团，则从软件上入手，通过培养自己的演员，掘出自己的人才泉眼，这样的长效人才投资，与场地的不动产投资相得益彰，让“邵氏”在与众多电影业对手竞争的过程中，免除了一般电影生产的客观条件限制，令邵逸夫专心于对电影市场的把握和运营。

开始涉足电视业的邵逸夫，再次娴熟地运用了这一成功的经验。TVB 艺员训练班，巧妙地和南国实验剧团进行了对接，从 1971 年开始由“邵氏”与 TVB 合办，艺员自然也是双方共用，这是邵逸夫作为股东与 TVB 的双赢。1978 年“邵氏”退出，紧接着 1980 年邵逸夫接任董事局主席，实质上这人才源泉依旧是涌流不断，成为“邵氏”影视帝国的人才蓄水池。

在这个对接的过程中，还有一个邵氏电影文化转型的过程。早在南国实验剧团时期，不少的演员，从初涉影坛到成为明星巨导，无不对在“邵氏”的日子酸甜苦辣颇有感受。有一点比较一致的是，在南国实验剧团及“邵氏”中，上海人比较受青睐，上海话流利的人也比较占便宜。香港著名导演吴思远，出生在上海的广东人，曾入南国实验剧团第六期学习编导。吴思远对在邵氏的经历回忆称自己南国毕业后初入邵氏剧务组，比较受到照顾，“因为我有占便宜的地方，我上海话讲得很好。当时绝大的势力都在上海帮里面，不要说罗臻，就是严幼祥，也是上海人。这些老摄影师，也是上海人。所以我进去以后就如鱼得水”。“基本上邵氏的制度和台湾一致，里面的副导演全部是从台湾来的，台湾有国立艺专，大概就是两三年，台湾很多人到邵氏来做导演、副导演，邵逸夫就是专门请那帮人，他不怎么提拔香港人，就算当了副导演多少年他都不提拔的，他本身是上海人，对广东文化没什么感觉，所以邵氏主要是拍国语片的，香港人毕业以后根本就没什么机会。”

由此可见，五六十年代的南国实验剧团，作为一个“邵氏”与演员、导演共赢的平台，还主要是“上海人”的舞台。邵逸夫本身对上海文化的眷恋和对电影的热衷，通过南国实验剧团的演员和导演们，不仅为“邵氏”国语电影提供了一个文化资源库，也担负了传续上海文化的使命。

随着20世纪70年代香港文化的逐渐形成，邵逸夫显然也开始慢慢接受香港人的身份认同。这是因为，一个出色的文化娱乐业商人，需要敏锐的觉察每个时期社会文化的内涵，如果商人本身不能接受、体察甚至是融入这一时期的社会文化中，是很难做到及时把握大众文化娱乐市场的需求的。1971年开办的无线艺员培训班，其实也悄悄反映了邵逸夫在运用已有经验的过程中对香港文化娱乐风向的觉察。譬如，以TVB艺员训练班的报名条件看，年龄和身高体型适宜的应征者们除了必须为香港合法居民外，还要求能说流利标准广州话。当年刘嘉玲在投考时，曾经因为不会说粤语未被录取，校长委婉地对她说，“你回去练习讲粤语再过来考吧。”当时的影视剧都是讲粤语。当时刘嘉玲坚决地回答，“一年后我会再来的。”第二年她果然又出现在考场上，粤语的程度好得令人吃惊。

而香港艺员培训班也实实在在贯彻和揭示了邵氏人才培养共赢模式的特色。大致可以归结如下：

1. 门槛不高，有教无类

从20世纪70年代成立以来，TVB艺员训练班入门条件就一直不高，当推销员的周润发、当木匠的伍卫国、当信差的杜琪峰、曾进入监狱服

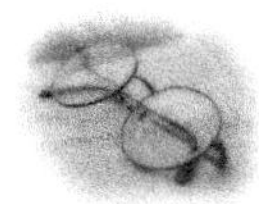

刑的古天乐，或凭好外形，或凭好天赋顺利成了学员。艺员训练班唯一的文化要求就是中五毕业(相当于内地高中毕业)，面试标准由艺员训练班导师把握。至于只要达到基本年龄、学历条件的报考者凭什么入选，则是有着独特又简单的选拔条件。2012 年的训练班课程总设计郑丹瑞就表示：不是选港姐港男，因为是艺员训练班，要看他们有什么特质，看适不适合做艺人。”

因为大家的起点都不高，而艺员的前途不在于学历而在于个人的表演才能和观众的认可。所以入门不难，成名却不易。在演艺圈想要红，一定要拥有自己的特质，让别人能够记住你。艺员训练班早期的教练钟景辉就形容一个演员越特别越好，就算是畸形古怪也不要紧，因为另类独特会成为别人无法取代的原因。刘德华到无线报名读艺员训练班时，黄日华坐在大门口负责发放表格，当时刘德华心里就想，连发表格的小工也这么帅，自己就不用考了，一定不被录取。一直等到考进训练班他才知道，原来当日这个“发表格的小工”其实是高他一班的师兄。本来想当导演的刘德华后来却在充分发挥个人潜力、做好“老二”角色的定位下，成为香港巨星。周星驰，考了两届才被录进了夜间班，是备取生资格，最终也因独特的表演特质成为香港独树一帜的巨星。

TVB 明星麦包建议别因旁人的眼光，急着给自己定位，要慢慢发掘自己的才华。“在训练班的时候，我就意识到自己并不帅，但我觉得不一定要长相好才受欢迎，才能做男主角。”只要做好自己终究会有观众懂得欣赏，“毕业后也许会碰到和我一样的情形，一直跑龙套演配角，但我因为非常喜欢演戏，一直留在无线坚持，如果你的同班同学很快就有成就，但你依然停留在那儿，一定不要灰心，继续坚持下去。作为一名演员，你一定要记住自己的本分，把戏演好就是你的本分，抓紧每一场戏，我相信再难演的戏一定有方法演得好，只在乎你会不会演。”

2. 学练相长，龙套起身

作为行内最资深的导师钟景辉曾在无线艺员训练班教课四年，后来又在亚视的前身丽的电视教课七年，还任过香港演艺学院校长。他也有自己的教学理念——教学不是以一个班为单位，而是以一个学员为单位，“我教学的特点是，我不会去一一比较学员，我看的是每个人的长处在哪里，短处在哪里。我要他们知道自己的长处，发觉自己的短处，然后设法帮他们改良短处，令他能够在台上或电视机前掩饰自己的弱点。我们都是教一些很基本的东西，以及给一些练习。让他们了解什么叫做互相沟通，怎样和别人交流，然后再拿到课堂上进行举例讨论。”

在无线电视这条造星流水线上，所有演员都是从跑龙套开始的。这种情况在无线演员出身的周星驰的电影《喜剧之王》中有着绝好的反映。影片中尹天仇被人说成是个“死跑龙套的”，而尹天仇的解释是：“其实，我是一个演员。”

按照无线电视台的规矩，一般演员要跑两三年龙套才有望演配角，而要得到演主角的机会，往往得有五六年时间。对于年轻演员来说，这是一个漫长的过程。很多人熬不住就转行了，而坚持下来的人大多都会有出头之日。

1976 年，周润发曾给伍卫国跑龙套，1980 年黄日华给周润发跑龙套，1983 年周星驰给黄日华跑龙套，而今天的周星驰已经被人称作“星爷”了。

说起当年在艺训班的日子，曾经执导过叶童、马景涛版《倚天屠龙记》的香港导演赖水清显得很兴奋：“发仔是南丫岛人，我是新界的，都算是偏僻的农村，我们就一起租房子，朝夕相处了两年！那个时候都

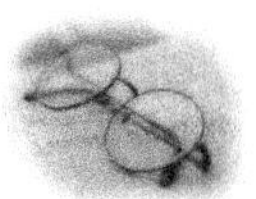

没有出人头地，我们三个，还有吴孟达，读书的时候就常常一起站岗，见习工作的时候还要一起给人家跑龙套，扮演家丁、死尸这样的群众演员，没有一句台词，大家都还蛮心安理得！”

3. 搭建平台，实现共赢

智慧的商人，是善于运用双赢的人。艺员训练班为热爱表演的年轻人搭建了走向梦想的平台，也为 TVB 获得了不菲的收益。同时，艺员成名后成为 TVB 的活宣传牌，给 TVB 带来更大的无形资源，而艺员在成名前也通过各种实习和演出获得了一定收入。这种实现共赢的方式，是香港艺员培训班能够生存和发展至今的主要因素。

艺员训练班开办 42 年来，从来都没有收取过半毛钱的学费，这就是为什么至今为止，每次开班都能吸引过千人报名的原因。到 2012 年报名的准学员们，只要能空出半年时间确保训练就行，付出的只有机会成本。不仅不收学费，由于上课地点是在将军澳电视城内，远离市中心，所以来上课还会有交通补助以及伙食津贴。就连跑龙套都有钱赚，难怪当年周润发读书时能够 24 小时待在无线，几天不回南丫岛的家都没问题。麦包回忆起 20 世纪 80 年代中期的酬劳，他说那时无线是按角色在每一集中出现的次数为标准算钱，举例说，如果角色在电视剧前半个小时出现过，后半个小时又再出现过，那就算是两次。他当时的价格是每一次 200 港元，他说曾见过有同学一集出现了十几次，或是一天就拍了十几集的戏份，轻松入账几千元，半个月的生活费都有着落了。

无独有偶，几乎就在香港无线艺员培训班开设的同时，“香港小姐”的选美比赛，成为同时期 TVB 选拔演艺人才的又一个通道。

香港小姐(Miss HongKong)：原由私人机构在酒店举办，1946 年到 1973 年之间，香港小姐陆续评选出 10 位港姐。直至 1973 年，香港电视

广播有限公司开始举办每年一度的香港小姐选举，之后才统一由无线电视举办。而在1973年的过渡期更出现两位香港小姐，分别是“香港东方选美会”选出的狄波拉和无线电视选出的孙泳恩。这也是1973年“港姐选举”提出“美貌与智慧并重”的口号后，“港姐”选拔标准变化的结果。

20世纪70年代港姐选举，因引入泳装展示被指大胆，但其评选标准仍体现评委对传统文化的认可。因此早期港姐一个个高贵端庄，堪称女性楷模。从20世纪80年代开始，一年一度的港姐选举逐渐成为香港市民的热门话题，这个由娱乐圈发起的选美活动，从某种程度上也是香港商业社会的一个缩影：风云诡谲，沉浮不定。入选佳丽中，有的借此进入娱乐圈成了当红明星，事业蒸蒸日上，也有的昙花一现，不知所终。在香港人的心目中，最能代表香港美丽的还是香港小姐。

香港小姐的选美比赛，并非是“邵氏”所创，不过，通过选拔美女的方式发掘电影演员的做法，在香港应该是从“香港小姐”选美开始的。

1946年香港，出现了有史以来的第一次选美比赛，主办单位是“香港中华业余泳团”和“英国空军俱乐部”，实际上的主办者就是香港丽池花园夜总会的老板李裁法(此人来自上海)。“香港小姐”的选举，再次成为一群南下的上海人在香港的文化盛宴。

香港小姐第一届得主，1946年的李兰，原名梁淑真，出生于广州的小户人家。因家境贫寒、生计所迫化名陈婉红到香港的酒店做女招待。得知选美的消息后以李兰的名字报名参加。在赢得港姐殊荣之后，她以李兰这个名字开始了演艺事业。第一部出演的是1946年12月12日大华影片公司出品的《情焰》，1947年大华公司出品的《满城风雨》中“香港小姐”李兰对“上海小姐”谢家骅，1949年香港电影史上的第一部黄

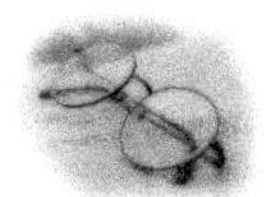

飞鸿电影《黄飞鸿鞭风灭烛》中，李兰是女主角。香港小姐再次成为一代人对大上海文化记忆和延续的符号。

20 世纪 70 年代香港文化的逐渐形成，也让“香港小姐”被赋予了新的文化内涵和商业使命。

1973 年，无线电视台接办“香港小姐”选拔赛。私人性质的选美活动，就一跃成为一个大众选美的活动。举办地也从小范围的夜总会转变为香港大众的电视舞台。香港小姐也就不再只是一拨人眼中认同和品味的美女了，她们成了香港大众审美标准的调和点和聚焦点。香港大众文化的形成和认同，都少不了“香港小姐”的功劳。无线电视台举办选美比赛，获得可观收视率的同时，也顺利地成为香港市民贴心的文化娱乐伴侣。

和无线艺员培训班一样，香港小姐的参选门槛也不高：

① 女性；

② 年龄 17 岁至 25 岁；

③ 持有有效香港身份证或护照或出世证；

④ 报名前在香港连续居住或前后居留合共两年；

⑤ 由一位符合相应条件的提名人提名；

⑥ 不受任何合约束缚，以致不能履行港姐合约；

⑦ 非 TVB 或附属公司雇员；

⑧ 从未结婚，从未怀孕。

最后，TVB 还有权根据参选者情况背景放宽上述条件。这样平淡的条件，令一般平凡女子均可向往参与，而一俟成功入围，却比无线艺员培训班的成员费时更短、成本更小、更容易崭露头角、一举成名。其当年带给香港少女的灰姑娘梦效应，看看 21 世纪初大陆湖南卫视超级女声的全国选拔赛掀起的热潮就可以理解。从这一点说，香港大众文化的成熟要远早于大陆，而其一开始就是通过市场这种“看不见的手”推动形成。香港的文化娱乐业商人也在其中扮演了重要的推手作用。

如“香港小姐”选举的奖项设计作为评选标准的风向标，从 1973 年开始的选美赛主动引入的奖项内容就透露了商业与文化互动的过程。除冠、亚、季军外，历届香港小姐选举都设有不同奖项：1975 年，取消第 4 名及第 5 名，增设“最上镜小姐”奖至今，1993~1994 年，设“最具演艺潜质奖”表明了香港小姐从事演艺业的主流。1976 年，增设“友谊小姐”奖，后改称为“最受佳丽欢迎奖”，“最受传播媒介欢迎奖”，拓展更多的港姐进入娱乐传媒界。1981～1986 年，设“青春小姐”奖，1986 年，设“才华小姐”奖，突出女性智慧的元素。1987 年至今，设“国际亲善小姐”奖，在美貌与智慧外，开始强调女性善良美德。总的来说，虽是选美，港姐的选拔却特别要强调其文化与道德的典范价值。从 20 世纪 80 年代末，在这种主题的基础上，开始出现越来越多的迎合娱乐化元素和走出香港的全球意识，同时也出现了越来越直白的商业文化色彩。如 1989 年设“最佳泳衣演绎奖”，1991 年设“最佳谈吐幽默奖”，1997 年设“东方美态大奖”，1998 年设“环球美态大奖”，2000 年设“最具新世纪风采小姐”、“网上最夺目小姐”；2001 年设“突破原美小姐”，2002 年设“新世代美态小姐”、“超越自然肌肤奖”、“纤体美态奖”、“卓越才艺小姐”；2003 年设“芙蓉美态小姐”、“钻石肌肤奖”、“才艺小姐”、“旅游大使奖”、2005 年设“温泉文化大使奖”、“旅游大使奖”，2007 年设“活力动感大使”，2008 年设“时尚目光奖”，2012 年设“航空大使奖”等等。设奖的名目越来越繁多，但美貌和才智始终是两大主题，慈善、时尚也是重要内容。

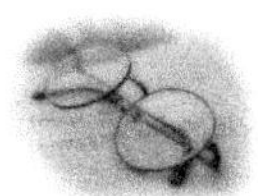

“香港小姐”因此不仅为邵氏电影、无线电视台发掘了电影明星，也为香港社会贡献了丰富多彩的香港女性面相。以“港姐之最”为例，就包括有“笑声最疯狂”的本性展露，1976年冠军林良蕙，身材不高，肤色黝黑，外形一般，但丝毫不做作，尽显天真个性。她戴上后冠的时候笑得犹如发疯，让人印象深刻。也有“气质最高雅”的朱玲玲，1977年港姐冠军，后嫁入豪门。还有令人惋叹的“最薄命港姐”翁美玲，1982年参加港姐竞选，三甲不入，遂在1983年凭《射雕英雄传》里的黄蓉一炮而红，成为当时香港最红的女星。1985年5月14日因情自杀。而“最成功的港姐巨星”赵雅芝首届参选不入三甲，却从20世纪70年代末至今都是亿万华人的心中偶像，一代女神，红透中国每个城市，影响力始终不减，也是第一位大红大紫的港姐。“最明艳照人港姐”李嘉欣，1988年冠军，有史以来最明艳照人的香港小姐，并未从影，声称保持美丽是最大职业道德。“最幸运港姐”袁咏仪，以明亮的眼睛、甜美的笑容和大方得体的表现，赢得观众和评判的最高分，登上1990年香港小姐宝座。当选之后，她十分幸运地杀入影坛。1994年就凭一部《新不了情》夺得金像影后，1995年的《金枝玉叶》再次夺得殊荣，其后天的勤奋也不落于人。另如1983年的亚军张曼玉，虽参赛时还是个售货员，但凭其在多部重要影片中的上佳表演晋升为具有国际影响的东方女星。1982年的亚军邝美云，则是一位集演员、歌手、老板于一身，多才多艺的港姐。

林林总总的香港小姐，虽然都是从“选美”中脱颖而出，却在1973年TVB的“美貌与智慧”并举标准下，在戏里戏外，蜿蜿蜒蜒走出了一条香港女性凭借美貌、智慧、才干和能力走向成功的道路。“香港小姐”的发展史，无疑也是一部香港女性文化发展史。

始终站在这个赛台背后的，是一位目睹、参与甚至推动香港文化形成的影视业商人——邵逸夫。他的舞台在商场，不过他更善于、也乐于搭建更大的舞台给更多的人，冲浪于大众文化浪潮、追逐着商人的终极目标。

《金瓶双艳》携《蛇杀手》

与“邵氏”早期以黄梅调电影立足、以武侠电影深入人心相比，20世纪 70 年代的“邵氏”电影最为人津津乐道和印象深刻的则是风月片和恐怖片。而这两种类型的电影观众与沉浸在“江湖人生”的武侠片电影观众一样，都是在戏中窥探现实人生，观望主流社会之外的另类人生。因此，这一时期的邵氏电影，成为“邵氏”片种最为多样化的一个时期。从年近古稀的邵逸夫作为“邵氏”始终不动摇的掌门人，决定与曾经的邵氏功臣李翰祥重新合作开始，“邵氏”影片就开启了一段令人眼花缭乱的多片种时期，直到 1985 年“邵氏”基本停产。

1972 年，以精益求精之风格拍摄黄梅调影片声名鹊起的名导李翰祥从台湾回归香港。邵逸夫在商言商，不记十年前的恩怨，与李翰祥冰释前嫌，重新启用李翰祥，竟开启了邵氏风月片的气场。李翰祥原本擅长拍摄中国民间故事和传统小说题材，通过精致的布景和细致入微的人物刻画，把中国传统文化中的价值观和审美观诠释得淋漓尽致。李翰祥重返邵氏后的一连串风月电影，同样是传统中国文化观念的产物。只不过，这次的题材转向了极具中国文化特色的性文化。

有影评者就十分准确地指出，中国传统的情色文化，往往调情时泼辣淋漓尽致，紧要关头又半遮半掩，比之西方式的大胆赤裸式情色要来得更意味悠长。李翰祥的影片看似信口胡侃但自然流畅，情节零散但不破碎，运镜平凡而鲜明活泼，把一个人人都耳熟能详的古代社会用荒谬

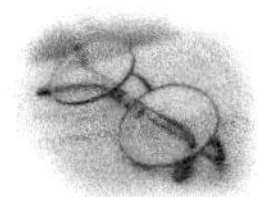

生动的手法表演出来，充满情趣，我们如果忽略其娱乐与艺术兼收并纳的成就而一味指摘它的诲淫诲盗，似乎是有欠公允的。1972年的《大军阀》虽是讲述民国军阀轶闻的笑片，但“叔嫂对簿公堂”、“军阀姨太偷情”两段情节却是十足的“风月”艳事，是以该片堪称风月笑片的开山之作。在多部粤语片中以性感色诱闻名的狄娜也终于褪下衣衫全裸上镜，她们活色生香的演出自然令观众大饱眼福。其中令后来被赞誉为“冷面笑匠”的许冠文一举成名。《大军阀》的票房虽然不及同年李小龙的《精武门》，但同样大获成功，成为当年三大卖座华语电影之一，打破了当时功夫片大行其道的局面，更夺得第19届亚洲影展描写人物最成功喜剧片奖。一点点风月加上喜剧的元素，不经意间引发了邵氏在武侠片之外，另一个异军突起的片种。

此一试手之作大获成功之后，邵逸夫也全力支持李翰祥的拍摄，李翰祥则此后几乎从未停止过风月片的拍摄，并且一生对中国古典小说《金瓶梅》的题材十分钟爱，于1974年拍摄《金瓶双艳》。

《金瓶双艳》：山东暴发户西门庆，虽已有一妻三妾，仍到处猎艳。看上了武大郎妻潘金莲后，便设计毒杀武大郎，事成后潘被庆正式纳为五妾。婚筵之夜，庆遇上友人花子虚之妻李瓶儿，色心再起……故事耳熟能详，但落在对历史和文学皆有心得又喜谈风月的李翰祥手中，就别有一番滋味。写情写景都有过人之处，主角配角人选之佳可谓一绝。李翰祥是最早把《金瓶梅》的原著精髓展现在银幕上之人，《金瓶双艳》照旧有大段的性爱场景，但是经过李翰祥巧妙的艺术处理，都能够拍得色而不淫。

在众多《金瓶梅》的改编电影中，李翰祥的《金瓶双艳》被众多影评者称为是最忠实原著的作品。比起现在众多同类题材的文学影视戏剧

为潘金莲翻案，将其塑造成或追求解放、或迫不得已的令人同情的悲惨女性形象来，《金瓶双艳》则认准其就是一天生荡妇，胡锦演绎刻画出的“风骚入骨”的潘金莲倒也颇合传统观点，尤其结尾处安排那淫妇再次狰狞杀夫，不仅具备出乎意料的震撼效果，而且充满宿命意味，不失为画龙点睛的妙笔。

无独有偶，如同《大军阀》一样，在《金瓶双艳》中，也安排了一个喜剧角色——郓哥，正是由后来成为一代幽默武打巨星的成龙扮演。在影片中成龙不再是那个赤膊上阵的武师，而显露了俏皮幽默的潜质。他将郓哥演得生动活泼、机灵可爱，显露了他的喜剧天分和好演员的潜质。他对角色把握准确并发挥自如，加上了自己富于谐趣性的创造，使人物趣味盎然，妙趣横生。这是他后来成为天王巨星的主要戏路，也是他性格中最具魅力与特点的成分，成龙因此而得以另辟蹊径，成为与号称功夫片“影帝”的李小龙比肩而立的武打巨星。

就在李翰祥的风月片大行其道之时，“邵氏”同样也支持了其他导演的风月片制作。但从基本格局看，也都有“风月加喜剧”的模式和以传统讽现实的基本道德判断。如20世纪60年代的当红小生吕奇，1974年自组“金禾”为“邵氏”包拍影片，就专走风月片路线。1977年的《财子·名花·星妈》就是以写实艳情轰动社会的作品，票房非常卖座。电影大胆披露了所谓名流狎玩明星的荒淫行径，内幕惊人。娱乐圈和上流社会的伤风败行，被极尽渲染。一班艳星陈维英、艾蒂、凌黛、邵音音的暴露演出，惹人谈论，标志着香港艳情电影的新里程。

今天的观众看20世纪70年代的这些风月片，会不屑于其剧情的琐碎散漫，而讶异于当年风月片偷情窥春式的夸大趣味，但却也能从中阅得传统中国社会两性关系当中的种种特色：男性本位主义中的女性真实

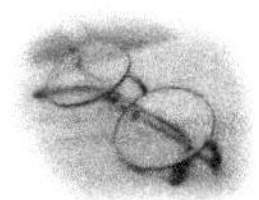

地位，遮遮掩掩闺中事的偷窥习俗，旁敲侧击中国式性暗示。和中国民间对性的传统态度一样，李翰祥的风月片是“油在嘴上，骚在骨中”，口头永远胜过实际的裸露。

这是一个很有趣的现象，一方面以电视为平台的“选美”（以“智慧与美貌并重”为标准）文化活动在现实生活中火爆进行，一方面却是以刻画传统文化观念中女性和情色为主题的电影十分卖座。这两方面背后都有着邵逸夫的投入。不惟如此，同一时期“邵氏”影片还开启了一个片种——恐怖片。最著名的当属善导暴力和惊悚影片的桂治洪和他的《蛇杀手》。

《蛇杀手》：1974 香港公映。由青年演员甘国亮独挑大梁，主演“蛇杀手”，演绎这个沉郁又受社会歧视的变态青年，可谓入木三分。香港电影史上，以蛇杀人为题材，可谓绝无仅有，更难得导演桂治洪大卖血腥暴力之余，又能成功刻画一个善良青年转为杀人狂魔的过程。最后一场，群蛇围堵一屋，肆意狂咬，为香港电影史上最惊心动魄的一幕。

与好莱坞的恐怖片不同，20 世纪 70 年代香港的恐怖惊悚片，由于大多与鬼怪沾边，因此营造道具特技的恐怖视效已有发端，但限于成本低廉及创作人员的因陋就简，以致发展缓慢，少有佳作问世。而纯以悬疑恐怖的情节铺陈取胜的影片则更是凤毛麟角，难得一见。这其中，“邵氏”的导演桂治洪及稍后的牟敦芾就是难得的代表。《蛇杀手》集暴力、情色、性虐、恐怖于一身，尽管当时的评论褒贬不一，但是却始终占据着一定的票房。

影片中好心人救醒残蛇，日子久了蛇懂得报恩，渐渐地呵护着身边的这位好心人，于是蛇帮这位好心人做了很多事情，这一点导演桂治洪把握得很好，动物和人一样都是懂得报恩的，人蛇的友谊令人动容。但

也正因为蛇的帮助，使得好心人走上了杀人道路，渐渐地不能回头，最后人要杀死蛇，让蛇在痛苦之中，蛇无法体会到人性和善的一面，却从残忍的一面看出了当事人的残酷兼无人性，于是以往的情义消失得无影无踪。影片结束的群蛇大战一人令人大开眼界，更令人深思，把影片推到了一个极限，一个极点，导演反映的并非蛇杀人那么简单。20 世纪 80 年代初期桂治洪连续导演了《邪》、《蛊》、《魔》等灵异电影，其擅长营造恐怖气氛的功底，令人刮目相看，尤其是《邪》的成功。与桂治洪的暴力惊悚相比，后来导演《黑太阳 731》的牟敦芾更是一度被称为“变态导演”，他于 1980 年拍出的描绘内地偷渡客遭人贩子绑架凌辱的《打蛇》，当年观看者无不以人贩子凌辱“人蛇”的残酷手段而毛骨悚然，一度被不少观众抨击为“兽性大发”，却以三天冲破百万港元的票房成为邵氏最有争议的影片之一。其影片的血腥暴力程度一时在香港无出其右。

这又是一个看似矛盾的现象，一方面香港社会经济蒸蒸日上，香港社会人文环境日益良好，一方面却是暴力、血腥甚至变态的题材影片吸引着观众，始终占据着一定票房。这个现象的后面，也有着“邵氏”的身影。

当我们把这样正反两方面看似矛盾的现象放在 20 世纪 70 年代香港工业社会和市民文化形成的大背景下来看，则恰好可以透视到邵逸夫在这场时代的变革中，所展现出来的“与时俱进”和“坚守底线”的风格。

20 世纪 70 年代的香港社会在政治上，逐渐摆脱大陆的“左倾”思想影响和港英殖民地的完全统治，出现香港民主政治的稳步发展。这个对社会群体的直接影响就是，原来从大陆南下的老一辈电影人所热衷和熟悉的宏大历史题材和传统“主流”的道德评判，渐渐失去了市场和影响力。战后出生的新一代，则多数接受了现代欧美教育，开始对传统的

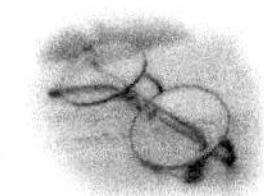

一套提出了质疑和叩问。他们没有上一代人的离家去国的历史场域感，而更多以“香港”这个中西合璧的新兴城市文化为自己的文化基底。这样的变化折射到文化娱乐领域，则是20世纪70年代香港电影界“新浪潮”。

香港新浪潮：20世纪70年代末期，国际形势动荡不安，香港经济的高度发展和腾飞、独立电影制片机构的风起云涌，具有正义感的影视工作者鄙弃“四头”（噱头、拳头、枕头、鬼头）影片而开拓新路。在这样的背景下，一批从国外电影学院毕业回港并从事电视编导工作的年轻导演，如徐克、许鞍华、严浩、谭家明、方育平等，他们本着对电影的热诚，及年青人的独特创意和社会触觉，拍摄出了一批完全不同于传统香港电影的充满个人色彩的新潮电影，为香港电影带来了富神采而短暂的变奏。这批影片的卖座虽然不是特别高，却为港片在编导手法和摄制技术上呈现出异于传统香港片的新风貌。

“新浪潮”的“新”，带有与传统分别的意味，同时亦意味着一种创新和实验取向，力求突破传统而别具一格。如意大利20世纪50年代的“新写实主义”是对法西斯主义极权统治后的电影事业的一次重新评述及振兴，而法国的20世纪60年代“新浪潮”是源自对法国20世纪50年代的商业电影工业机制的不满，通过崭新的电影手法表现当代人的生活状态，是对当时主流的“优质电影”的反叛。香港“新浪潮”，电影则标志着香港电影与上一代中国本位粤语片的决裂。五六十年代的粤语片往往背负着沉重的民族包袱，未能突破创新。“新浪潮”电影则带有浓厚的都市色彩，流露强烈的本地感性，这跟导演们在香港成长、受西方教育很有关系。

由于“新浪潮”主要导演大都有留学海外专业培训的背景，因而具有开放的视野和自觉的电影影像意识。大体上“新浪潮”导演具有这样一些共同特征：他们重视电影语言创新，真实、鲜明、大胆、饱满、具有视觉冲击力的画面效果；在影片的叙事、结构、节奏等方面，尤其是在电影取景、色彩、自然光使用、剪接等方面，具有强烈的形式感和风格化特征。

实际上，这股新浪潮背后，还有着深刻的香港社会经济变迁的影响。20 世纪 70 年代的香港，除了两年石油危机，其余年份都有双位数字的经济增长，激发了香港人的自信与活力。

香港人的电视拥有量不断增长，娱乐的条件越来越好，对于电影由几家大公司瓜分天下、题材相同的影片竞相上映的局面越来越不能满意。遂转而热衷电视片，如无线电视拍摄的长剧，往往沿用家庭伦理、爱情等题材，其实与粤语长片并无二致，这也是 1972 年粤语片《七十二家房客》能够成功的背景。而无线电视在成立之初，大部分的电视艺员均是粤语片演员，主要因为在 20 世纪 70 年代初期，粤语片被国语片打垮，一批批电影人才如萧笙、梁醒波、沈殿霞、杜平、张瑛及黄曼梨等转往电视发展。这无疑是观众向电影业的保守沉闷投出的反对票。但是，电影与电视相比较，仍然有着得天独厚的优势，那就是比之电视的观看随意、时间拖延来说，电影中结构更加紧促、情节更加生动、更具艺术性，特别是在一定时间中展现一个完整的故事。因此，对于热爱电影的观众来说，可以因为一时无好电影看而暂时看电视，却断不可能因此就放弃了看电影的爱好。这从许冠文在电视台策划《双星报喜》，大受欢迎，然后才加入电影界，参与《大军阀》(1972)及《鬼马双星》(1974)的制作，遂收获“冷面笑匠”赞誉可见。香港新浪潮的导演们也多从电视编导转向电影拍摄。影评人澄雨就分析当时电影观众的层次——本地人多看戏

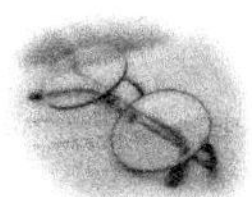

曲片，外省人多看国语片，文化程度较高的人则看外语片，三种观众小有相迭。随着老一辈戏迷的融合，市场开始有空间容纳新戏；战后出生的一辈接受英语教育，受外国文化影响，多看欧美电影，他们对政治更加冷感。年青人充满创作冲动，拍电影成为他们投注精神的一大途径，新电影便在这样的气候下抬头。此外，20 世纪 70 年代香港由转口港转型为制造业中心，港人子女的零用钱多了，看电影成为风行一时的休闲活动，也是促进电影发展的一大原因。因此，20 世纪 70 年代香港电影市场仍然旺盛，但是却遭遇了一个从“旧”转“新”的过渡时期。

这就解释了此时已经“脚踩两只船”（电影、电视）的邵逸夫为什么坚持继续做电影，但是在片种的选择上，仍然坚持走迎合观众口味的商业片路线。从电视粤语片一时抢占风头和电视喜剧节目获得青睐的角度看，电影要想与电视争夺观众，在观看口味上，不得不跟上电视的风向。李翰祥的风月片，恰好是属于家庭伦理、爱情的范畴，但李翰祥的风月片却从不同于电视片的角度去探讨了关于家庭伦理和爱情问题，这个角度在传统正统文化当中恰是被看做“非正”的，即用不伦的性关系揭示社会的黑暗，用“无德”（相对于传统女子的三从四德）的妓女来折射男权社会的扭曲。至于桂治洪等人的血腥暴力恐怖片，则同样是运用“非正”的角度，揭示出社会的黑暗与人性的黑暗，用意却是指向叩问社会现实问题的。显然，相对于富有新锐思想和善于借鉴外国表达方式的年轻海归导演们，这些传统文人出身的导演们，拥有更加深刻的社会阅历和传统的表达力度。

从这个意义上说，邵逸夫在此一时期支持李翰祥（1972 年李翰祥二次返“邵氏”直到 1982 年他再次主动离开邵氏前往内地拍片，一直得到邵逸夫的重用）和桂治洪（桂治洪从 1966 年至 1984 年前往美国淡出影坛前一直在邵氏担任导演)等人，一则是籍李、桂等导演的拍摄题材实现在香港电影转折期，“邵氏”在商业上的平稳过渡，一则也是试图通过李、桂等人的话题解读功力(如李翰祥影片的“色而不淫”)坚持“邵氏”(也是邵逸夫本人)一贯的基本道德价值判断。这次可谓是“声东击西”，既是迎合商业利益需求的本职，也是“老骥伏枥志在千里”的一次迂回。

如果，再仔细了解香港新浪潮的发展会发现，20 世纪 70 年代新浪潮电影多是低成本，不用大明星，这同后来港片标榜明星阵容，动辄千万制作的营运模式截然不同。香港的电影界从来都是以商业挂帅，新浪潮电影叫好不叫座，自然难免被淘汰的厄运。年轻导演们对电影的热爱与艺术抱负，在香港高度竞争的商业生产制度下，没有机构和资金支持，迅即被商业浪潮裹卷而去。香港“新浪潮”电影，从 1979 年崛起至 1982 年已成了强弩之末，到 20 世纪 80 年代中期，新浪潮即宣告结束。大部分新锐导演都融入主流电影，成为商业电影的生力军。

与此相应的是，1980 年邵逸夫成为 TVB 新掌门人后，遂决定暂时淡出电影业，专心投入电视业，“邵氏”在 1985 年基本停产，院线则出租给潘迪生的德宝电影公司。1988 年，“邵氏”与电视广播有限公司合组大都会电影公司，重出江湖。耄耋之年的邵逸夫深知，此江湖已非彼江湖。只是，江湖虽易，而英雄本色不改。

《电脑人》之未雨绸缪

1971 年，邵氏(香港)兄弟电影公司成为上市公司。1974 年，邵氏影片产量达到创立以来的最高峰，一年之内，出品了 50 部影片。如前所述，这一时期的“剑走偏锋”固然是香港电影转折时期的形势所需，但这是

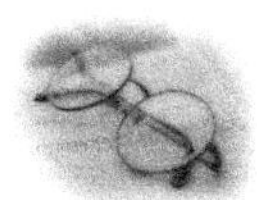

激流险滩处的“稳守”，从长远计，借世界发展之大势“疾走”以开拓更大的市场空间也是必需的。正是在这一时期，邵氏的全球战略稳健推进。在新加坡建成总统戏院后的第五年，邵氏再添 3 条院线。包括新加坡在内，邵氏机构的全球连锁戏院已达 230 间之多。为了吸引各地观众，邵氏出品的电影经常剪出多个版本，尺度最大的送欧美，最小的送南洋，中间的，则在香港上映。同时，邵氏还为拷贝配上不同语种的音轨，发往世界各地。

不过，在邵逸夫眼里，院线与发行是自己早年最娴熟的部分，但是制片才是最根本的源头。如果没有自己独特的产品，再庞大的院线和发行网络都是为别人做嫁衣，因此，重点在制片，这是二十年前他进入香港电影市场时就已经十分明确的核心。如今，虽然一脚踏进了电视业，无论业内人士还是亲朋好友，皆认为邵逸夫已经开始收缩电影业，转而全身心投入电视业。不过，在笔者看来，这应该是一个迂回的策略。电视业的空间和前景固然令人看好，但在邵逸夫看来，无论电视还是电影，最终都要归结到有好的“片子”，相比较而言，电视剧的片子刚刚起步，不论哪个方面都是学习电影片，或者干脆从电影片的模式拉长了做。相比较而言，电影片的艺术生命要较之电视片更加长久，而电视片则更多依赖了放映媒介更便当的优势，即便是从商业角度讲，电视片在对外输出上，也不如电影片有更成熟的渠道和接受能力（文化和语言的障碍）。因此，邵逸夫虽然在 1980 年成为 TVB 的掌门人，同时减少“邵氏”电影的制作数量，但并不表示他将完全放弃电影业，而是采取暂时退避当下香港电影业的新浪潮激流和独立制片的冲击，悄悄转移支点，从电视业上获得商业利益的同时，让电视业成为新电影制片的孵化之地。

后来成为香港新浪潮猛将的章国明，对当年在 TVB 做编导的经历十

分感念。称他最初拍电影漫无目的，纯粹为了喜欢，做到“起承转合”已很高兴，后来受友人吴宇森、严浩、谭家明、许鞍华等影响，开始作多方面的尝试。1976年加入无线电视台菲林组，得到领导人刘芳刚、周梁淑怡支持，放手让他们独立发挥、任意尝试。菲林组与其他部门不同，采用16毫米菲林单机拍摄，制作过程与电影一模一样，开心经历令他至今仍津津乐道。电视台给予他难能可贵的经验与气氛，由于得到幕后支持，自言在电视台的日子十分“斗胆”。

像这样为人搭台，实现共赢的做法，在邵逸夫之前的商业经营中常常有，在转移到电视业后，仍能如此放任电视制作中的发挥和尝试，实际上正是邵逸夫将对电影业的热衷和坚持注入电视业的表现。

显然他本人也并不视此为其电影事业的一个终结点，一贯低调的他就曾忍不住对媒体做了说明，1981年12月4日，邵逸夫在位于清水湾的办公室接受了媒体采访。“要问我什么时候退休，我告诉你，我永不退休。”那天他刚刚获得香港大学授予的荣誉博士学位，主持仪式的，是港督麦理浩。正是那一年，邵逸夫的电影公司“邵氏兄弟”刚刚有过一次股权之争。打算收购邵氏的佳宁集团开价75元一股，邵逸夫还是拒绝了收购方案。收购如果成功，邵氏的名下，将出现地产投资板块。

“也许合作，多方发展，邵氏会赚更多的钱，但是我还是决定不换口味，一直做电影。”邵逸夫说，“我的一生兴趣都在电影，现在这个年纪，不打算换了。”

也正是那一年，邵逸夫投资1亿5000万港币，联合《星球大战》特效制作班底和好莱坞制片公司，拍摄了科幻大片《Blade Runner》，中文名为《电脑人》。邵逸夫向媒体介绍这次投资称：“拍片就一定要拍大片，我们这个《电脑人》，是讲机器人跟真人恋爱、斗争的故事。”这部影片

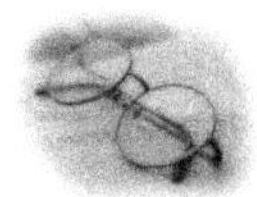

就是后来由雷德利·斯科特执导、哈里森·福特主演的《银翼杀手》。

《电脑人》(英文Blade Runner)：拍摄于1982年，经典黑色科幻电影，台湾首映时译名为《2020年》，但后来发行录像带时改片名为《银翼杀手》并沿用至今。在香港地区又被译作《刀锋战士》、《公元2020》。由著名好莱坞影星哈里森·福特(Harrison Ford)主演。导演是雷德利·斯科特。

故事梗概：2019年，洛杉矶变成乌烟瘴气的九反之地。人类创造出了高科技的结晶——复制人。它们拥有与人类相同的智慧和感觉，甚至在体魄上更胜于人类。它们被用于开拓外太空，干最累最危险的活。人造人虽然生性残暴，但它们也有自己的情感和憎恶，对自己只拥有的四年的生命充满着渴望和留恋。人类不允许这些复制品拥有做正常人的权利，所以必须毁灭这些被定罪为“妄图成为人类”的生命。一场暴动后，它们被宣判从地球上消失，如果再被发现，格杀勿论！一群复制人冒险回到地球，他们想找到他们的制造者，从中寻求生存的方法，因为它们的机械能量即将耗尽，随时会死去。洛杉矶银翼杀手小组派出了精英迪克(哈里森·福特饰)去追杀它们，而它们的罪名却是想成为人类，复制人不能留在地球！但是在行动当中，迪克与美丽的复制人丽歌发生感情，他开始左右为难，他到底应该怎样做呢？如果他们结婚，那么结果会怎样呢……

对于今天的美国科幻片观众来说，《银翼杀手》是一部被众多影迷忽略的老片。

《银翼杀手》在1982年上演时掌声寥寥，观众很难接受这部气氛压抑、阴郁的影片——几乎没有一个光明的镜头，几乎没有动人心魄的刺激点，角色总是在阴暗的角落里喃喃低语……对经历了娱乐巨作强烈视听冲击的观众来说，很难对这样一部灰色、晦涩的影片产生兴趣。但是，如今，这部影片的魅力终于得到了认同，欧美影迷的评选中，该片总是排名前列。越来越多的人认为银翼杀手是现今最重要并且最伟大的科幻电影之一，也陆续列入各大学的教育课程。因此，银翼杀手在1993年被收入美国“国家影片登记部”(National Film Registry)永久保存，成为了国家级的典藏。

在1982年的香港，电视业和电影业的竞争和互动方兴未艾的情况下，邵逸夫的眼光再一次投向了国际市场，用“一只眼看艺术，一只眼看商业”投入巨资进入美国电影制作中，不过这次投入的回报，并不尽如人意，“邵氏”并未如愿以偿地进入欧美市场。对此，民间影评学者魏君子有精彩的评论：

邵逸夫曾与美国电影公司合作，投资拍摄《银翼杀手》、《地球浩劫》等好莱坞巨片，还代理不少西片在亚洲地区的发行和市场推广，进军国际市场的步伐也算雄健。但问题是，邵氏与欧美公司合作拍戏的地位并不平等，在更多时候，邵氏起到的只是支援作用，譬如协助西片来港取景，提供技术人力支持。这在某种程度上呈现的是一种不公平的资本主义市场体系或政治经济环境，无论邵逸夫多么敏锐多么努力，但邵氏和后来的嘉禾作为亚洲或香港电影的势力代表，尽管偶尔有《天下第一拳》或《猛龙过江》，却还是无法真正融入全球主流市场——20世纪80年代以后，邵逸夫的全球攻略已然失效，但在邹文怀、成龙、江志强等华语电影人的努力下，这种状况已有改观，只是至今仍未完全转变。所谓得失，不一定非用成本和利润衡量，若站在大格局大视野，前人栽树后人乘凉不是坏事，卖座赚钱与贩卖文化兼得更是难得。

结合早年邵逸夫就为“邵氏”引进了日韩导演井上梅次、郑昌和等

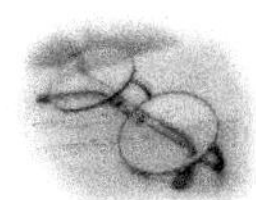

人，还与日本东宝株式会社合作拍摄《香港小姐》等影片，其中邵氏影星王羽主演的港日合拍片《亚洲秘密警察》就成功打入日本市场。但与同时期的香港和东南亚市场相比，无论是进入日本市场，还是打开欧美市场的回报都没有达到他的预期效果。因此，从“商业的底线”出发，邵逸夫此后并无继续锐意进军的动作。但是，决定投资《电脑人》的出发点，除了商业的全球策略外，笔者以为，其中也有着邵逸夫对《电脑人》主题的认可。

在这部充满阴郁、压抑的作品中，始终贯穿着对人和人的价值的思辨。一方面人类试图消灭由自己亲手制造出的在各方面都强于自己的复制人，而另一方面复制人为了生存的权利与人斗争的矛盾，迫使观者不得不透过复制人的命运来反思自己：什么是生命？以及生命的意义是什么……这些在日常生活中常常被人们忽略的问题。片中阴暗的天空、潮湿的街道与大屏幕中日本歌伎单调的吟唱映衬出潜伏于人们心中的躁动与不安，“银翼杀手”迪克的阴郁和不苟言笑，人们的冷漠麻木与主人公对追杀对象的爱形成强烈反差。这一切无不透露出人们心中隐藏着的对于未来的恐惧，对造物者的质疑以及对于自己身份认知的不确定感。

已近耄耋之年的邵逸夫，一生的电影事业，始终萦绕着中国传统文化的基本道德判断。在科技日新月异的世界大趋势下，这种对生命本身的终极关怀，对这位走过大半个世纪风云变幻人世沧桑的老人而言，比一般西方价值观和新思想潮流更能让他注目。从这一点上说，他从来就没有放弃过中国传统道德伦理观和基本判断，也无意放弃。做生意是本分，做“中国人”(文化意义上的)更是本色。

这种坚持本色的做法，在“邵氏”的发展史上，表现最为典型的恐怕就是邵逸夫“拒绝独立制片人”的事件了。从邵逸夫和邹文怀分手，

到“邵氏”受到“嘉禾”等新电影公司的围攻，直到1985年邵氏基本停止电影制作，邵逸夫都被称为是“固执地”拒绝改变大制片厂制度。对1982年投资《电脑人》介绍仍称，“拍片就一定要拍大片”，可以看做是再次“固执地”宣称自己对于大制作和大片的坚持。

大制片厂制度：又称大公司制度，是美国电影历史上出现的一种大公司生产电影的制片模式，其突出特点是采用流水线式的制片模式，以制片人为主导，强调明星的作用。20世纪20年代初，美国电影业蓬勃发展，获得了巨大的经济效益，各大财团纷纷看好电影，向电影业投资，并插手电影经济和影片制作过程，使得电影的生产越来越规范化和商业化，逐渐形成了制片厂制度的模式。大制片厂制度是美国工业社会发展的一个写照。大而全的制片企业内，采用流水线式的制片方式。分工精细，影片制作从故事创意到拍摄完成，每一环节都有明确的分工和具体的部门和集体进行操作，以影片产量上的规模优势占据市场。因此，制片人拥有至高无上的权利，在影片制作过程中所产生的作用凌驾于导演之上，为保证影片的盈利，他可任意更换制片导演、演员等人选，甚至改变剧情。流水线式的生产方式使电影越来越缺乏个人创意，具有票房号召力的明星就成为保障影片市场收益的最有效的方式，明星制成功弥补制片厂制度的先天弱点。

20世纪50年代末进入香港电影业的邵逸夫，正是采用了大制片厂制度成就了邵氏电影帝国的辉煌。以大制片厂制度为框架的邵氏电影公司，成为海外华人电影的中心，邵氏旗下几乎聚集了所有流散在海外的电影人，包括曾经在上海大名鼎鼎的胡蝶、陈燕燕、欧阳莎菲等。通过在技术、工业方面购进世界最新进的设备，成立亚洲最为庞大的影城，邵氏出品的华语电影直接针对海外市场，试图由东南亚扩展到整个亚洲

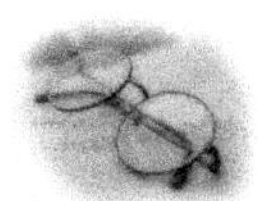

以至全球市场。虽然这些中国传统故事很难在国外观众中得到理解，但却成为海外华人思乡感情的寄托之处。邵氏虽因各种原因未能最终进入欧美和日本的主流院线，但邵氏的华人电影中心地位却得以确立，邵氏电影在华人社区如香港、台湾、新马以及 20 世纪 80 年代的大陆市场，也总是占有强势的地位。

“邵氏”实行大制片厂制度是香港电影的艺术和资本积累时期，“邵氏”凭借垄断性和稳定性奠定了香港作为“东方好莱坞”的地位。电影业逐渐成为香港经济的支柱产业，电影业从业相关人数高达全港人数十分之一。香港后来活跃的电影从业人士几乎都和邵氏有着千丝万缕的关系。及时地采用大制片厂制度给邵逸夫和“邵氏”赢得了巨大的声誉和财富。因此，当邵逸夫拒绝顺应趋势采用“独立制片”的制度时，除了昔日并肩伙伴离去并转为对手、邵逸夫转向电视的事实外，也受到评论者“抱持家族企业家长地位”的批评，并暗示“邵氏”后来的淡出电影业与此之间的内在关系。

但是，邵氏公司资深制片人黄家禧却如此解释邵氏的转变原因：“因为我们是大制片厂制度，要大量生产，就要有大量的合约导演、合约演员签在邵氏。他不能到外面去拍戏，但当时的那个气候，没有办法将一个人绑住，我们给的钱相当于‘包身’，包身的钱一般就比较少。但其他公司说，你来我这里拍戏，我给你两三倍的价钱，所以人员流失相当大，当时我们一大堆的合约导演和合约演员都走了，我们就必须要给他们加钱，不然他们就没有心思给你拍戏。每个人都要加工资，就是一个很大的包袱，制作成本也变得很高，后来很多制作成本就超过了收入。而且加人工的办法并不可行，你加钱，别人就会用更多的钱来挖他们。当时我们就像打麻将一样，先停一停手风，反正已经赚了钱，让你们先打好了，这之后我们就没有怎么拍戏了。老板转到另外一个行业，就是做 TVB，事实证明我们的选择是对的。”

黄家禧的比喻值得玩味。作为 1970 年就加入“邵氏”做文员，6 年后做制片至今，黄家禧的观察视角比之“邵氏”的导演和演员们要更加具有体察老板——邵逸夫的立场。用“打麻将”来比喻电影业的竞争，以“停手风”喻示邵逸夫对当时电影业的竞争风潮的态度，也揭示了邵逸夫对电影制作的策略——是“停风”而非再也不“打麻将”。

看看此时香港电影业的风向，就知道邵逸夫为什么要停风了。原邵氏经理邹文怀创立的嘉禾公司，采用外判制片模式，也就是提供资金，扶持小制片公司制作，他们负责监制和发行，这样为独立制片公司提供了空间，租用原电懋公司的院线，和邵氏分庭抗争。而 20 世纪 80 年代崛起的新艺城公司，更打破摄影棚拍摄方式，大量选用外景和现场拍摄，突破传统类型，添入时尚元素。从制片能力来讲，嘉禾和新艺城虽比不上邵氏影城内齐全的设备，但是票房成绩总是能够和邵氏抗衡，甚至在 1982 年后新艺城的《最佳拍档》系列票房突破性的达到 2700 万的票房成绩。很多学者就认为，嘉禾和新艺城通过新的制片方式，突破了邵氏的大制片厂制度制片模式，赋予影片新鲜的内容，受到观众的喜爱。

在此围攻下，邵氏的片厂制度显然表现吃力。但邵逸夫仍然拒绝施行外判方式，分担票房结果。尽管也出现了邵氏导演桂治洪等拍摄《成记茶楼》社会写实片，一反片场拍摄规律，采用实景拍摄，且票房大卖。但邵逸夫似乎并没有因此开始采用外判制作模式和外景实景拍摄方式。这对于一直以来看重票房、对市场有着敏锐觉察力的邵逸夫来说，似乎是一个令人费解的举动。而且，在此后的各方说法中，似乎从没有邵逸夫本人的解释或者遗憾的表示。让人很难相信这只是极富商场经验和决

断力的邵逸夫的一次错失。

有学者分析邵逸夫主掌下的 TVB 的制片模式，就发现了其中颇有“邵氏”大制片厂制度的身影：公司主要产品电视剧，多采用厂棚拍摄，仍走类型片的制作方针路线。演员仍是合约制，签订合约后才捧红年轻明星。邵氏仍控制着最终的窗口环节，掌握着电视频道的转播权——这就像当年的电影院线。足可见，邵逸夫并非无力面对影业新局面的挑战，而是避其锋芒，提前转战电视业，通过 TVB 的电视剧来继承片厂制度。而这一转换的背后，仍然是对电影业的热衷和坚持，也是对自己所看重和娴熟的大制片厂制度的坚持。

有意思的是，一直是香港电影业模仿学习对象的好莱坞电影业，大制片厂制度在 20 世纪六七十年代遭遇反垄断和电视业冲击下处于崩溃瓦解后，并没有烟消云散，而是浴火重生。传统的好莱坞八大制片公司都不同程度地进行了产业的调整和组合，形成了一些规模更大的产业集团，进入了一个所谓的“巨兽时代”。例如，时代华纳(Time Warner)、迪斯尼(Disney)等集团先是通过控制生产、发行和放映完成了纵向整合，继而又通过跨媒介经营、硬件和软件经营共同开发进行了横向整合，同时通过国际分工灵活而符合成本效益地使用资本、劳动力，进行了全球范围的整合。正是借助于这种优化组合，好莱坞电影企业加速了资本的积聚与集中，扩大了资产规模，依靠发达的资本市场与高新技术产业融合，提高了市场竞争力。今天的好莱坞电影仍然是迪斯尼、环球、索尼、派拉蒙、20 世纪福克斯和华纳兄弟六大制片公司争雄天下的局面。

以今天大制片公司的形势看，当年邵逸夫不放弃大制片厂制度、转战电视业的做法，除了一些业内人士(如张彻)提出的“固守家长制”和“年

事已高、不愿惹烦恼”外，是否还有着更加长远的打算，已经不得而知。

智慧与启迪

20 世纪 70 年代的香港，是个变动不居的时代。邵逸夫的电影帝国也迎接了一阵阵时代浪潮的冲击。走过合作伙伴的分分合合，迎过电影票房的起起落落，“邵氏”电影产量也一度冲击高峰。巅峰时刻往往也预示着大低谷的即将到来。就在前台还是你方唱罢我登台的热闹非凡时，邵逸夫已经淡然转身走向另一个舞台，他貌似自负的笑容中，写着淡定从容的自信。数年后，人们终究会看到，这不过是一次“退一步海阔天空”的战略大迂回。纵然是岁月催人老，也无法遮掩他一次次“仗剑走天涯”的英雄本色。

这是一个年逾古稀的老人，在新时代的大浪潮中，以其独有的眼光和胸怀，搭建了共赢的商业平台，也以其一贯的坚持和固守，构筑着“邵氏”的未来和格局。“老骥伏枥，志在千里，烈士暮年，壮心不已”。他看尽纷纷扰扰，避让新锐锋芒，为只为守一份胸中山河，开一片戏中天地。

第6章

小我大家：倾力慈善，搭建人生新平台

推“小我”及“大家”

邵逸夫是一个富有的人。

20世纪90年代的大学生聚会里，一群从祖国各地不同大学聚集的年轻人在热情描述自己的大学校园时，不少人会不约而同地发现，都有一座“逸夫楼”竟是他们的共同点，至于为什么叫做逸夫楼，在互联网还没有普及的年代，大家猜测的结果是：楼和一个叫做“逸夫”的有钱人有关。邵逸夫，就是这样在那个年代的大陆年轻人中被认识，一个熟悉的陌生人，一个有钱人。

如今在互联网上简单搜索一下，就可以证明这个结论没错。

1985年，《信报》估算邵逸夫的资产为33亿港元。《香港政经周刊》排出的1990年度香港亿万富豪榜中，邵逸夫以85亿港元的身价名列第八位。1994年1月，香港《资本》杂志公布1993年度香港华人百亿富豪榜，邵逸夫以120亿港元的资产名列19位。2006年，传邵逸夫有意出售所持“无线”(TVB)32.49%的股权，作价 100 亿港元。若加上邵逸夫的其他资产，估计邵逸夫的总资产逾200亿港元。

其实，早在1957年，邵逸夫来到香港开始接手邵氏电影业务时，就已经是个“乐知天命故不忧”的有钱人了。为打造东方好莱坞，邵逸夫出手就是700万港元，以购置土地建造清水湾邵氏影城。

对于任何一个靠双手打拼成功的人来说，年届半百已经是理所当然可以享受的时候了。比如，将公司管理交给年轻的一代去打理，自己只要遥控一下就可以。或者可以开始弥补一下前半生吃苦受累欠下的感情债和健康债。最起码也应该像中国人通常要做的尽享儿孙满堂天伦之乐。或者，以今天大多名人的标准行为特征看，这样一个处处留名的有钱人，至少会常常出现在各种各样的颁奖会、讲话台和开幕式上为大众所认识，或者从他的那些衔着金钥匙出生，极尽奢华、出尽风头的儿孙们那里得以一窥。可是，直到他在107岁离世后，大陆上无数受惠于逸夫楼的年轻人们，才惊呼于这位“有钱人”竟是一个刚退休两年的百岁老人。而他极尽低调“大隐隐于市”的做法，也令不少看着香港邵氏武侠片和《上海滩》电视剧长大的年轻人，浑然不觉于这位“教主”的存在。

显然，这不是个一般的有钱人。

1975年，已是“不惑不忧”的邵逸夫，将妻儿留在新加坡，只身一人来到香港，接过二哥手中的摊子，就开始了有条不紊地工作。此后的半个多世纪里，在家人、员工甚至是旁观者眼里，他就像一台永不生锈的机器，总是周而复始地勤勉工作着。工作似乎就是他生活的全部内容。

20世纪六七十年代，一位美国《生活》杂志的记者曾经采访过邵逸夫，并记录下了他的日常生活。“他每天都是6点起床，吃少量面条、喝茶，练一会儿气功，穿戴齐整，阅读一两个剧本，然后坐上他的坐骑——劳斯莱斯到办公室去，这种车子他有两部。司机绕着清水湾下行，从家里只要开5分钟。邵逸夫8点到达办公室。他会在9点15分之前

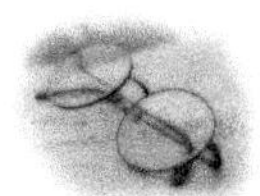

巡视一通摄影棚，坐在 6～7 个座位的影厅开始看之前拍摄的电影样片，还有竞争对手的电影，再审阅一些剧本。然后，邵逸夫会找他的助手邹文怀协商工作事宜，他通常会在拍摄现场向编剧、导演和演员提建议。午餐邵逸夫吃得比较简单，在小屋里享用，然后午睡半小时，回到办公室一直工作到黄昏，午夜时分才回家休息。他的作息习惯就这样周而复始，除了周日。周日下午，他要选择上海风格的澡堂，舒服地泡上 2 个钟头。”

功夫明星成龙和邵逸夫认识 50 多年，惊叹邵逸夫的精力和勤勉称，“我逢年过节会慰问他，他 90 多岁的时候还在家里的一个小房间里看电视、电影，是一个不眠不休的老人家。”

也许有人会认为邵逸夫是个商人，是商人就会“唯利是图”，对金钱的痴迷才让他如此玩命。不过，对于一个拥有百亿财富的古稀老人来说，能够明确表示“永不退休”，其实赚钱已经不是工作的唯一目标了，保持健康并勤勉不息地工作已经成为生活习惯，是“道法自然”而“乐在其中”的人生哲学了。不仅是自己身体力行，还不厌其烦的时时提醒周边的人。

在“邵氏”服务四十余年的汪明荃就直称邵逸夫是娱乐圈的精神领袖，“与六叔邵逸夫相处中，印象最深刻是（香港）回归前后跟六叔在很多会议中见面，有次我请教他养生之道，六叔教我三招简单气功招式，叫我慢慢练习去体会，真的有效用”。

郑裕玲更称六叔是一个传奇，很勤奋的老板，很早上班而且不摆架子，经常笑眯眯，很喜欢热闹及看漂亮的东西。赵雅芝对邵爵士的印象是工作非常勤奋，夸他是个好老板，事事亲力亲为，对上上下下员工没架子，为人亲切。邵爵士曾经提点她工作之余，也要注意身体健康，并推荐大家勤练气功，锻炼身体。

在私人生活当中，邵逸夫非常注重养生，气功练得很厉害，他每天晚上睡5小时，午睡1小时，已足够了。每天早上5时起床，然后练1小时气功，1小时的其他运动，如打太极拳、快步行走。据说邵逸夫外出巡视业务时，也必定要带上1张小凳子。那梯形的小凳，凳面前倾，前窄后宽，只有几十厘米高，邵逸夫每天清晨，无论在何地，必定在小凳子上练气功，并即兴表演其“功夫”。他站起身，左右出拳，在空中踢腿，闪转腾挪，呼呼生风，还真有些“硬功夫”。练了气功的邵逸夫，虽已到耄耋之年，却体健神足，四肢灵活，思维敏捷，记忆甚佳。因此，声言“永不退休”也就绝不是不甘退出的挣扎之举。

他曾经劝手下的导演李翰祥、张彻等人练，但是他们都不能够坚持。和他同时代的人都先后故去了，只有邵逸夫真正长命百岁。除此之外，他喜欢听歌，欣赏自己收藏的劳斯莱斯汽车、油画、翡翠，当然，还有最新的电影。

勤勉和健康，是邵逸夫留给外界最鲜明的直观印象。一个富有而年迈的老人，为什么还要如此勤勉、如此热衷于工作呢？

如果我们先抛开“有钱人”这个名号，仅从“人”的角度看，邵逸夫与所有的凡夫俗子一样，都同样会面对人生意义的问题。像邵逸夫这样生长于中国传统文化环境中，又一生从事华人文化娱乐的活动家，自然是深受中国文化的浸润，其对人生的思考和认识，也更多富有中国传统文化的特色。

在中国人的人生哲学当中最具有影响力的当属孔子的儒家学说了。孔子关于人生成长的阶段有一个经典的说法：“吾十有五而志于学，三十而立，四十而不惑，五十而知天命，六十而耳顺，七十而从心所欲不

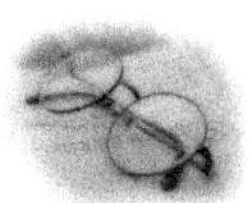

逾矩。”勾勒了孔子“下学而上达”的人生历程。其中，十五至四十，还处于问学、不断实践的“下学”阶段。五十至七十，才是到了“上达”的阶段。其中，知天命是关键的一步。

孔子的“五十而知天命”，是“五十以学《易》”的结果。《周易・象》曰：天行健，君子以自强不息。天(即自然)的运动刚强劲健，相应地，君子处世，也应像天一样，自我力求进步，刚毅坚卓，发愤图强，永不停息。

明末清初的大思想家王夫之解释得更为通达：“至于五十，而始知夫理之必于此者，人所当然也，而实天也。性所自具也，而实命也。天以此理而为天，即以此理而为命。”也就是说人到五十，由四十不惑而进一步参悟到事物的背后有天理的必然，而不去违逆天命。同时要从自身的禀赋出发，在自己身上体会到生命的优劣与时代使命的交合。

适逢天命之年的邵逸夫，就是以坚持锻炼、保持身体健康，孜孜不倦、勤勤勉勉工作不止来履行“自强不息”的天命。

“六十而耳顺”，是知人性的结果。《中庸》说：“思知人，不可以不知天”。在“知天”的基础上才有可能进一步“知人”。天地有阴阳刚柔、盈亏否泰、盛衰生灭。人道有君子小人、是非善恶、吉凶祸福。天道不可逃遁，只能趋吉避凶。人道则容许选择，蕴涵自由意志，所以，孔子说：“不知命，无以为君子也。”君子“畏天命”，故“居易以俟命”。反之，“小人不知而不畏”，故“行险以侥幸”。

耳顺之年的邵逸夫，恰是在知人性下，有所为有所不为，转战电视业，固守大制片厂框架，乐成“风月(片)、功夫(片)与恐怖(片)”花团锦簇。

到了孔子所谓的“七十而从心所欲，不逾矩”，则已经是超凡入圣，

“上达”至自由意志的境界。不逾矩，则一切行为已无太过无不及的偏弊，达到了中庸的“至德”。从知命到造命，从“乐天知命”到“从心所欲”，人生的大境界早已不是“有钱”可以涵盖的。

儒家所指之人生大境界，固然需要时间来实现，但绝不是绞尽脑汁、咬牙拼命磨够时间就可以功德圆满的。原因是，先圣孔子老先生在自己实践这三阶段的过程后，提出有两个基本的原则要把握：一是要“好(爱好、喜欢)为”。因为天地之大美，不在能产生出绝对完美的结果，而在于有无穷的演变进化。不断变动不居就是天地的完美所在。人要顺应自然的运动，就是要不断活动，自强不息。用今天的话说，就是要不断运动、活动、工作，并且所有的乐趣也在于活动(工作)本身，而不是结果。三十年不是靠吃药、吃补品、养尊处优就可以到达人生自由意志境界的，而是要通过乐在其中的工作(活动、运动)徐徐到达。

第二个原则是要“忠恕”。人三十年中要做到知天命知人性，最终自己到达自由意志的境界，不能没有一个处理己与人之间关系的原则，否则不是变成“独夫”就是“无脸男”。

所谓忠恕是孔子待人的基本原则，是一个问题的两个方面。忠是从积极的方面说，也就是孔子在《雍也》篇里所说的：“己欲立而立人，己欲达而达人。”自己想有所作为，也尽心尽力地让别人有所作为，自己想飞黄腾达，也尽心尽力地让别人飞黄腾达。用我们今天的话说，就是聪明的人不是总要自己赢，而是实现双赢。恕是从消极的方面说，也就是孔子在《卫灵公》篇里回答子贡“有一言而可以终身行之者乎？”的问题时所说的：“其恕乎！己所不欲，勿施于人。”自己不愿意的事，不要强加给别人。

邵逸夫是个“懂戏”之人，勤奋之下更热爱进片场。刘恺威之父刘

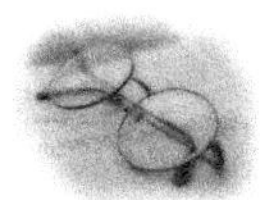

丹就称六叔经常在晚上九点多到片场看演员拍戏；“有一次，‘六叔’还被导演骂，导演说‘不是这里的工作人员请离开’，‘六叔’闻言就走了，他就是这样的一个好老板。”一个老板要求所有员工能够遵守企业的规章制度是经营之道，而一个声名赫赫的老板探班被要求遵守规则时，还能安然接受，这就是以忠恕之道待人了，也就是人们常说的将心比心，推己及人。

这时候我们就可以明白，对于一个年逾古稀还孜孜不倦工作的老人来说，工作其实就是他的生活方式，他乐在其中。财富只是工作的回报之一，人人都可见，而更大的回报更在于，“顺天命，尽人事”，以不知时限的生命与天地的演进共时共运，以区区一己之身的作为，愉悦了自己的心性，也愉悦更多人的精神。而真正懂得和追求这种乐趣的人，是不屑于四处去表白或宣扬自己的。这也许就是为什么如此具有传奇色彩的百岁老人，从不喋喋不休地向世人解释自己“永不退休”的原因吧。

这个多少青年人印象中的“有钱人”，其实是个真正“富有”的人。因为他可以从一个有钱人上升到一个拥有人生乐趣的人。这在当今中国的有钱人中并不多见。房地产商王石就是一个典型的例子。王石是这样描述登山的动机的：“1983 年我到深圳时已经 33 岁，一切都是从头做起，搬运、推销，还兼司机、出纳……两个 10 年过去了，万科在中国地产业中占到了一定份额，企业成功还是在于‘一步一个脚印’的精神。20 年后的今天，万科年产值 63 亿元人民币，但我并不认为自己是成功了，我还要一步步走向更高的目标”。这位从乡村走来的年轻人，用 20 年时光打造了中国最成功的地产企业万科集团。在被医生诊断可能将在轮椅上度过下半辈子后，却在他 52 岁时，成功登上了珠穆朗玛峰，成为

中国登顶珠峰年龄最大的一位登山者。此后乐此不疲地登上了 11 座山峰。这个宁愿穿行在山峰间的有钱人快乐地宣称“生命在于运动，运动是我的一种生活方式”。不同邵逸夫的是，王石是在成为有钱人后，转而于登山中执著地追寻自己的人生乐趣。

邵逸夫一生的乐趣不在高山，在舞台。从跟随大哥经营戏院开始，邵逸夫的目光始终聚焦在这个奇妙的“舞台”：先是演戏的戏台，接着是电影的银幕，又走进电视的屏幕，最后是学校和医院。不光是注视，他还循声而入、乐游其中：下南洋拓展院线为“天一”等影片搭建自己的舞台；赴香港造影城为“邵氏”的影片和电影人打造航母式舞台；为新锐让舞台，转而擎 TVB 为影视两个舞台搭桥；最终，当他将目光投向更广阔的天地间，着手搭建更多大众受惠的文化医疗大“舞台”时，正是他以“从心所欲不逾矩”的人生境界，开拓的又一个人生新舞台。

钢铁巨头安德鲁·卡内基曾经说过：“我只是上帝财产的管理人，在巨富中死去是一种耻辱。”西方人的美德如是。邵逸夫说：“我的财富取之于民众，应用回到民众”。这是洞察了财富同样也遵循“天命”变动不居的规则后，以天地间一个人，顺应这一“天命”，秉持“创业、聚财是一种满足，散财、捐助是一种乐趣”(邵逸夫语)而发出的肺腑之言。

从 1973 年开始，邵逸夫也是这么做的。

1973 年，邵逸夫成立香港邵氏基金。

1977 年，出资 600 万元助政府兴建香港艺术中心，更同时倡办香港艺术节，成为当时的大会主席。

1980 年代，邵逸夫就已经捐出 1.1 亿港币为香港中文大学兴建逸夫书院。

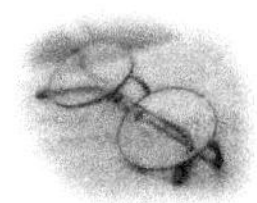

1985 年起，邵逸夫开始将关注的目光投向祖国内地。当年他向中国保护敦煌画展工程和浙江大学分别捐资 1000 万元。

1987 年后，先后捐资 4000 多万元帮助宁波发展教育、文化事业。

1994 年，向牛津大学捐赠 300 万英镑，成立了中国研究所。

1999 年，捐出 2500 万港币，救助 921 大地震灾民。

2002 年，捐资创立被誉为东方诺贝尔的邵逸夫奖，用以资助全球造福人类的杰出科学家进行研究，目前基金总额已高达 50 亿元。

2003 年，创立邵逸夫奖，每年选出世界上在数学、生命科学与医学及天文学三方面有成就的科学家，各颁授 100 万美元奖金以作表扬，而这些领域是诺贝尔奖所未涵括的。

2005 年，捐出 1000 万港元予南亚海啸受灾地区。

2008 年，向四川汶川地震灾区捐款 1 亿港币，重建学校。

2009 年，台湾 8.8 级台风水灾，捐款 1 亿新台币予灾区。

2010 年，青海玉树大地震邵逸夫捐款 1 亿港币。

从 1985 年起，邵逸夫平均每年都拿出 1 亿多元用于支持内地的各项社会公益事业，对于中国教育事业更是情有独钟。据不完全统计，二十多年来，他共向祖国内地和香港捐赠了百亿港元，兴建了近三万座社会公益项目。目前，以逸夫两字命名的教学楼、图书馆、科技馆及其他文化艺术、医疗设施遍布中国 31 个省、市、自治区。

细心的读者都会发现，邵逸夫的慈善事业，核心的项目是在教育和医疗上。这如同他所从事的商业活动一样，十分专注于自己所感兴趣的领域。一辈子从事文化娱乐事业，一辈子最钟情于电影(视)，做得专注、做得深入，也做得充满乐趣。无论是香港的文化艺术事业，还是祖国大陆的学校教育事业和医疗事业，对邵逸夫来说，都是为“个体人”拥有健全体魄和精神文化服务的事业。从这个意义上说，邵逸夫这次是开拓了一个更大的人生舞台，以“推己及人”的胸怀，邀请更多的人一起登上这个平台，得到些许的支援，去追寻各自的人生乐趣。从“知天命”到“造命”，从追寻一个人的乐趣，到助力众多人的乐趣，邵逸夫是在不断的捐赠中，建造了一个新的事业王国，更获得了一份新的人生大乐趣。

“桃李不言下自成蹊”，三十多年中，邵逸夫在世人的眼中，是个“熟悉的陌生人”。而各种官方和社会机构也都代表世人，表达了对他这些充满着个人乐趣的慈善之举的极高敬意。

1977 年，英女王伊丽莎白二世册封邵逸夫为“爵士”，成为香港娱乐圈第一人获“爵士”衔头。

1980 年和 1981 年，他先后获得香港大学和香港中文大学颁予的荣誉法学博士及荣誉社会学博士称号。

1985 年，向中国保护敦煌画展工程捐资 1000 万元。敦煌莫高窟特意立碑予以纪念。

1990 年，中国科学院为了表彰他为中国教育事业作出的贡献，将中国发现的 2899 号行星命名为“邵逸夫星”。

1997 年，中国文化部授予邵逸夫“文化贡献奖”。

1998 年，获香港特区政府颁授大紫荆勋章。

2005 年 11 月 20 日，成为中国民政部和中华慈善总会举办的“中华慈善大会”首批“中华慈善奖”得奖者之一。

2008 年，获中国民政部授予“中华慈善奖终身荣誉奖”。

2014 年 1 月 7 日邵逸夫去世，在微博和论坛上，许多人满怀真情悼念邵逸夫先生，人们自发地随手拍下逸夫楼并在逸夫楼签到，以此为老先生送行。这在网络上形成一道亮丽的奇景。地图上被点亮的近三万座

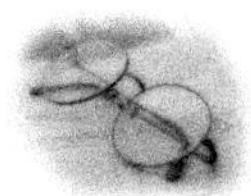

逸夫楼，仿佛是一座锦绣的功德碑，记录着邵逸夫先生对教育和慈善事业做出的贡献。

邵逸夫一生勤勤勉勉致力于个人乐趣所在的电影事业，更倾力于成就众多人命运基石的文化教育事业，从“小我”推及“大家”，虽一生极尽低调，安逸而去，身后却令世人致敬有加，正所谓，“地势坤，君子以厚德载物”！

敛财有道，散财有方

邵逸夫是一个精明的商人。

谈到商人，人们自然而然地会联想到“奸商”、“铁公鸡”、“冷血动物”等一系列贬义的形容词汇，油然从心里产生一种本能的厌恶感。千百年来，认为“唯利是图”是商人恪守的信条，是商人都要追逐最大的商业利润，甚至不择手段，巧取豪夺，攫取极端财富。这些传统观念似乎早已经在人们脑海里根深蒂固。然而，这些观点看法对于当代商人来说，显然是颇为偏狭。

就在我们仍然用传统观点评价商人的同时，极力要接轨国际，在全球化经济中搏击冲浪的中国企业家们，在德国人贡德·弗兰克的著作《白银资本——重视经济全球化中的东方》(2000 年)中却是这样的印象：“中国的经济发展是有限的，坦率地说，与西方相比是落后的……它的弱点在于，其经济结构不如伊斯兰世界和西方发育得好…… 他们的企业家没有唯利是图的精神…… 他们没有达到西方资本家的那种精神状态……”

可见“唯利是图”在中国被视为“恶德”，在西方却被视为“美德”，甚至成了经济发展的一个重要商业文化精神。何以中外之见，差之千里？

这还得从中国人为何对商人的“唯利是图”充满着厌恶说起。古代中国是一个重农主义的国家，农业、农民是国家的立国之本。商周以来，在社会生活中，商业的“通有无”作用从来都是存在的。但是为了保证“小农经济”这一国家一切命脉的基础，自秦汉以来，中国封建专制主义的中央王朝，一直采取了“重农抑商”的政策，并通过长时期的历史延续，使之成为中国传统文化的重要内容。为了不让商人和他们的财富威胁到政府的统治和农民的安分守己，经济政策和文化观念(法律、伦理和礼义的层面)就成了限制商人的利器。

其中，以经济手段抑制的做法，一为官营禁榷。凡有利可图的商业就可能收归官营、禁止民营。管仲相齐“管山海之利”，商鞅变法，实行“管山泽”，汉武帝实行盐铁官营。官争民利的范围不断加大，到明清两代已经发展到盐、铁、酒、茶、铜、铅、锡、硝、硫黄，甚至瓷、烟草、大黄等，均统统列入官营范围。为了维护国家“专利”，历代朝廷设定了严刑峻法打击敢与朝廷争利的商人。汉唐以来，私人经营盐铁等重要物资，处以极刑，成为一种传统。直到明清两代，“凡犯私盐罪，杖一百徒三年，拒捕者斩”。二为重征商税，即所谓“寓禁于征”。商鞅变法定下“不农之征必多，有利之租必重”，汉武帝行“算缗”、“告缗”，用征重税和鼓励告发漏逃税的方式对商贾进行打击，“得民财以亿万计”、致使大批商人破产。自汉以后，历代王朝莫不重征商税。

为了让逐利之人，望而生畏，法律上也对商人加以歧视，规定“锢商贾不得宦为吏”是历代最常见的一种抑商之法。连服饰也有明文规定，汉高祖令贾人“不得衣丝乘车”，汉律明定“贾人勿得衣锦绣，……乘骑马”；”前秦王符坚下令：“金银锦绣，工商皂隶妇女不得服之，犯

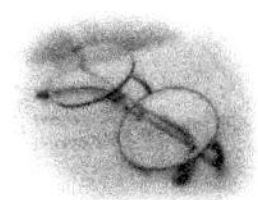

者弃市”。明太祖亦曾下诏：“农民之家许穿细纱绢布，商贾之家止穿绢布。如农民之家但有一人为商贸，亦不许穿细纱”等等。

除了从国家法律政策方面进行限制外，看不见的绳索——伦理观念才是最严重的束缚。今天的人们都知道，中国历史上的法律实施惯有“法不责众”的现象，如果商人数量增加，奢靡之风已成，则法律的约束就不怎么起作用了。但是群众的舆论，则是“人言可畏”，无论富可敌国还是赤贫之子都逃不脱这张看不见的大网。这张笼罩在中国商人头顶的大网就是“义利之辨”、“重义轻利”观念为代表的伦理思想。

义者，宜也。在中国古代社会，农为国家之大利，为国家之最适宜者，故亦为国家之大义。重农即国家“重义”也。商为私人之利，为国家之害。抑商乃国家之“轻利”也。孔子曰：“君子喻于义，小人喻于利。”本义是倡导为“君子”者，要乐于“为”，乐在活动过程之中，而不惟计成败，问结果。所以，孔子也说“君子坦荡荡，小人常戚戚”。一俟汉武时期将儒家定位一尊之后，孔子这种倡导乐在其中的活动方式，就被生搬硬套给了本来就是以“计利”为目的的商业活动上。因此，义利之辨下，费尽心机追求“利”的商人，其整体就成了安分顺从的农民以及沉湎于辞章义理的士子的对立面，甚至不如靠手艺吃饭的工人，是一群“不商无奸”的末流。

不过，从中国古代经济史的角度看，不但商人群体没有因此消失，恰是商贸的发展和繁荣成就了一个又一个的古代“盛世”时期。几乎每个历史时期，对商人财富的羡慕和攻击都会散落在志书、野史稗钞和老百姓的口头。而商人们也几乎都是在财富带来的满足感和被人们戳戳点点的失落感中侧身而居。

在要求“衣服有制、宫室有度”的封建等级社会秩序中，商人最可

能依仗财力僭越和破坏这种专制秩序。这是封建等级制度的捍卫者们最担心，最反感的情形。富商大贾“荒淫越制，逾侈以相高，邑有人君之尊，里有公候之富”，此种情形，“伤化败俗，大乱之道也。”加之封建专制主义中央集权下的自给自足的小农经济所必需秩序就是“均平”，也就是让民众永远互相分散孤立而不富裕，使其永远无法以财力与官府抗衡。显然私人工商业主们蕴藏着对这种“均平”秩序破坏的天然力量。商人们已然成了破坏小农社会“和平”的恐怖分子，除了官方打击之外，还需要民间提高自觉性，识别这些破坏分子的主要特征：贪得无厌于所得，惯用奸诈机巧之心计，精于算计待人不大方。最终，在“士农工商”的四民社会伦理等级中，商人作为整个群体的社会声誉均处于较为弱势的位置。在今天看来是善经营、注重投入产出比的精明和节俭美德，在传统文化观念中往往被视作奸诈和吝啬。

直至晚清时期，随着商业化潮流的发展和国家财政定额制度的推行，国家对商业利益的追求迅速上升，对商人的依赖也日益趋重，不得不在法律上逐步调整其商业政策，改变官商关系，社会上先后出现了势力显赫的官商和行商集团，还有些居官经商的仕商和绅商；另外商人通过捐纳、捐输以及参加科举考试获得功名、职衔，取得官方身份，逐步改变了自己的社会地位。随着西方近代工商业进入中国和中国自身近代工商业的发展，商业在国家财政中的地位和作用急剧上升，商人在近代洋务活动和国家经济文化生活中的影响也不断上升，尤其是商业在开埠地区的繁盛，商人的身影越来越活跃，其地位也随之开始发生变化。

邵逸夫兄弟，正是在这种时代的大变革中活跃于上海和香港开埠地区的中国商人。他们是标准的商人，工作勤勉，能吃苦，待人和善，生活低调。但是对自己生意人的定位非常明确，做事锱铢必较，不讲感情。

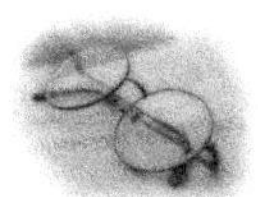

著名导演张彻在邵逸夫的手下工作过，他写的书中回忆说："邵逸夫当年治事之勤，是我生平罕见，他坐的劳斯莱斯是名贵豪华的车，车里有酒吧，他改装成小型办公桌，连途中的时间都不浪费。"

在优秀的商人眼里，时间、效率和质量都是成本，都与最终的商业利润密切相关。每个细节都不能放松。邵逸夫自称，"我做人的态度是要把每件事都做好，即使是最细微的部分，也要彻底做好，一样事情不做到十全十美，我绝对不放松的"。而"邵氏出品，必属佳片"此话也绝非诳语。为了保证影片质量，他对影片严格把关。出现劣片，若无法补救，宁愿烧掉。邵逸夫曾说："在早期，我成日烧片，没有好的戏，我宁愿烧，烧掉好多部。观众看了劣片一定好不开心，看多了，就会对你失去信心，所以做劣片不如烧。"据称，邵氏在迄今的 37 年间，烧掉影片数十部。

与"烧片"的豪气截然相反的，是邵逸夫对所有成本锱铢必较。据传，曾经有一次他拒绝了一名剧务要 20 元买 100 个生煎馒头给片场工作人员的申请，理由是公司内部食堂所卖的馒头一个只要一毛钱。结果，出外景的工作人员因没有早餐吃而闹罢工，邵氏为此损失了近万元——所省下的，是 10 块钱。这也被当做笑话流传坊间。不过，对此邵逸夫十分坦然，坚持自己是个生意人，言下之意这就是本分。

很多电影人都对邵逸夫这个电影大亨的不讲感情，颇有微词。如张曾泽因为国泰拍《路客与刀客》大卖被邵氏撬至麾下，被邵逸夫奉若上宾，但随后《红胡子》惨败，邵先生片场再遇他就视而未见。不久张曾泽拍完《吉祥赌坊》，邵逸夫看完喜形于色，请他吃饭极尽热忱。"这一切并没有驱散我心头的阴影，只让我感觉到怪异，无论是拍戏和对人对事，我仍然是我，可是外来的改编却让我好像坐到云霄飞车上，忽上忽下的教人摸不着头脑，这是个什么地方？”张曾泽回忆至此说，当时他就去意已决。

这样看似刻薄、不讲感情的做法，邵氏老员工田丰就道出其中根本：“导演拍的戏一卖钱，马上电话就来了，今天到六爷家吃饭；三天以后不卖钱了，看见你，转头装没看见；说起来现实，但邵逸夫讲过一句话，我有两千多员工，我讲感情不讲死了嘛？”

但就是这样坚守生意人身份、锱铢必较的商人，却能斥资数百万，打造“东方好莱坞”、支撑“香港影星的黄埔军校”，在半个世纪中，香港电影人几乎都因此受惠，都与他有着千丝万缕的联系。他的“邵氏”帝国，也成为香港电影文化史上举足轻重的一部分，更通过电影推动了华人文化传播。美国伊利诺伊大学东亚与太平洋中心研究室主任傅葆石博士评价邵氏说：“邵氏兄弟公司在他们的电影中构建的中国文化，勾起了全球华裔观众的怀乡情结和民族情怀。邵氏兄弟公司的主要管理人员和导演的根仍在大陆，他们所有的怀乡情结和离异感都化作创作的源泉，通过创作电影来表达海外华人眼中的中国文化。”

也是这样一个不讲感情、重视商业利益的生意人，却在生意风生水起的时候，“从心所欲不逾矩”地捐出数十亿的钱财，搭建了又一个更大、更广阔的平台(学校教育和医疗)——让成千上万的人获得精神和肉体上的支持和抚慰。

对这看似矛盾的行为，人们往往喜欢用极为熟悉的道德判断来解释，即精明、不讲感情的生意人邵逸夫，早年拥有所有中国商人“唯利是图”的问题，而晚年的邵逸夫通过慈善实现了自我的道德救赎。而人们也宁愿固执地继续抱持着对商人“唯利是图”的精明和薄情的批评态度，不愿意改变。

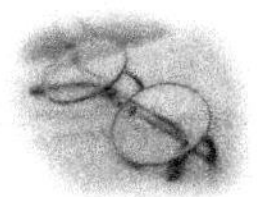

今天的世界人都知道，犹太商人是世界公认的第一商人。从罗斯柴尔德到索罗斯，从洛克菲勒到彼德森，众多犹太商业巨子的功名事业令世人翘首瞩目。最善于经商的犹太人，都是十分精明的人。

犹太富商哈同是 20 世纪初来上海的犹太人中唯一由贫穷走向富裕的人，他的精明几乎成了一种神话，传遍了上海的大街小巷。

1901 年，哈同独立开办了专门从事房地产业的哈同洋行。

哈同出租小块土地和一般住房的时间都不长，一般是 3～5 年。租期短，既便于在每次续约时增加租金金额，又能够在需要时及时收回。在哈同的地皮上，就算是摆个摊也必须交租。有个皮匠在哈同地皮的一个小角落摆了一个摊，每月也得交 5 元的租金。哈同每次向他收地租时，总是很和蔼地对他说："祝你发财。"但该收的钱还是得收。

哈同成了富翁以后，在上海滩建造了一个最大的私家花园——"爱俪园"，造价 70 万两银子。为了更好地管理园内职工，哈同对职工的职责和等级做了明确的规定，并让账房制作相应的徽章。但即使这样一个表明工作职责的徽章也要职工自己掏钱购买。每个徽章的"零售价"为 4 毛，而制作成本仅为 5 个铜板。哈同的这种精明虽然需要一定的算计能力，但毕竟又用不了多少聪明，真正需要的恐怕还是一种心态，一种对于精明本身的心态。

犹太人精明、干练，善于突破障碍，运用自己的智慧去做各种事情。他们的超级精明，使他们在商界如鱼得水。使犹太商人得以精明并越来越精明的原因有很多，其中有一个极为重要且独具犹太特性的因素，这就是犹太人——包括犹太商人对精明本身的心态。

世界各国、各民族中都不乏精明之人，这是不容置疑的，但其对精明本身的态度都是不一样的。犹太人对精明非常欣赏、器重和推崇，而且这种欣赏、器重、推崇是堂堂正正的，就像他们对待钱的心态一样。

犹太人认为，如果上帝是万物的主宰，那么金钱则是万能的上帝。崇敬上帝是他们生命中不可缺少的，那么金钱就是崇敬上帝赐予的礼物。

精明既不会妨碍道德，也没有违犯法律。犹太人只是用很巧妙的办法，解决了别人认为很困难的事情，而这种精明是很容易被大家接受的，大家也很欢迎这种精明。这就是犹太人的赚钱理论。他们很实际地告诉顾客"我要赚钱"，他们让别人清楚地看着他们怎样在赚钱。

从这个角度来看，从出身世代为商家庭的中国商人邵逸夫的成功，正是在上海、南洋、香港等这样传统文化观念变动剧烈的社会氛围中，毫不动摇地坚持了商人的本分，用精明的头脑和细致的计算写下香港电影史上的传奇。

正因对于"精明"本身的心态不同，虽届古稀之年，依然精神饱满不言退休的邵逸夫，从开始倾力做慈善事业，就有着不同于一般慈善家的做法。

首先，在普遍乐善好施的港人慈善中，作为富甲一方的企业家，不能像天女散花一样盲目撒钱。必须选择自己最关注、富有长期效应的内容，以巨额的投入，获得深远的社会价值。

在香港现代社会的发展中，流着中华民族血缘的港人也传承了中华民族的仁爱思想，热心慈善、乐善好施成为了沉淀悠久的香港精神之一，体现着港人的传统美德。港人经常举办各类筹款募捐活动，无论在街头、大型屋村或百货商场，人们不时会遇到手持筹款箱的人员趋前询问："可不可为某慈善机构捐款？"在香港，各种慈善机构多达数百个，遍及社会生活的各个方面，在近百年来香港社会的进步中扮演了重要角色。相关调查显示，香港有关机构要求慈善捐款的信，平均每一封可以得到60

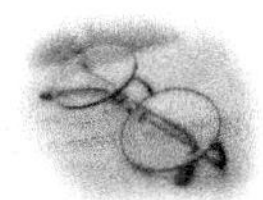

美元(约 410 元人民币)的捐款，这比起美国只有 10 美元和英国的 5 美元捐款都高得多。据香港青年协会近年发表的研究，在 2000 多名 15 岁以上的受访香港市民中，超过九成(93.7%)的人曾在年内捐款，包括直接将金钱捐给有需要的人士，或通过团体、组织等间接帮助有需要的人。香港慈善团体的经济来源大致有三：政府、公民社会和企业赞助。其中，香港赛马会、香港公益金和香港奖券基金，都是全民拥有的慈善组织，由政府委托有信誉的人士出任理事，负责管理。这几个大基金会，再捐助其他小型的慈善团体和社会服务组织，监察它们的管理，扶助它们成长，在香港建立起一个庞大而稳定的公民社会，这对于今天香港的现代化成就有很大的贡献。难怪有人说，香港人是“世界上最慷慨的慈善人口之一”。当然这种精神也延续到了商人的身上，他们常常把企业和慈善事业联系在一起，积极利用商业渠道组织和开展多种慈善活动，通过设立基金会的形式，把大笔大笔的捐赠基金用于慈善事业的各方面。可以这么说，对于活跃在当今世界商业舞台上的那些香港商人而言，他们已经不仅仅是创造更多的利润，同时他们也承担起了对社会的更大的责任。港商李嘉诚称“真正的富贵，是作为社会的一分子，能用你的金钱，让这个社会更好、更进步、更多的人受到关怀。”言必行，行必果。到 2007 年，李嘉诚投在慈善项目上的善款，已经达到了 80 亿港币，其中 70%投往中国大陆，尤其是一些内地偏远贫困地区。

邵逸夫同样愿意承担社会责任，但在他看来，“国家振兴靠人才，人才培养靠教育，培养人才是民族根本利益的要求。做一些实际的事，是我最大的心愿”。加之自己一生所从事的正是文化娱乐事业，深感“文化”是个人生活当中比之财富还要重要的必需品。他当年驰骋香港电影业时就曾对媒体讲过自己简单的想法：“我的事业，一切都是猜谜游戏。你不得不参与其中，观察观众的反应，然后进行推测。我喜欢坐在观众中间，尤其是在香港，人们不停地评论着，娱乐是一种服务行业。在香港，人们拼命赚钱，没有什么地方可去，所以让他们保持开心就成为一种挑战。”这与今天从事以文教卫生为主的慈善事业可以说是，同出一心，就是服务人们，让他们保持开心、愉悦的精神状态。

其次，做商人一定做到“敛财有道”，做慈善也不能盲目散钱，而应该是“散钱有方”。

慈善行动不仅仅是悲悯，更是一种精神坚守，还是一种对公平的追求。财富不仅仅是他们自己的，也是社会成员共同创造的，应当“应用回民”、“还富于社会”。尝试着用开办企业的精神来办理慈善，才能确保慈善事业取得针对性的成效，以策略性的手段投入资金，结合政府部门和社会伙伴，持续经营，能够让受助的弱势社群感染到企业家精神，促使他们将来自力更生，避免一辈子都停留在受众的角色。

香港九龙清水湾道220号，那座名为“邵氏大厦”的深灰色建筑里，设立着担当慈善重任的三家邵氏机构——邵逸夫慈善信托基金、邵氏基金(香港)有限公司、邵逸夫奖基金会有限公司。其中，邵氏基金(香港)有限公司被普遍简称为邵氏基金，是最常见的捐赠主体，例如遍布大陆大学的“逸夫楼”基本均为该基金捐建。邵逸夫奖基金会有限公司(以下简称邵逸夫奖基金会)则是为运营被誉为“东方诺贝尔奖”的邵逸夫奖而成立。这三个机构是三位一体的运作模式。

多年来，邵逸夫的捐赠是邵氏基金唯一的资金来源。邵氏集团的物业租金、存款利息等收入都是邵氏基金的资金来源。租金收入方面，除了在清水湾道220号的邵氏大厦有部分楼层出租外，邵氏在香港岛、九龙等地区也有其他物业。仅仅是每月存款利息收入就超过1000万港元。

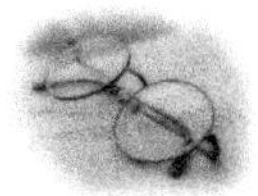

在如何使用巨额的善款获得预期的社会效益上，邵逸夫捐赠祖国内地的运作方式具有代表性。

根据中国教育部发布的消息，自 1985 年以来，邵逸夫通过与教育部合作，向内地教育事业捐款金额近 47.5 亿港币，建设各类项目 6013 个。

但比起一些富豪更倾向于捐助家乡建设、扶持同乡的做法，邵氏慈善突破了“老派”乡土慈善的范畴。他关注的重点远远超出了自己所生活的香港和祖籍宁波，不仅遍及中国，更有不少西方人受惠于他创立的“邵逸夫奖”。

根据《香港邵逸夫基金向内地教育事业赠款管理办法》(下简称《管理办法》)，赠款由各学校向教育部申请，由教育部根据各地发展实际，以及前一批邵氏赠款项目的实施情况来统一安排，两个因素所占权重四六开，既能够照顾到相对欠发达地区的需求，又兼顾平衡。近年来，邵逸夫基金还重点支持了西部的教育设施建设。

“邵逸夫奖”创立于 2002 年，分为天文学奖、生命科学与医学奖和数学科学奖，迄今已颁发 10 届，得奖者来自中国、美国、英国、加拿大、瑞士等 12 个国家。

正是因为有着这种“兼济天下”的视野，才使“逸夫楼”和“逸夫学校”成为中国无人不知的慈善品牌，“邵逸夫奖”的国际影响力也逐步提升。

在广泛捐赠的同时，邵氏慈善也体现了高度的专一和专业。邵逸夫先生的慈善捐赠遍及教育、救灾、医疗等多个领域，但仅就其在内地的捐赠而言，教育在其中占绝对比例。根据教育部统计，邵逸夫基金教育赠款项目是当前海内外爱国人士通过教育部捐款持续时间最长、赠款金额最大、建设项目最多的赠款项目。

资源的集中投放，使“逸夫楼”、“逸夫学校”能够形成自己的品牌效应，有效地与受捐方的需求进行对接，同时也保证了项目运作的高效——《管理办法》对资助对象、条件、每个项目的赠款力度、要求的配套资金、申请程序和审批规则、项目建设与管理、资金拨付等都作出了细致而明确的标准化规定，操作性极强。在数千个教育项目中一以贯之，而不是随意地这个领域投一点、那个领域捐一点，真正把慈善做成事业。

针对祖国内地与香港在体制上的差异，对内地的慈善捐赠，特别注重与政府良性互动，同时撬动地方政府和其他途径的资源，共同投入。

中国教育部承担了邵氏教育赠款项目的申报和专家评审工作，邵氏基金在教育部推荐的基础上决定最终的捐赠方案，双方的合作能延续近30年，足以证明其中的互信与优势互补。

除了教育部，邵逸夫教育赠款还撬动了地方政府和其他途径的资源。《管理办法》明确规定，邵氏慈善所捐赠的基础教育项目，其所在省级教育行政部门必须能够提供不低于1:1比例的配套资金，而高等教育项目，项目单位要确保能够提供不低于1:3比例的配套资金。邵“六叔”是大富豪，但他不做唯一的金主，而是以一种企业家特有的精明和务实，发挥了赠款的杠杆效应，为内地教育事业带来了更多的投入。

如同电影业的全球战略一样，邵逸夫的慈善事业也从香港走向大陆，又从大陆走向世界。

在跨越华人范畴，面向世界的“邵逸夫奖”评选中，形式模仿诺贝尔奖，由邵逸夫奖基金会有限公司作管理。邵逸夫奖基金会每年选出世界上在数学、医学及天文学三方面有成就的科学家，颁发奖项，并颁授一百万美元奖金以作表扬。

在这个被称为“东方诺贝尔”的国际性奖项中，邵逸夫情有独钟地

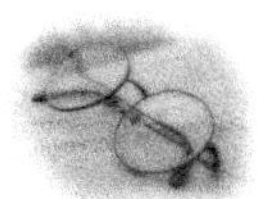

设置了数学、天文和生命科学与医学三个奖项。其中，数学与天文学都是基础科学，数学是一切自然科学和现代技术的基础语言，社会科学、经济活动以及人们日常生活都离不开它，21 世纪数学的地位更重要。天文学既是最古老的，又是极年轻的，21 世纪将是探索宇宙的黄金时代。“邵逸夫奖”的生命科学与医学奖比诺贝尔生理学或医学奖的范畴更广阔，要为新世纪的人类带来更好的健康和更高的生活素质。这与邵逸夫一生投身的事业、秉持的精神、关注焦点都不谋而合。

有人认为，诺贝尔奖是西方的，因而获奖者欧美人士居多；现在邵逸夫奖是东方的，获奖者将以东方人特别是中国人及海外华人为主。这显然是一种误解。“邵逸夫奖”筹委会主席、香港中文大学教授杨汝万在成立仪式上明确宣布，该奖颁奖原则是：“不论得奖者的种族、国籍、宗教信仰，而以其在学术及科学研究或应用获得突破成果，且该成果对人类生活有意义深远的影响为旨要。”

根据章程，“邵逸夫奖基金会”由董事会、理事会、评审会和秘书处四个部分组成。评审会负责选出得奖人；其下设 3 个奖项委员会，各设一名首席评审和 4 位评审，负责候选人的提名及评选工作。直至 2013 年为止，合共有 31 个奖项分别颁授给 54 名学者。获得 2012 年邵逸夫奖天文学奖的，来自于美国麻省理工学院林肯实验室的越南裔美国科学家刘丽杏(珍・卢)，成为首位登上“邵逸夫奖”颁奖台的女性科学家。

邵逸夫奖每项奖金一百万美元，同时得奖者还会得到一张证书及一面奖牌。奖牌正面刻有邵逸夫先生的肖像，以及邵逸夫奖的中英文名称。特别有意思的是，奖牌背面除了刻有得奖年份外，还刻有著名战国思想家荀子的格言“制天命而用之”，意思指不能消极地顺从自然，而要主动地控制和利用它。

第三，慈善事业是“散财”，但是如果没有源源不断的资金来支持，就意味着是“无源之水、无本之木”，其社会效益有限。另外，如果只靠慈善家来做，一俟慈善家身故，慈善事业也就可能中断。邵逸夫以信托基金令慈善事业持续的做法，同样透露了他独有的智慧和精明。

一份来自腾讯财经(2014年1月8日)的报道，颇能对其良苦用心做以说明。不妨摘录在此，共读者分享。

港媒这样报道：“元配黄美珍1987年病逝洛杉矶后，‘六叔’就为儿女成立信托基金，保证孩子们一生富足，衣食无忧。邵逸夫曾说，他的儿女已过得很好，不用担心，他相信他的财产，这辈子用不完，他的儿孙辈也用不完。”

有关邵逸夫名下的基金，被广泛报道的主要有三个：邵逸夫慈善信托基金、邵氏基金(香港)有限公司、邵逸夫奖基金会有限公司。其中，邵氏基金(香港)有限公司被普遍简称为邵氏基金，是最常见的捐赠主体，例如遍布大陆大学的“逸夫楼”基本均为该基金捐建，这个基金曾经持有TVB 6.23%的股权，在将2.59%捐赠给香港数家教育及慈善机构后还持有3.64%股权。而邵逸夫奖基金会有限公司(以下简称邵逸夫奖基金会)则是为运营被誉为“东方诺贝尔奖”的邵逸夫奖而成立。

腾讯财经通过查证，发现邵逸夫慈善信托基金，正是媒体所称的“为儿女成立的信托基金”，是邵氏家族财产的最终持有者。而这一基金，被委托给一个注册在百慕大的Shaw Trustee (Private) Limited的神秘机构运营，以完成家族财产的增值保值。值得注意的是，Shaw是邵姓的英文。而这个机构此前并未受到外界广泛关注，其运营的基金背后有着复杂的股权结构。

我们来层层剥笋。2008年年底，邵氏兄弟在港股上市30多年后，

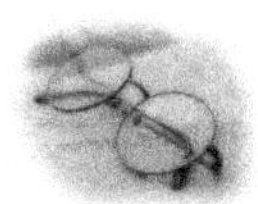

宣布私有化。控股约 75%的股东 Shaw Holdings Inc.发出要约，以 13.3 亿港元的价格，收购公众手中的 25%股份，完成对公司的 100%控股，即私有化。

邵氏兄弟当时发出的公告透露，Shaw Holdings Inc.是一个投资控股公司，注册在诺鲁共和国。诺鲁在大陆又译为瑙鲁，位于南太平洋中西部的密克罗尼亚西群岛中，有“天堂岛”之称，1990 年代，瑙鲁成为一个避税天堂。

公告同时透露，要约方 Shaw Holdings Inc.透过全资附属子公司持有 TVB 6.23%的股权。这一数字正好与邵氏基金(香港)有限公司 2011 年捐赠之前持有 TVB 的股权一致。这说明，Shaw Holdings Inc.不仅持有私有化之后的邵氏兄弟 100%的股权，也是邵氏基金的全资母公司。按照合理的推论，运营邵逸夫奖的邵逸夫奖基金会，也可能是 Shaw Holdings Inc.的全资子公司(但腾讯财经暂未找到公开资料支撑这一推论)，如此，Shaw Holdings Inc.就成为了邵氏家族财产的控股平台。

再往上一层。公告又透露，邵逸夫慈善信托基金全资拥有 Shaw Holdings Inc.。也就是说，邵逸夫慈善信托基金通过 Shaw Holdings Inc. 这个控股平台，在私有化后 100%地持有了邵氏兄弟的股权，也 100%地持有了邵氏基金的股权,同时也可能 100%持有邵逸夫奖基金会，从而，邵逸夫慈善信托基金成为邵氏家族财产的最终持有者。

与此同时，邵氏兄弟私有化的公告还披露，邵逸夫慈善信托基金的信托人为 Shaw Trustee (Private) Limited，指定人为邵逸夫本人，受益人则包括 Shaw Trustee (Private) Limited 根据信托契据挑选之任何人士或慈善团体。公开资料显示，Shaw Trustee (Private) Limited 于 1995 年 5 月 26 日注册在另一个避税天堂百慕大群岛。

也就是说，邵逸夫将邵氏家族财产的最终持有者——邵逸夫慈善信托基金，委托给 Shaw Trustee (Private) Limited 运营，而受益人则为邵逸夫的家人以及慈善团体。目前，无法确认这个信托的受益人都有哪些，但几乎可以确定包括邵逸夫的四个子女，但同样可能包括方逸华，因为方逸华正是邵逸夫慈善信托基金的主席。

这个信托基金持有的财产，远超过方逸华持有的 TVB 股权以及低价获得的地块价值。尽管四个子女可能不得不与方逸华分享，但他们获得的收益权肯定足以满足自己乃至后代的需求。而除了信托收益权之外，两个儿子也获得了邵家在新加坡的地产和百货资产，价值暂未可知。

那么，Shaw Trustee (Private) Limited 运营的资产规模，到底有多大呢？

按照前文的架构，邵逸夫慈善信托基金通过 Shaw Holdings Inc.这个控股平台，主要有三块资产，100%地持有邵氏兄弟的股权，100%地持有邵氏基金的股权，同时也可能 100%持有邵逸夫奖基金会。

先看邵氏兄弟的价值。邵氏兄弟的主要资产为 26%的 TVB 股权，还有清水湾的地块，此外还有一些物业租赁、摄制设施服务以及影片发行业务，但后面的几项收入都很少。邵氏兄弟 2008 年年底的私有化公告披露，该公司在私有化之前的数年财务数据显示，公司营业收入均大大低于净利润，例如 2008 财年营收为 3345.7 万港元，但净利润则达到 3.1 亿港元。原因在于，公司持有的 TVB 的股权未超过 50%，营收不能纳入报表，而 26%的 TVB 股权则可以作为投资收益计入利润，TVB 2008 年实现净利润 10.55 亿港元，也就给邵氏兄弟带去了 3.1 亿港元净利润中的 2.74 亿港元。

私有化时，Shaw Holdings Inc.以 13.34 亿港元的价格，收购了 25%的公众股份。以此计算，邵氏兄弟当时的估值为 53.36 亿港元。并且，

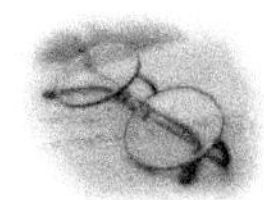

这个价格比当时的股价溢价 64%，颇受售出股份的公众投资者欢迎。

然而，当 2011 年 4 月，Shaw Holdings Inc.将整个邵氏兄弟公司出售给陈国强、王雪红等组成的财团时，总价格达到了 86 亿港元(其中 TVB 股权作价 62 亿，清水湾地块 24 亿)，两年半的时间升值了 61%。这相当于，邵逸夫先在金融危机低谷时期私有化，经济恢复后再出售的一买一卖，净赚了 13.34 亿的 61%，也就是 8.1 亿港元。真是精明的商人。

整个邵氏兄弟售出给上述财团之后，该公司被新股东于 2011 年 11 月 28 日更名为清水湾土地有限公司。曾经叱咤风云的邵氏兄弟公司从此告别这个世界，化作了 86 亿港元，成为了母公司 Shaw Holdings Inc.的现金，也即邵逸夫慈善信托基金的现金，也即 Shaw Trustee (Private) Limited 受托运营的资产。

而这个家族信托基金，还全资持有邵氏基金。邵氏基金目前持有 TVB 3.64%的股权，以 2014 年 1 月 7 日收盘市值计算，价值为 4437 万港元。邵逸夫奖基金会的规模则没有公开资料。除去这三个基金，邵氏家族还有新加坡的地产、百货，香港仍有一些影视资产，如果这些全部纳入，总资产或接近媒体所传的百亿规模。

为邵氏家族资产承担保值增值任务的百慕大 Shaw Trustee (Private) Limited 公司，又是何人在运营呢？腾讯财经未找到确切的答案，不过，《第一财经日报》2008 年的一篇报道中，香港某私募基金的负责人萨穆杰曾描述称：“邵氏家族把从传媒帝国赚来的钱通过基金投到海外，由其他专业资产管理公司进行打理，实现增值。这样相当于把鸡蛋放在不同的篮子里。而现在不少富豪基金是由家族成员自己管理，缺乏顶级的专业资产管理者。”

——腾讯财经：《解码邵氏兴衰》(下)揭秘遗产方案

这里需要说明的观点是，邵逸夫把财产投入慈善信托基金以留给子孙的做法，同一个农夫将所有财产购入一幅世界名画留给子孙一样，利己利人利后世，可谓做商人、做人最大的智慧。

反倒是一味用道德标尺逼迫企业家做慈善的做法，正如将一把舆论的“利器”授予所谓的大众，人人可以对它做出有利于自己的解释，其结果往往是：有钱人把自己定位为“赚辛苦钱”的人，没钱人把自己定位为从不“唯利是图”、道德至上的人。然后，对社会责任和社会公德，人人推卸，如同当今网上流行的说法：“节操碎了一地”！

智慧与启迪

子曰：五十知天命，六十耳顺，七十从心所欲不逾矩。孔老先生说需用三十年时间可得人生之自由意志境界。商人邵逸夫又用了三十余年时间在人生大境界中乐“为”，“制天命而用之”。他依旧勤勤勉勉地尽着商人的本分，还是精明如昔地搭建着与更多后来人共赢的舞台，从不炫耀，也从不解释。这“东临碣石以观沧海”的胸襟和气概，何足为外人道？

这是一个善己善人的大慈善家，他和许许多多的慈善家一样，从不懈怠自己的职业角色，也从不敢忘自己的社会责任。不同的是，他能够将这两种责任睿智地结合，惠及一方大众，也让一生钟爱的事业绵延不息，他亲手书写了自己的传奇。

第7章

老骥伏枥：沙场再点兵，宝刀犹未老

打擂“五台山”

五台山，自古就是个斗智斗勇的圣山。

五台山位于中国山西省东北部忻州市五台县东北隅，是中国佛教寺庙建筑最早地方之一。与浙江普陀山、四川峨眉山、安徽九华山并称中国四大佛教圣地。自东汉永平(公元58年～75年)年间起，历代修造的寺庙鳞次栉比，佛塔摩天，殿宇巍峨，金碧辉煌，唐代因“文殊信仰”的繁盛，寺院多达360多座，五台山遂以建寺历史悠久和规模宏大，而居佛教四大名山之首——故有金五台之称。

据传五台山是大智文殊师利菩萨讲经弘法的场所。文殊菩萨是佛教四大菩萨之一，释迦牟尼佛的左胁侍菩萨，代表聪明智慧。因德才超群，居菩萨之首，故称法王子。文殊菩萨的形象，通常是头顶绑了五个髻，代表五种智慧。一手持宝剑，象征以智慧剑斩烦恼结，或手持如意，象征智慧成就。另一手持经典，代表智慧的思维，驾乘狮子，表示威严猛厉、所向披靡、无坚不摧、战无不胜。历史上，中国、印度、尼泊尔、朝鲜、日本、蒙古、斯里兰卡等国的佛教信徒，来此朝圣求法的甚多。人们祈望这智慧的佛陀，能够帮助自己开启悟性，拥有智慧，离苦得乐。

在江湖中，五台山也是一个练就武门绝学的圣地。金庸的天龙八部中，来自五台山清凉寺的门派武学有伏虎拳、五十一招伏魔剑、普门杖法、二十四路伏魔杖、心意气混元功等，和武林诸学派一争高低。

20 世纪 70 年代的香港，也有一个“五台山”。不同于宗教道场和武林江湖的是，这里曾经是香港电视人眼中的沙场，用的是声光电化的现代功夫，比拼的是没有硝烟的商场智慧。

1970 年代间，香港有三间电视台和两间电台。他们的所在地位于香港九龙城区北部之九龙塘的广播道，如今属于高档住宅区。因为当时香港总共只有五间电子传媒，兼且全都集中在该处，地理上亦位处小山丘上，因此该处被称之为“五台山”。

这“五台山”上，分别有五家门派：

首推亚洲电视。

亚洲电视(Asia Television Limited，缩写：ATV)，全名亚洲电视有限公司，香港人一般简称为亚视，于 1957 年 5 月 29 日成立，是香港第一间电视台，亦为中国第一家电视台，全球首家华语(粤语)电视台。其前身是由英国丽的呼声在香港设立的商营有线电视服务“丽的映声”，早期以收费有线广播形式经营。1973 年起改为无线免费广播，更名为“丽的电视”。之后公司曾多度易手，1982 年 9 月 24 日改名“亚洲电视”。香港只有两间电视台获政府发牌经营本地免费电视节目，亚洲电视为其中之一。因为其出身洋血统，又开香港风气之先，在 1967 年无线电视台成立前，十年间可谓独树一帜，无出其右者。

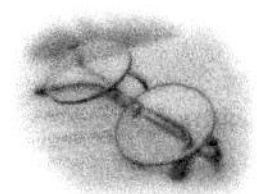

后来居上者当属无线电视。

无线电视(Television Broadcasts Limited，缩写：TVB)，1985 年前称香港电视广播公司，创立于 1967 年 11 月 19 日，由利孝和、祁德尊、邵逸夫等人创办，是香港首间商业无线电视台，也是世界第一大华语商营电视台。其经营的免费繁体中文粤语电视频道翡翠台，启播至今一直处于收视领导地位，是香港大众文化的重要组成部份。它是首个投得无线电视牌照的香港电视台，一般香港人仍常称呼该公司为“无线电视”或“无线”。出身香港华商血统，董事局的重要成员皆有家族企业掌门经验，颇有以资金雄厚之势，后来居上的势头。

昙花一现是佳艺。

佳艺电视台(Commercial Television，缩写：CTV)，是香港的第三间免费商营广播电台，1975 年 9 月 7 日开台，在 1978 年 8 月 22 日倒闭。六个股东，分别是林炳炎(恒生银行)家族、怡和洋行、香港商业电台，以及香港三间中文报社——星岛日报、华侨日报及工商日报。开播首晚以歌舞节目《佳视良辰》获得好评，被评为达到国际水准，手法新鲜。作为获得政府发牌的条件之一，佳视需要将部分时间用作播放教育节目，但这些节目并不受观众欢迎。佳视本是最早推出金庸电视剧米雪版《射雕英雄传》，一举轰动香港，接着佳视陆续拍出《神雕侠侣》、《碧血剑》、《雪山飞狐》等，只是倒闭过早，不为内地剧迷所知。虽颇多创举，但终因财力不支，经营受阻而倒闭。但仍为电视业贡献诸多明星和编导人才。一代新星因缺血而终，令人扼腕叹息。

辈分最大的香港电台。

香港电台(Radio Hong Kong, 缩写：RHK)，原为一群香港业余无线电爱好者所创办电台的一次广播测试，1928 年 6 月 28 日由政府接手经营广播。1948 年改称香港广播电台，1951 年广播工作改由政府新闻处接管，直到 1954 年 4 月脱离政府新闻处，成为独立部门——广播处，由广播处长主管。1970 年成立“公共事务电视部”，并开始制作时事及公共事务节目，供持牌商营电视播映。1976 年电台改称今名香港电台，以反映香港电台增加制作电视节目。据 1988 年电视条例修订后的安排，1989 年香港电台电视节目由 4 月 1 日起，开始在两间商营电视台：无线电视翡翠台及亚洲电视本港台每晚的黄金时段内播放。

香港电台是香港历史最悠久的广播电台，主要功能是宣传政府的政策、制作教育及资讯节目。随着时代转变，及市民对资讯及知识的渴求，香港电台制作多媒体节目，提供资讯、教育及娱乐，报导本地及国际大事与议题，协力推动香港的多元开放文化，提供自由表达意见的渠道，服务普罗大众，同时照顾少数社群的需要。

一言以蔽之，香港电台是拥有政府后盾、资历最老的电台，虽然也涉及电视节目制作，但和商业电视台不在一个擂台上，大有我自逍遥的情状。

剑走偏锋的商业电台。

商业电台(Commercial Radio Hong Kong)，中文全名为香港商业广播有限公司，简称商台)是香港的一家商业广播电台，于 1959 年 8 月 26 日启播。由香港名绅何东之后，何佐芝创办。它是香港仅有的两间获发牌照的商营电台中历史较长的一间(另一间为新城电台)。早期节目大多都是当时流行的《广播剧》及《天空小说》，受市民欢迎。此后，商台一直被视为敢言的传媒而深受到香港市民欢迎。1988 年商台开始举办叱咤

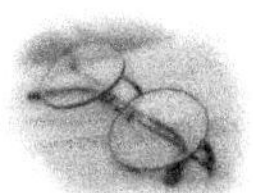

乐坛流行榜颁奖典礼，一直到现在。

显然，五台山上的商业电台，是一家专注于音乐品牌受到市民欢迎的电台，与商业电视台节目的百花齐放相比，可谓是“你走你的阳关道，我过我的独木桥”。

这样细数五台山各路英雄之后，大致上真正算得上对手的也就是亚视和无线两家电视台了。这个局面与十年前的电影业，“电懋”与“邵氏”两军对垒、“长、凤、新”忙着自家折腾的局面，何其相似！

1980 年，邵逸夫出掌无线电视。此时的无线电视已经是一方诸侯了。这要归功于前掌门利孝和的独到眼光和经营。

利孝和，祖籍广东，1909 年生于香港，利希慎的第三子，是香港著名“利希慎家族”的核心成员。曾出任联合汽水厂有限公司及美都有限公司主席，还担任香港英美烟草有限公司、国泰航空公司及上海商业银行的董事。1967 年创立香港电视广播有限公司(TVB)，成为第一任董事局主席。在 1980 年因心脏病突发去世前的 14 年间，利孝和后来居上，把无线电视在香港这块处女地上办得风生水起，也给后来继任的邵逸夫留下了一个不错的开局。清点利孝和时代的 TVB，可以看出从影业转战电视业的邵逸夫，接手了一个什么样的阵局？

一是“人无我有”把持市场先机。无线电视成立之日，已是“亚视”成立十年之久，要撼动一家独大的“亚视”，最便捷的做法就是，采用比它更加先进的技术，以“人无我有”出牌，亮出自己的独门绝技。世界上第一部电视机诞生于 1938 年，香港进入“电视时代”就在 1957 年亚视(早期叫“丽的”)成立。而迟至十年后，1967 年的无线电视台成立，香港才有了第一个采用无线发射台播送彩色节目的电视台。对于看了十年有线电视的香港民众来说，真是眼前一亮。其实对于老百姓来说，有线无线是电子技术的区别，一般人看不出太大的区别，而真正让老百姓感到深切区别的，乃是“要不要花钱”。无线电视播放免费的节目，有线电视则要按月缴费才能收看节目，到1971年，看到的免费电视节目居然还是彩色的了。两厢比较之下，谁更容易吸引老百姓就显而易见了。相比之下，虽有十年历史的“亚视”，不仅三年前才(1963)开设中文台，而直到十年后(1973)才改为无线彩色。一样是做生意，这谁把电视观众更像衣食父母来对待，香港百姓心里自然就有杆秤。利孝和早年留学英国，又做过中国驻联合国常任代表，虽然出道家族企业，却也是个有长远眼光和气魄的生意人。相比，“亚视”此时就缺乏一个这样决断、敢于在技术上领先的掌门人。这让邵逸夫接手的“无线”在技术上，首先有着“敢为人先，无出其右者”的气势。

而20世纪30年代有声电影刚传入中国时，邵逸夫也是在险些葬身大海的情况下，率先购买回美国的有声电影摄制器材，令大哥的“天一”电影公司占据电影市场先机。因此，论把握市场先机的眼光，邵逸夫和利孝和可以说是英雄所见略同，论把握先机的气势，年长两岁的邵逸夫早就在投资清水湾影城时已令人瞩目了。

二是“人弃我取”铺出大场子。早年“亚视”初立(1957)，先播英文台，开播中文台(1963)则姗姗来迟，一则是独此一家别无分店，二则是电影比电视更有市场，也就做得不紧不慢，不愠不火，大有出身名门，不轻易落架的姿态。“无线”初立，目标明确，就是几个大商人看好这块潜在的市场，联手入场淘金。所以，一开始的姿态就是人无我有、人弃我取，唯吸引观众至上。为此，制作节目水平还没什么优势，不要紧，

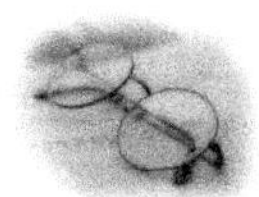

就从节目时间数量上取胜。从1967年11月启播，“无线”就采用数量优势，平均每年制作5000多个小时的娱乐、新闻、教育及公共事务等方面的电视节目。总之，只要是观众打开电视，就总是能看到坚持在电视里的“无线”。在海外发行的录像带节目长度为1200多个小时，遥遥领先于“亚视”，成为亚洲首屈一指的私营商业电视台。

除此之外，“亚视”初立，以电视为上流社会奢侈品的缘故，节目往往面对小众，讲究专业，就失于刻板和拘谨。据称，“亚视”最初的节目标准，是由节目总监钟启文按照个人喜好自己说了算，钟启文曾是“电懋”总经理，一板一眼都是行家做派，也把“电懋”看重电影艺术的风格带进电视节目。而“无线”的总经理最初是一个澳大利亚人，他做过墨尔本电视台的台长，虽然不懂得中国文化，但是却深谙电视观众的需求，就每天询问看电视节目的中国女佣意见，并对电视节目做出调整。其仿照墨尔本电视台《墨尔本之夜》移植过来的综合节目《欢乐今宵》，从一开始亮相，就成为香港电视界最受欢迎的节目之一。今天看来，虽然“无线”和“亚视”各有所长，但“无线”当年确因定位面向“大众”而令利孝和和诸股东赚得钵满盆满。在1980年邵逸夫出掌前，“无线”的最大私人股东正是利孝和，合约38.442万股，其次就是邵逸夫的32.458股，而最大的集团股东香港“汇丰银行”则持股236.478万股。

三是家族经营模式，以雄厚资金做后盾。自古商场如战场，“狭路相逢勇者胜”。有气魄、有眼光者众，但是谁能胜出，还得看谁家底气更厚重。不然，就算看到、想到，却也是“英雄气短”奈何不得。这“底气”，自然是指商人之胆——资金了。“无线”从一开始成立，就有着不同于“亚视”的特点，那就是港商之王的联手。其中，利孝和是“铜锣湾地王”，邵逸夫是“邵氏帝国”掌舵人。他如集团股东“汇丰银行”、“和记集团”等都是入股赚钱的大玩家。就任董事局主席的利孝和，作为“无线”第一代掌门人，是在掌管家族(利希慎家族)地产生意基础上，向多方面投资，开创电视业，本身就是开着航空母舰开辟荒岛的弄法。邵逸夫加盟之时，也是其电影帝国如日中天的时候，就算做董事，邵逸夫也没闲着，不断购买戏院。戏院到手后，再租给独立制片公司。他说：“电影的成本甚高，目前演员身价动辄数百万港元，拍片的赌博性大，任何投资都要看收支平衡。”他以2400万元首先收购文华戏院。又一鼓作气，以1700万元，购买了翡翠和明珠两间戏院。1979年，邵逸夫不惜巨资，兴建碧丽宫戏院，其豪华富丽的程度，实在是开香港戏院之先河。开业后，观众趋之若鹜，生意兴隆。由此可见，若以电视业为利孝和一时期的主业，房产业、食品业等其他的家族产业可是雄厚的资金后盾。为了长远的大利益，利孝和不惜掷金大投入，从1971年开办的无线艺员训练班，至今都是免费招收学员。邵逸夫主持时期并未改变，显示了正是前后两代掌门之间有着同样的雄厚家族实力后盾，以及相近的长期经营理念。

邵逸夫就是在这样的开局下，又一次以“接手”的方式，踌躇满志地步入电视业的沙场，开始运筹帷幄，点兵对阵。

第一局，比内力。

邵逸夫出掌“无线”之时，已然是大佬级别，在雄厚资金的支撑下，无人能与“无线”相抗衡。不过，商场同样要遵循“天命”，变动不居才是本来面目。因此，挑战在两年后就扑面而来。这次，冲着“无线”而来的，竟是影视业的老相识邱德根。

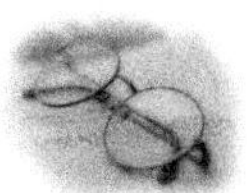

邱德根，上海人。1949 年怀揣 100 元到香港，1950 年代在香港郊区开设电影院，并在荃湾区购入多片土地。1959 年在乡村开设小钱庄，其后发展成远东银行。1962 年购入九龙荔枝角荔园游乐场。1970 年代末，又投资 1500 万港元，在荔园侧兴建宋城。1972 年邱德根创办远东发展有限公司并担任主席。1982 年，邱德根悉数售出其持有的无线电视约 10%股权，斥资一亿港元，从澳洲财团手中收购当时丽的电视 50%股权。入主丽的后，遂易其名为亚洲电视，担任董事局主席。

邱德根退出“无线”股东，而入主“亚视”。显然是要主导“亚视”和“无线”再争高低。论经验，邱德根和邵逸夫有共同的地方，就是都从娱乐业起家，以娱乐业为中心，开展多种经营，从院线、戏院到游乐场，到房地产、酒店、工业企业等发展，最终成就远东集团，富甲一方。之前也和“电懋”陆运涛合作过。论经验，邱德根也十分了解大众娱乐的需求取向和消费心理。因此入主“亚视”，欲同邵逸夫一搏。

果然，邱德根出掌“亚视”后，就紧锣密鼓对“亚视”进行改革：1982 年 10 月，首次应用微波技术，现场直播在广州举办的“省港杯足球赛”，从此微波转播普遍应用在新闻报道上。1983 年 9 月，引进最新的电视科技，二合一 Betacam 摄录机，是全港电视台中，第一家应用此先进器材，宣布菲林制作年代结束。此为抢占技术先机。

1983 年 3 月，《大侠霍元甲》历史性地获准在广东电视台播出，及后《陈真》亦在全国电视台播出，成为香港最早一批进入内地的电视剧集。此为抢占(内地)市场先机。

1983 年，举办第一届艺员训练班，当年毕业生中有黄秋生、何家劲、叶玉萍、麦翠娴等，其后黄秋生进入影圈发展，并夺得“香港电影金奖像”影帝荣衔。举办一项名为《未来偶像争霸战》的歌唱大赛，发掘歌唱人才，经过这个比赛脱颖而出的歌星先后有张立基、甄楚倩、田蕊妮等。1985年，举办首届《亚洲小姐选举》，由于选举的条件和模式都有很新的突破，对“无线”举办多年的《香港小姐选举》有很大的冲击，并打破“无线”垄断选美活动十多年的局面。此为“你有我也有”。

1986年，继《亚洲小姐选举》的成功，再举办《电视先生选举》，开创了“男性选美”的先河，是香港电视史上另一项轰动创举。孙兴荣获首届“电视先生”名衔。此举是“你没有我也有”。

1984年，邱德根再斥资五千万港元，从澳洲财团手上购得余下股权。从此，邱氏全权拥有“亚视”。此为充实内力。

1987年1月，更改频道称号，中文台改名为“黄金台”，英文台则改为“钻石台”，当年并以“黄金钻石耀香港、亚洲电视显光芒”作为宣传口号。

这招招都令人眼熟，皆因当年邵逸夫主持“邵氏”和利孝和时代的“无线”，正是用了这些制胜之招，击败对手，称霸一方的。如今，邱德根也玩得是炉火纯青，“亚视”一时间办得风风火火，不仅收视率开始提升，这来势也足以压倒“无线”。对此，邵逸夫的拆招之术，就颇令人猜测了。

其实，看看“无线”与此一时期的大事记，就发现，面对“亚视”眼花缭乱的频频出招，邵逸夫则采取了“以静制动”，不为其所扰，镇静自若地消耗对方内力。

比如，技术上再拼，就是噱头，既不实际也不经济，所以不为之所动；新秀歌场大赛，我有你也有，我就再开拓衍生品，举办劲歌金曲颁

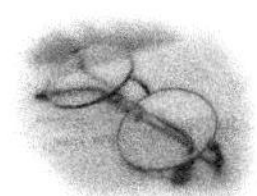

奖典礼，内容相续但形式不同，不必额外消耗财力。所以，应对炫目的进攻，邵逸夫是不接招。转而在“电视剧”上下功夫，多年做电影的邵逸夫，不仅选剧本眼光独到，在电影制作的硬件上也是底气十足。大制片厂的物力、人力资源正是电视剧制作得天独厚的底盘。相比较，花了大量的财力做改革的邱德根，还需要花不菲的财力投入制作，虽然赢利，却散了内力。打持久战，自然不如“无线”有优势。“无线”制作的《香港八一至香港八六》，从 1981 年 6 月 8 日首播，到 1986 年 7 月 11 日为止，播出越 1300 集，成为香港电视史上最长寿的电视剧。恰似内力十足的老者，闲庭散步、笑看激情小子呼啸叫阵的局面。这其中，以金庸武侠小说改编的电视剧《射雕英雄传》（1983）59 集，更是引发收视狂潮。而王牌综艺节目《欢乐今宵》节目日日出新，丰富多彩，牢牢留住了观众的收视率。迫使邱德根不得不追加投入，不断消耗远东集团财力。终至邱德根不力，于 1988 年转让股权于“新财团”（即新世界集团、丽新集团）。

无独有偶，“新财团”比邱德根的实力更强，遂挖来原“无线”的女强人周梁淑怡任董事总经理。周曾任“无线”的总经理助理和节目总监，熟知“无线”运营方式，加之出手凌厉。有了雄厚内力支撑，周在节目制作上大下功夫，果然令“亚视”一年内收视率直飚。不过，毕竟花的不是自己的钱，一年花掉 10 个亿、亏损 3 个亿的做法，令“新财团”老板们牙根子疼。对于一向看重投入产出比的邵逸夫来说，这个对手完全是砸钱听响的做法，自然不予理会。又一年后，周梁淑怡终因无法实现收支平衡，退出阵地。

面对锐意进取、花样百出的对手，不比招式，比内力，邵逸夫已是

霸气侧漏。

第二局，较出手。

单凭消耗战，是无法彻底击败对手的。古稀之年的邵逸夫，拥有老者的智慧，能沉得住气、拼得了内力。但商场如战场，机会稍纵即逝，熟知武林之道的人就明白，高手过招，往往是瞬间见分晓。看过也拍过大量武侠片的邵逸夫更是熟捻此道。当年与“电懋”一争高低，就是火线点兵，命李翰祥抢先拍出《梁山伯与祝英台》，一举击败“电懋”，使之坐回谈判桌上。

时隔二十余年，邵逸夫在1988年的汉城奥运会转播权的争夺战中，再次一招制敌。有趣的是，这位老者，仍然沿用二十年前的风格，采用“后发制人”。因为，以往的奥运会都是“亚视”和“无线”联播。这次“亚视”率先密谋独得播放权，为此抢先以200万港币与“奥运传讯”机构签约独播，随即又出资200万港币请体育圈的金牌司仪何守信出任主持人。邵逸夫得知后，马上拿出350万给何守信，请他去休假。“亚视”正恼怒于何守信退约之际，邵逸夫第二招已出，一纸诉状抵到法院，要求公正裁决。法院裁决1988年奥运会仍由两台联播。只这一番对招，就将一直消耗内力的邱德根彻底瓦解，遂退出对决。

至于在“亚视”斥巨资拍摄外景电视剧《一代天骄》的“双胞案”中，邵逸夫再次抢在“亚视”之前，集中资源打造了电视剧《成吉思汗》，赶在“亚视”的《一代天骄》之前播放，抢了风头，特别是抢了观众的新鲜感，这都与当年与“电懋”的“双胞案”如出一辙。

这一招致命击七寸，可谓快。对台戏唱得更漂亮，可谓彩。高手过招，果真是又快又精彩。

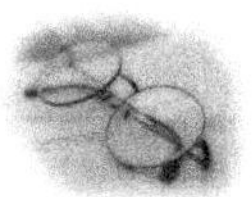

第三局，拼定力。

今天的读者都对经营管理略知一二，各种各样的管理培训机构和管理学的话语方式也都令人眼花缭乱。不过，对于任何一个企业或者团队来说，企业家或曰管理班子都是头脑和核心。今天中国多数人的看法是，这头脑人物，既要眼明手快又要高瞻远瞩，既要有超凡的能力还要有独特的人事关系。所以，对于中国内地企业为何少有百年老店，多数人则点评为“家族企业”的内在局限性使然。不过，纵观邵逸夫一生打造的“邵氏”电影帝国和 TVB 邵氏时代，都可以看到，家族企业同样也有其过人之处。

在与“无线”对决的十年中，“亚视”两次出现股权大转移，相应的管理层也进行了两次大变动。此后十年间，“亚视”又出现了两次高级管理层大变动。这样频繁的变动积极方面看，就是让“亚视”在市场机制下，不断吸纳新鲜血液，推陈出新，调整市场策略，但消极方面看，因为对手的岿然不动，这样频繁的变动实际上是令“亚视”的管理和市场策略缺乏长期性和稳定性，反倒容易让“无线”抓住漏洞和机会挫败对手。邵逸夫惯常“后发制人”，但是也擅长于“闪电出手”，“无线”在 1980 年后，一直由邵逸夫主掌大局，由方逸华担任行政总裁，邵逸夫与同样精明干练的红颜知己方逸华，珠联璧合，堪称“绝代双骄”，竟定力十足地与“亚视”一班班的高管周旋了数十年而不败，不得不说这正是邵逸夫坚持其家长式管理的成就。这与当年坚持“大制片厂”，拒绝“独立制片”一样，也正是邵逸夫缔造华商传奇的所在。

不过，邵逸夫能成为一代传奇，不惟是其坚持自己的经营理念，还在于邵逸夫心中明了，真正的英雄是由对手成就的，孤独求败的不是真正的英雄，而是独夫。因此，在英雄惺惺相惜之下，“电懋”陆运涛的遇难，令其心痛。如今的对手“亚视”在1987年11月23日深夜，“亚洲电视”大厦发生非常严重的四级大火(最高级数为五级)，布景房、道具房、录影厂、新闻部、工程部等多个部门均被波及，节目一度中断。次日，邵逸夫也亲自探访邱德根，还借出广播道大楼部分写字楼作为紧急运作，充分体现同行间之友情。

佛家语“静能生慧，慧能生智”，以静制动，正是驰骋沙场常青藤的人生智慧。

出掌掌门十年之际，TVB已是稳坐香港电视业头把交椅。TVB也开始以其独特的方式开始在香港甚至是内地观众的娱乐生活中大放异彩。

《上海滩》再造经典

在网易娱乐网站有一个《无线 VS 亚视四十年斗争史》的页面，罗列了20世纪双方的三大战役。其中第一大战役称：

1980年9月，亚视与无线展开了一场异常精彩的白刃战，亚视展现出少有的杀气腾腾，一口气推出了三部全新剧集。主打乡土剧《大地恩情》，该剧集合当时亚视台前幕后所有精英，共分三部，跨越了几个大时代，制作大气浑然，展现出一幅戏味浓郁的乡土画卷。该剧一经播出，便牢牢占据住相当的市场份额，收视一路走高。当时无线播出的由当家小生郑少秋主演的《轮流传》惨成炮灰，收视溃不成军，成为无线开播以来首播遭到腰斩的剧集。

这段时间，亚视士气高涨，接连推出数部精品，如《武侠帝女花》、《大侠霍元甲》、《大四喜》、《再向虎山行》、《少女慈禧》等，皆是收视

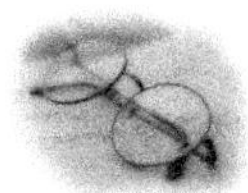

口碑双丰收。在此期间，无线亚视两台的市场份额几乎持平，可惜好景不长，就在亚视情况稍有改观的时候，董事局却遭遇几度易手，从而直接打击了亚视随后的发展。

这样的分析大概是出自于专业的视角，但是对于香港观众、特别是内地观众来说，对于上个世纪八十年代的香港电视连续剧，印象深刻、甚至是奉为经典的大概要属于同年“无线”推出的《上海滩》了。“亚视”的《大地恩情》引发的收视率高潮，应该是一个竞争之举。而此后双方的角逐，也是你来我往，“无线”旋即推出 25 集的《千王之王》，又将收视率搬回。这两厢对垒的局面，想必也让香港观众大开眼界，一方是善刻画民国时期上海(城市)爱国青年与黑帮的爱恨情仇，一方长于描述民国时期广东(乡下)爱国青年的家国情仇。惟其可惜的是，“亚视”没有坚持下去，使得其这一颇受欢迎的电视剧模式得以强化。反而是“无线”，竟在逼战中，一路走下去，《万水千山总是情》、《京华春梦》、《火凤凰》等民国剧，俨然做大做全做到无人可以匹敌。

如果，我们抛开双方收视率的拉锯战，仅从观众的角度看，TVB 在邵逸夫时代的开山之作《上海滩》更成为了一个时代的记忆。

上海滩：1980 年，香港无线电视制作。25 集，由周润发和赵雅芝主演。故事以民国年间的上海为背景，描述上海帮会内的人物情仇和爱情故事。《上海滩》在香港播映后非常受欢迎，之后无线电视在同年拍摄了《上海滩续集》及《上海滩龙虎斗》。之后有多部以类似题材拍摄的电视及电影。1996 年无线亦有曾重拍此剧，亦曾多次被搬上电影银幕。

今天重看《上海滩》，会发现再经典的东西也会有缺憾，《上海滩》当然也不例外。比如，出于成本控制方面的原因，该剧的总体制作水平比近来的所谓大制作差了不少，显得有点粗糙。因为历史原因，外景选在了香港和澳门，而没能来大陆实地取景。外景比较单一。内景的设置比较单调。几个歌舞厅、赌场的场景，显得太简陋了点。但是，这丝毫不影响《上海滩》走进八十年代观众的内心深处，并牢牢烙在他们的记忆深处。

当年播放《上海滩》时香港的收视率，已经不可考。但从十年后、数十年人们对他的评价还是可以看出《上海滩》并没有被遗忘。

1990 年，香港评选八十年代的十大电视剧集，《上海滩》力克《射雕英雄传》、《流氓大亨》、《义不容情》等名剧，荣登十大电视剧榜首。

香港无线 1999 年千禧台庆评选 5 部最难忘的电视节目《上海滩》第二(排第一是综艺节目《欢乐今宵》——香港电视史上最长寿的电视综艺节目)；5 位最难忘的女主角赵雅芝饰的冯程程位列第三，许文强在最难忘的男主角中位列第一。

2000 年，马来西亚传媒界二十世纪华语电视剧集 100 强(前 10 名按照先后次序，后 90 名排名不分先后)，《上海滩》位列第 1 位；

2000 年，新加坡电视媒体评选 20 世纪(1970～2000)百部华语经典电视剧集(前 20 位有排名顺序，后 80 位没有排名顺序)第 1 位《上海滩》。

在泰国，越南等国家，甚至有以“上海滩”来命名的饭店。

《上海滩》在香港和南洋等地的影响力可见一斑。

在大陆，《上海滩》同样受到了来自观众的最高荣誉。《上海滩》当年只在上海电视台正式播出过，其他内地观众只是通过电视台播放音像制品的方式收看过该剧，播出效果按央视 10 套《第十放映室》的说法“在上海，每次播出这个剧集的时候，这个中国人口最多的城市竟宛如一座

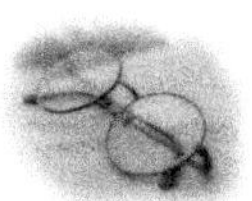

空城”。二十年后的2003年，广东电视台的珠江频道播出了一系列经典老剧，包括《大侠霍元甲》、《陈真》、四部《大地恩情》等剧集都一一与观众见面、掀起了一股怀旧风潮。而随后广东电视台相关负责人就表示，“之前就有不少观众打电话来问既然要重播经典港剧为什么没有《上海滩》”，1980年的《上海滩》在观众的呼唤下在广东地区播出，收视率不输于新电视剧。

“浪奔，浪流，万里滔滔江水永不休……”伴着叶丽仪的颇具磁性的女中音，那个头戴大礼帽、身穿长大衣、围着白围巾的许文强，那个身材高大、动作潇洒、有着迷人的眼神和笑容的周润发，向我们走来了，成为一代年轻人共同的偶像，而成为“文强哥”一样潇洒豪爽的浪子就成了众多男生的梦想。还有那个梳着麻花辫、身着旗袍的冯程程，那个柔情似水、却又坚韧如丝的赵雅芝，那个走在雪花中的古典美人赵雅芝，深情款款地走来了，成为大陆几代人的梦中情人，其造型更令那个纯真年代的少女们争相模仿。

直到今天，每当我们听到那“砰砰砰”三声枪响，每当听到那“浪奔浪流”的主题歌，我们的心弦都会为之颤动。也许不记得许文强的风流潇洒，忘记了程程的俊俏忧伤，忽略了整个上海滩的陈年往事，但只要耳边响起那熟悉的旋律，那些经典场景总是历久弥新。

一个充满跌宕起伏的时代，总是有着各类纷纷扰扰的重大事件充斥着历史的文本，旋即尘封下来，留待后人追寻。但对于生活在其间的老百姓来说，能够让他们深深记得的，往往不是什么重大的历史事件，反而是那些能触动心弦、引发情感共鸣的人和事。

当年从上海滩走出来的邵逸夫和他的那个时代，又一次以这种奇妙的方式走进世人的视线中，而上一次则是在五、六十年代，由一群自上海滩南下的电影人，用他们的城市记忆共同缔造了的香港电影史上的经典。

这一次，电视剧《上海滩》在“无线”与“亚视”你来我往的竞争中，再次令“上海滩”成为世人眼中的“大世界”。《上海滩》能够成为一个时代的经典，也正是邵逸夫主持下的“无线”在一个特殊的时代背景下亲手锻造的。

邵逸夫从做电影开始，就对拍摄的影片有十分清晰的定位，就是观众喜欢看，有票房(电视就是有收视率)。这个原则应用到电视剧的制作上，同样行得通，他本人也是坚持了一贯的做法，“干一行、爱一行”，九十多岁了还是每天要亲自看“无线”拍摄的电视剧，实际上就是亲力亲为地把握着电视剧市场的风向。所以说，《上海滩》能够一炮打响，对于邵逸夫来说，其实也是在意料之中。但是一经播放竟成为一代经典，大概是邵逸夫也没有想到的。二十年后面向全世界的邵逸夫在奖牌后面镌刻上“制天命而用之”的语句，可以看做是这位近乎百岁的老人，在大世纪中缓缓行过后，对“邵氏出品，必属佳片”这样的自我标杆下形成的一股股观影(剧)热潮和一部部经典之作的颔首感慨。八十年代的《上海滩》，正是一部刻画小人物在大时代下的命运图谱。

八十年代的香港已经是经济繁荣，民众自信的时代。港民成分当中，有从上海来的人群、也有从广东渡港的人群，加之香港本土的人群，在经过了二战后的融合期，到八十年代已经形成了一个共同的身份——香港市民。在这里心里踏实、安居乐业的时候，充满乡土情怀地回溯历史，追问自己共同的历史血脉，“寻根”就成为当时港民共同的一个内心诉

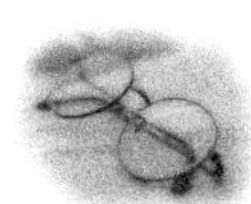

求。短短半个世纪之隔的“中华民国时期”就成为一个共同的回忆区间。这是当时民国剧在香港能够热播的重要原因。“亚视”的《大地恩情》的热播就是唤起了港人浓烈的乡土情怀。而此前的《上海滩》则是勾起了观众对“大上海”的城市记忆和满足了年轻一代对“大上海”的城市认知。

《上海滩》的题材同样是其成功的重要因素。毫无疑问，在列强环伺的中国上海，华洋杂处的民间社会，“东亚病夫”的羞辱称号，一个单纯的青年大学生，却受命运捉弄，走进了黑帮，在义、利和情、仇之间，做了一番感天动地又令人唏嘘不已的选择。周润发那酷酷的神情，把一个辗转在大时代下的年轻人，如何成长为一个一身义胆又英雄柔情，极富文化气质的浪子形象，刻画得入木三分。剧中把时代和个人、人性和生死之间的张力表现得淋漓尽致，把“无情”与“有情”诠释得令人百转回肠。不仅令香港观众无论年老的一代还是年轻的一代皆有“代入”的亲切感和体验。就是今天重新观看《上海滩》，仍然会深深体会到其中小人物在大时代下命运的历史现场感。

至于在大陆，《上海滩》在上海引发万人空巷，即便是没有向其他内地电视播放，却根本挡不住人们通过录像带观看的热潮。这更是中国内地八十年代特殊的时代背景下的产物。

20 世纪 80 年代，内地建国后成长起来的一代、两代，被一系列社会改造运动，特别是“文革”阻断了他们对中国历史上那个短暂又绚烂时期的认读。从社会教育的角度看，年轻一代对八十年代以前的历史认知，主要是宏大的国家本位历史叙事和阶级斗争的历史判断。这给当时的年轻人们带来两个困惑，一个是爱国而忘我。个人就是为了国家而生的，即“螺丝钉”精神，消解了个人存在的基本价值，因为螺丝钉没有了，可以有别的螺丝钉代替，机器照常可以运转，但没有机器，螺丝钉就什么也不是。另一个是人与人之间是非此即彼的阶级关系。所谓“非我同类，其心必诛”。人与人之间要以阶级感情为主。抹杀人性当中的复杂性和变化性，追求表面的整齐划一。受此影响，寓教于乐的社会文化活动也出现粗糙和板结，样板戏大行其道。事实上，无论任何社会时期，青年人的迷惘和躁动都是无法逾越的阶段。显然，长期教条和刻板的社会文化娱乐活动，无法满足他们精神上的饥渴。《上海滩》一经登陆内地，就以生动细致的“生活教科书”式的作用，成为年轻一代不约而同热衷“阅读”和汲取的对象。

上个世纪80年代初，那是一个中国政治从严冬中复苏的年代，也是国民生活中人性复苏的年代。在今天人们的记忆中，那个年代所发生的一切都是“春天的故事”。

人们就是在那样一种初春的气氛中第一次看到《上海滩》，我们在《上海滩》中看到了真实的人物，我们在他们身上感受到了一种前所未有的魅惑，那个时候没有追星族，但是在《上海滩》里，演员和角色完美地合而为一，于是年轻人们有了这样一个魅力持久的偶像。

《上海滩》成了一个“情结”，也成了一种魅惑。对于观众来说，这种魅惑是一种享受；对于制片商来说，这种魅惑是一种生意。《上海滩》开启了一座富矿，先是出品《上海滩》的无线电视台和其他香港制片商，后又有内地一些有来路的制片人不断掘金。人们热衷跟风的理由很简单：拍《上海滩》的戏能赚钱。

“无线”也乘胜追击，1980年的8月18日播放《上海滩续集》20

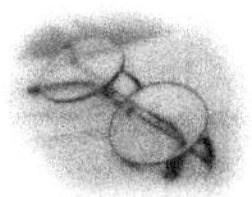

集，1980年12月15日又播出了《上海滩龙虎斗》20集。

在内地拍摄的《上海滩》“姊妹剧”中，响声最大的是尤小刚导演的《情断上海滩》、傅彪主演的《重返上海滩》和一部由当年《上海滩》导演招振强执导的《反串》(又名《上海滩娱乐大王》)。《情断上海滩》的编剧也是老版《上海滩》的编剧陈翘英，制作方的目标是将该片打造成“民国时代的青春偶像剧”。这部戏的男主演颇有当年周润发的影子，导演尤小刚更是不忘拿周润发说事：周润发之前就是没找到感觉，《上海滩》里找到感觉了，一亮相一下车一拔枪都有上海滩年轻大亨特有的感觉，所以大家一下子认可了。

经典之所以成为经典，就是因为他把特定历史时期的社会和人之间的关系刻画得鞭挞入里，他能够把特定历史时期中人性揭示到入木三分。不仅令观众(其实经典小说的读者也是一样的)对一个特定时代的色彩有了印象深刻的认识，也很容易把经典中的人物具有普世价值的东西汲取过来，应用于个人的社会生活当中。很多时候，小孩子根本读不懂所谓的文学经典，但在成年后却能读出其中味道来，就是因为经典是建构在特定历史场域和同时期个人的社会生活上的，没有一定生活阅历的孩子自然无法了解个中三昧。

“无线”同年热播的《京华春梦》，则是又一部邀请观众入戏的民国剧。这回则与《上海滩》相呼应，描绘一个年轻女子在大时代下的命运婉转。电视剧根据民国时期的“鸳鸯蝴蝶派”小说家张恨水的《金粉世家》改编。

《京华春梦》：香港无线电视翡翠台于1980年5月26日期间首播，共25集。基本剧情：金鹏是当时第二次大战前的中国高层，以“诗礼传家”为傲，金家为北京大户，富甲一方。不过，其实金家已经是金玉其外，败絮其中。金家四位公子不事生产，只爱吃喝玩乐，整个家庭只靠父亲金鹏独力支撑。四子金振西颇有才华，且英俊潇洒，可惜习染纨绔子弟的浮夸作风，本与三嫂的表妹洪丽珠相恋，后邂逅穷家女贺燕秋，展开激烈追求，燕秋书香世代，庄娴淑德，振西对燕秋倾慕不已，常借故亲近，两人终成眷属，可惜振西婚后仍不思进取，常被家庭摆布，令燕秋受尽委屈。

一日，金鹏突然中风，与世长辞，巨宅变卖，一度显赫的家庭，变得门庭冷落，只有媳妇燕秋仍自食其力，以教学抚养亲儿，奈何缅怀往事，空如一场春梦。

一部《京华春梦》道尽豪门的恩怨情仇，繁华背后的虚幻，一名弱质女子如何面对封建家庭的无情压逼与冲激？

荡气回肠的故事，美貌如花的汪明荃的动情配唱，令女主角汪明荃成为第一个代言内地产品广告的港台艺人，同名的电视剧主题曲是第一张引进到内地的该剧原声唱片，销量达到100万盒。

在大陆八十年代成长起来的一代、甚至两代人印象中，民国时期大上海的文化符号，就是白围巾、长大衣，分外潇洒的许文强，加上“万里长城永不倒”的高亢悲情的歌声，再加上霍元甲摆出的迎敌武术招式了。而这个风靡中国内地的民族英雄霍元甲，就是“亚视”与“无线”对阵的一个作品。

《大侠霍元甲》：香港丽的(亚视)电视电视剧，1981年9月首播，共20集。此剧为电视界第一部以霍元甲为主角的作品，日后又出现多个题材相关及重拍的故事版本。首次在广东电视台播出后，又在全国各地电

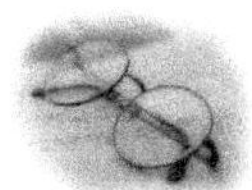

视台轮番播放，引起一阵收视狂潮，成为一代观众的集体回忆。并促使黄元申饰演的霍元甲、米雪饰演的赵倩男、董骠饰演的霍恩第、黎汉持饰演的龙海生、梁小龙饰演的陈真等角色形象深入民心，成为一众主演演艺生涯的代表作。

此后香港进入内地并引发阵阵收视浪潮的电视剧代表作品主要有《射雕英雄传》、《天龙八部》、《萍踪侠影录》、《十三妹》、《神雕侠侣》、《陈真》、《再向虎山行》、《万水千山总是情》、《八仙过海》、《法网柔情》、《警花出更》等，这些佳作给亿万观众留下了特别深刻而良好的印象，当做不可超越的经典作品，顶礼膜拜，视如珍宝，至今还念念不忘，津津乐道。尤其是武侠片，更是达到了登峰造极的水准，后人难以超越。

就在内地青年人贪婪地通过香港电视剧的窗口探望外面“真实”的社会生活时。内地的电视人也不甘寂寞，趁着春天的气息，制作播放了同样经典的一些电视剧，不过内地的影片更多愿意用“经典(譬如四大名著这样的传统经典)评估”的方式塑造新的经典。如果将两方放在一起比较来看，更加清晰地折射了大时代出经典，而把握时代的人也能够造就经典。这当中有：

扶危济贫惩恶扬善的经典——《济公》：1985年播出，8集。济公是中国家喻户晓的神化人物罗汉的化身。济公在人间惩恶扬善、治病救人，老百姓将他视为“活佛”，而那些为富不仁、坏事做绝的恶人则对他又恨又怕。1985年，济公的扮演者游本昌以诙谐自如、妙趣横生地表演，赢得公众的广泛好评，红遍了大江南北，剧集播出时就达到万人空巷的境地。

抗日历史剧的经典——《四世同堂》：1985年播出，28集。一九三七年“七·七事变”侵华日军的铁蹄践踏着古老的北京城。小羊圈胡同的十几户居民，平静的生活被打乱了。

一群普通的中国人，一夜之间被迫进入了一个梦魇般的世界。身为四世之尊的祁老太爷是一个倔强、正直，令人尊重的长者，八国联军打进北京的阅历，使他懂得了国家民族大事上的是与非、爱和憎。儿子祁天佑上敬父母下佑子孙，是一个正派的生意人，结果反受日本人敲诈勒索，游街示众，被逼投河自尽。长孙祁瑞宣，是一位中学英文教师，在极端困难的条件下也不为日寇做事，同贤妻韵梅维持一家老小生计。次孙祁瑞丰贪图安逸享受当了汉奸。三孙祁瑞全是个热血青年出城当了八路军。全家的宝贝，祁老人曾孙小妞妞在日本投降前夕被活活饿死。小羊圈胡同的其他人或抗争，被出卖，弄得家破人亡；或苟且偷生，认贼作父；有人被屠杀，有人被逼疯……这条胡同发生的一切，成为中华民族坎坷命运的缩影。

该剧秉承严格的现实主义手法，力求再现老舍先生的原著。全剧采取民族化、大众化，充满传统的、浓烈的地方特色，即京味。20年后，相较起那些充斥荧屏的打着“抗日题材”的幌子，一味迎合现代人口味，不惜歪曲抗日英雄和国人的抗战情结的影视剧，这部剧集所传达的精神及其艺术价值更显得弥足珍贵。

权威与反抗的经典——《西游记》：1986年播出，25集。改编自中国四大古典名著，一个中国人耳熟能详的经典神话故事。唐玄奘稳重端庄，孙悟空机敏诙谐，猪八戒愚直滑稽，沙和尚憨厚忠勇，活灵活现，惟妙惟肖。除了师徒四人以外，还有各路神仙佛道以及四海妖魔鬼怪。西天取经的路途虽然遥远和艰辛，但师徒四人总能化险为夷，终究取得

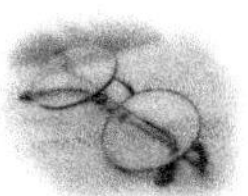

正果。唐僧西天取经的传奇几乎伴随和影响了所有八十年代以后中国内地青少年的成长。

大家族下的爱情与叛逆的经典——《红楼梦》：1987年播出，36集。该剧以贾宝玉、林黛玉、薛宝钗之间的爱情以及婚姻悲剧为主线，展现了贾、王、史、薛四大家族的兴衰和种种腐朽罪恶，同时歌颂了真善美和叛逆者朦胧的进步思想。本片投资巨大，规模空前，人物众多。全剧生动地再现了封建贵族大家庭中充满矛盾的生活画卷。

早在1979年，王扶林导演就有意把古典名著《红楼梦》搬上荧屏。这一设想得到了中央电视台和北京红学界的支持。1983年2月成立筹备组；5月成立编剧组；8月成立顾问委员会，1983年12月完成剧本初稿。用了约两年的时间，从全国各地数万名候选人中遴选出一百多名演员。1984年春夏在北京圆明园先后举办了两期红剧演员学习班，让他们研究原著，分析角色，同时学习琴棋书画，陶冶自己的情趣，最后确定角色。

为拍摄的需要，在北京市宣武区按照原著的描绘，设计建造了大观园；在河北正定县建造了宁国府、荣国府和宁荣街。1984年2月9日试拍，9月10日正式开机，在安徽黄山拍下了第一组镜头，至1987年上半年完成，先后到10个省市的41个地区的219个景点，共拍摄了近一万个镜头，是一部耗资耗时耗力巨大的经典。

改朝换代的经典——《封神榜》：1990年播出，36集。成汤自从灭夏，焚烧琼瑶殿，平却肉山酒海，除残去虐，一统天下，改国号为商。传至第二十八帝，乃是纣王，驾居朝歌，执掌江山。纣王无道，信宠妲己，斩妻诛子，杀文害武，冶造炮烙、虿盆，建酒池肉林、鹿台，聚敛民财，苦害生灵。

姜子牙时运不至，了世垂钓潘溪，年至八十方时来运转，得文王相聘，扶保武王姬发，身率三十六路兵伐殷商，东进五关，孟津河大会天下八百诸侯，共灭无道，捉拿妲己，血溅朝歌，兴周灭纣上演“封神演义”。

有趣的是，《封神榜》在整个八十年代共有1981年的TVB版，1986年的台湾版，1989年的内地西安版，1990年的内地上海版。其中，TVB版的封神榜显然并未引起内地的兴趣，台湾版先出来。直到1989年由西安金秋影视制作公司拍摄的内地最老版的《封神榜》因为气氛过于恐怖、色情，所体现的一些东西过于“前卫”了，因此只播了5集，就停播了，从此销声匿迹。直到1990年上海版的封神榜播出，遂成为内地经典版。足见，香港电视剧是否在内地成为家喻户晓的经典，很大程度上也是内地观众的一种自觉的选择。

TVB现“富”国之经

约一个世纪前，历三十年自强运动的清王朝，在甲午海战中一败涂地。就是这一年，在香港的广东籍青年孙逸仙，赶赴北京，向自强运动的主持人李鸿章上书，尽述富国之道。这份在《上李鸿章书》中，他说：

窃尝深维欧美富强之本，不尽在于船坚炮利，垒固兵强，而在于人能尽其才，地能尽其利，物能尽其用，货能畅其流。此四事者，富强之大经，治国之本也。

强调“人尽其才，地尽其利、物尽其用、货畅其流”，是国民经济的普遍原则，若能实行此四项原则，国民经济就能顺利发展，否则，就会被破坏，或是停滞不前或竟至倒退。他进一步解释说：

所谓人尽其才者，在于教养有道，鼓励有方，任使得法也。……质

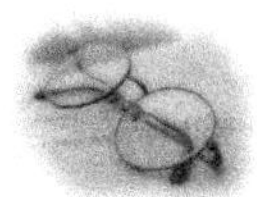

有智愚，非学无以别其才；才有全偏，非学无以成其用；有学校以陶冶之，则智者进焉，愚者止焉，偏才者专焉，全才者普焉。……故教养有道，则天无枉生之才；鼓励以方，则野无郁抑之士；任使得法，则朝无幸进之徒。斯三者，不失其序，则人能尽其才矣。人能尽其才，则百事俱举。百事俱举矣，则富强不足谋也。

其次，“地能尽其利”，在于设立农政机关，兴办农业学校，制造农业机器，使用机械，应用科学。关于“物尽其用”，他主张发展自然科学，进行各种研究，生产各种机器，用机器开垦资源，“不作无益以害有益之事”。“货畅其流”，他主张商品流通的各种道路要畅通，在国内不设关卡，不阻碍货物流通，保护商业，多办铁路轮船，增加运输便利，扩大载运量。他总结说：“夫人能尽其才，则百事兴；地能尽其利，则民食足；物能尽其用，则财力丰；货能畅其流，则财源裕。故曰：此四者，富强之大经，治国之大本也”。

这位当年名不见经传的青年就是后来“中华民国”的缔造者——革命领袖孙中山。正是在接受西方教育，目睹欧美国家之富强，比较中外之利弊，孙中山才提出了这样精辟的富国之经，治国之本。可惜，后来时势演变，未能给他机会一展宏图大志。

时人惯用“邵氏帝国”的说法冠称邵逸夫的影视事业，此处不妨用孙先生当年富国之经的视角剥开邵逸夫经营TVB的阵局，看看这位无冕之王在半个多世纪中是如何缔造了一个娱乐业的“富国”。

第一层：从培养特定身份的电影演员到成就影视歌三栖的艺员，是为人尽其才。

早在“邵氏”兄弟电影公司成立之初，邵逸夫就创办了“南国话剧实验团”，吸收有才华的表演人才加以培养，主要是给“邵氏”培养演员，以解决“人力资源”的问题。五六十年代为大众熟悉的电影红星，也大多数是由此出身。如刚刚去世的性格演员午马，武侠影后郑佩佩，香帅郑少秋等等。其实当时从事电影事业的不少演员也出现改行做导演的，比如粤语片小生吕奇转做导演等。不过，对于专业演员来说，演和导的技术跨度比较大，所以演员的身份比较特定，一个当红演员对票房的号召力也十分明显。这就无怪乎当年“挖角”往往是各电影公司竞争中的一场大戏。

邵逸夫进入电视业后，TVB 如法炮制，创办“无线艺员训练班”培训电视演员，又接手举办“香港小姐”则是一个开源之举，因为选美人不仅本身赚钱(通过收视率)，选出的美人也成为潜在的女星，更是一大笔无形的资产。到了 1981 年，又开办了《劲歌金曲》节目，节目的内容以访问歌手与播放过去一个星期内的新歌 MTV 为主。1984 年又开始举办 1983 年度十大劲歌金曲颁奖典礼，这个“传统”一直维持到现在。结果就令“无线”的《劲歌金曲》节目又成了一个推出歌坛新星的地方。所有由这些培训班、节目活动推选出来的男女新星们，也都在“无线”这个大阵营里，只要有相应的才能，影视歌三栖都可以发挥，甚至是电视节目主持人的行当也能一试身手，不同的才艺之间还产生了相互烘托的效应，对于明星个人，更是全面发展，浑身是宝了。因此，TVB 对娱乐事业最大的贡献之一，是造就了许多家喻户晓的明星。香港后来能够有华人世界娱乐业霸主的地位，强大的明星储备是其中的关键，在这方面，TVB 居功至伟。

70 年代，TVB 的第一批台柱，女星有汪明荃、沈殿霞、郑裕玲等，

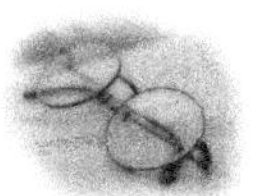

男星则不能不提周润发、何守信、郑少秋、刘松仁……历三十年人事几番更新，却有不少人还在这一行屹立不倒。

譬如，全面发展的女星汪明荃，虽出身亚视前身丽的电视的第一期训练班，自 1971 年被邵逸夫重金挖至“无线”后，也不负邵逸夫的眼光，为无线电视台服务了整整 30 年，被誉为“镇台之宝”。她加盟“无线”后，先参与长寿综艺节目《欢乐今宵》做主持人，常常和金牌司仪何守信搭档。后拍摄电视剧多达五十多部，不少都是香港电视史上的经典之作。如 1975 年起，她和郑少秋合演了《紫钗记》、《书剑恩仇录》、《倚天屠龙记》、《楚留香》等名剧。1980 年的《京华春梦》，她与刘松仁的搭配也堪称珠联璧合，一段令人柔肠百转的苦恋，赚得观众不少热泪。1977 年的《家变》，她扮演的洛琳为她建立了外柔内刚的都市女强人形象。而汪明荃在《京华春梦》和《万水千山总是情》等经典电视剧中还是主唱。多次举办个人演唱会，多次荣获白金唱片奖和金唱片奖，几乎年年获得十大电视艺人金球奖，是“无线”当之无愧的一姐。

郑少秋则是从电影演员转型，是电视圈里的一个奇迹人物。1971 年一加入无线，他就马上获得了一个最有前途新人银像奖。郑少秋的古装扮相之俊朗潇洒，气质之儒雅从容，港台至今没有一个男演员可以超越。1982 年，《楚留香》在台湾播出时竟创下了 70%的高收视率，郑少秋红得发紫，搞得本土演员大为恐慌，提出抗议，于是“新闻局”专门出台一个规定，港剧进口需要受到类似外国片进口的种种限制。

TVB 贡献的另外一个极具份量的金牌司仪就是“肥肥”沈殿霞。她曾是邵氏的童星，早年以拍电影成名。1967 年，她加入无线主持《欢乐今宵》，“开心果”的形象深入人心。肥肥以主持为主，也唱歌、演电影，偶尔还能客串电视剧。除了有五六年时间被其他电视台以高薪挖走之外，她一直为无线效力，在大量的大型晚会上挑大梁，是台前幕后都非常尊重的前辈级人物。

至于出身 TVB 无线电视台的第三期艺员训练班的周润发，1980 年《上海滩》后一举成名。周润发饰演的许文强成了香港电视人物画廊中最有魅力的一个，甚至也成了在电视表演上他本人无法逾越的一个高峰。为寻找新挑战，1986 年演完《杨家将》之后，他离开无线，专心投入了电影事业。

本来相貌不美的郑裕玲，初出道时备受冷遇，演过没有一句台词的宫女，播报过天气。但在 1978 年加盟无线电视以后，当上主持人，跟沈殿霞一肥一瘦，是观众喜爱的全女班司仪。后跟周润发合演《网中人》，演技开始被认同。她领衔主演的《荆途》、《警花出更》、《吕四娘》、《过客》、《流氓大亨》、《钟无艳》、《倚天屠龙记》、《生命之旅》，《男亲女爱》都是无线的电视剧上品。郑裕玲工作非常认真投入，无论是演电视剧，还是后来拍电影，都是质量上乘，产量惊人。

“无线”提供的大舞台，令众多年轻人一夜成名，也令更多有才华的年轻人可以“人尽其才”，令 TVB 赚足钱的同时，也令香港娱乐界受益匪浅。

第二层：从“邵氏影城”到“TVB 电视制作后盾”，是为地尽其利。

当年踏上香港，邵逸夫就投资 700 万港币大建“邵氏”影城。其出手之大，令当时的香港人咋舌。也令人对其“财大气粗”、“一掷千金”的行为有观望之心。后来，“邵氏”驾着自己的航母隆隆雄踞香港，乃至南洋华人电影业之首，才让人佩服他的高瞻远瞩。但是七十年代末的

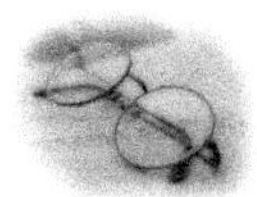

香港新浪潮冲击和“独立制片”挑战，又让人替“邵氏”的“船大难调头”捏了一把汗。岂料，邵逸夫一方面投资电视业，一方面出租影城、收购戏院，转而利用“邵氏”的大船做起了物业租赁。邵逸夫曾经对香港著名才子黄霑说：“我在清水湾的这片地产和房产，买的时候花了 35 万，现在有人出 2000 万买，你说我赚了多少钱？”

钱是不断线地赚，而手中的影城却已经悄悄成为未来的电视业制作的大后盾了。1980 年邵逸夫出掌“无线”后，面对 1982 年“亚视”的全面挑战，他把影城事务全部交给方逸华，自己坐镇广播道的“无线”行政大楼，就以“邵氏”影城做后盾，聚集影城及麾下演艺精英，全力阻击“亚视”，终以雄厚的实力击败对方。“无线”初期的总部位于广播道，1988 年则搬到清水湾，在 2003 年迁到将军澳工业邨。无线电视初时员工约有 200 人，现时全球职工约 5000 名，包括逾 300 位艺员，是全香港最大的艺人经纪公司。

1988 年，无线电视租用电视企业和邵氏位于大埔仔的用地，建立“电视城”。1995 年，电视城道具仓发生五级大火，整个道具仓烧毁，其后在原址重建。1998 年开始筹划兴建新的电视广播城 TVB City，以取代原有的清水湾设施。电视广播城位于将军澳工业邨，是香港工业邨公司历来租出最大的一幅土地，总建筑面积逾十一万平方米，投资额逾 22 亿港元。广播城面积较原有的清水湾电视城大 30%，并以数字设备运作，其中一号录影厂是全亚洲商营电视台最大的录影厂，提供 630 个座位供现场观众使用。

孙中山说“地能尽其利，则民食足”。善于“地尽其利”的商人，其实是为自己不断夯实底座和实力，方能在商场上进退有节，立于不败之地。

第三层：从专注电影一种形式，到大力开发各种电视节目，可谓物尽其用。

早年做电影，邵逸夫专注其中，声言“就算模仿，也要有模有样，最怕抄袭得不三不四”。时势变化，电视这种媒介从一兴起，就表现出其不同于电影的新特征来。首先是观赏空间不受限制，观众可以选择在任何可以放电视机的地方实现观赏的活动，其次是时间不受限制，只要有空闲随时可以观赏，随着经济发展，人们的空闲时间就越来越多，这就要求电视节目的内容和类型要多多益善。第三是电视技术下频道多，人们选择空间大，对电视节目的质量提出挑战。做免费电视，如果人家不爱看关掉，或者换掉频道，则收视率何在？所以，电视比之电影，要求高，但是也兼容性强，允许同时播放不同类型的节目。这样的“物”倘若不能尽其用，实际上就等于慢性“自杀”了。邵逸夫显然对此了然于胸。从 1980 年出掌“无线”后，TVB 的电视剧一如当年“邵氏”电影，走唯收视率是问、大批量限时制作的路数稳住了收视率。同时，则力保王牌节目、大辟各类电视节目。其中包括：

台庆月与台庆剧：由于 TVB 于 11 月 19 日创建，所以，每年的当日，TVB 都会举行盛大的台庆活动《万千星辉贺台庆》。此前一个月，会首先进入“台庆月”，翡翠台会播送特别制作的连续剧，即“台庆剧”。

选美大赛：每年香港小姐、国际华裔小姐的选举活动，都是 TVB 负责承办。华星唱片公司，以及华星所举办的新秀歌唱大赛，也是 TVB 幕后运作。

综艺节目：无线电视制作不少大型综艺节目，为人熟悉的有《万千

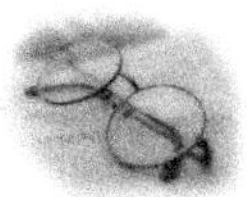

星辉贺台庆》(前称《龙凤呈祥贺台庆》)、《欢乐今宵》、《香港小姐竞选》、《劲歌金曲颁奖典礼》等。而《欢乐今宵》由 1967 年播放至 1990 年代后期，是世界上最长寿的综艺节目。

筹款晚会：筹款综艺节目，数量之多，为其他地方少见。如《星光熠熠耀保良》、《博爱欢乐传万家》和《欢乐满东华》等。还有特备马拉松式筹款节目，如 1972 年的“618 雨灾”筹款节目；1991 年《华东水灾筹款之夜》等。无线借此获美国国家广播协会颁发 2001 年“国际广播卓越大奖”，是首次有亚洲城市获得此奖项。2005 年，无线电视与香港赛马会举办《四海同心送关怀》慈善活动，为南亚海啸灾民筹得逾 1 亿港元，同期无线联同两岸三地传媒合办活动《爱心无国界》，等善款逾 4 千万港元。

游戏节目：TVB 广受观众欢迎的游戏节目多不胜数，经典的就有“阿叻”陈百祥的《运财至叻星》，曾志伟的《奖门人》系列，肥姐沈殿霞的《公益金屋开心 SHOW》，而每年都会有一个大热的游戏节目推出，如《残酷一叮》、《15/16》、《味分高下》、《亮相》、《美女厨房》、《一掷千金》、《百法百众》等，基本上这些节目的推出都必定会掀起一番热潮。其中，风头和受欢迎程度最高的当推曾志伟的《奖门人》系列了，从 1994 年推出第一辑《超级无敌奖门人》历经 16 年的革新到现在的《超级游戏奖门人》，每次“奖门人”的卷土重来都必定能带来收视的热潮。

音乐盛会：TVB 的成功除了电视剧和非戏剧性节目的出色之外，在音乐领域同样是香港的老大，每年它与另外三大电子传媒机构(香港电台、商业电台、新城电台)共同颁发音乐领域的“传媒性大奖”。此外，在电视台音乐节目方面更是无与匹敌，目前 TVB 垄断了香港地区 98%

歌手的歌星合约，歌手们的新歌MV、音乐特辑几乎都由TVB一手包办。而且历年来它也制作不少音乐类节目，并且不断地在革新，《劲歌金曲》成为全球最长寿的音乐节目。以前一年四次的《劲歌季选》到现在一年两次的《劲歌优秀选》都是歌手们获奖的“兵家必争之地”，至于年度终极颁奖典礼——《十大劲歌金曲颁奖典礼》则更是歌手们重要的年度成绩单，当中的“最受欢迎男女歌手”以及“金曲金奖”更是代表了香港乐坛的最高奖项，是歌手们所梦寐以求的。

儿童节目：从1992起每年暑假都会举办“TVB儿童节”。当中包含多项活动，包括每年的《儿歌金曲颁奖典礼》。另外，历年来也制作不少儿童节目，给广大少年儿童观众提供了课余的消闲节目，从《430穿梭机》到《闪电传真机》、《NET小人类》再到现在的《放学ICU》。儿童节目陪伴了数代人的成长，而且儿童节目也并非是受人忽视的荒漠，当年不少“名人”都是出身于儿童节目的，就如周星驰和朱茵等。而且TVB除了四处搜购卡通片之外，也尝试自己制作卡通片，如之前的《成语动画廊》以及动画版《神雕侠侣》。而自从旗下的收费频道开播后，TVB也加大了制作儿童节目的力度，务求让不同年龄层次的观众都能从TVB节目之中找到自己的“所需”。

资讯节目：TVB新闻及资讯部制作的无线新闻秉承“事事关心，严谨认真”精神，为观众带来最新鲜的资讯。著名品牌时事节目《新闻透视》、《星期n档案》（节目名称随播出当日为星期几而改变）深受好评，财经分析节目《财经透视》、《交易现场》，紧贴大市，回顾每星期港股走势，并请来专家分析未来一星期大市去向，为股资者掌握先机。无线新闻部多年来创制高素质新闻节目，在国际间屡获殊荣，夺得超过92个奖

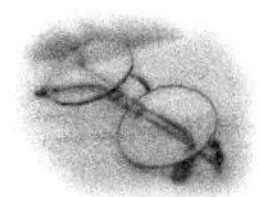

项，其中在 1997 年、2002 年两度荣获“皮博迪大奖”。

第四层：以电视业务为主，到发展多种业务，正是货能畅其流。

TVB 成立于 1967 年，主要业务包括电视广播、收费电视、节目制作及发行、动画制作、卫星电视、杂志出版，及其相关业务。例如翡翠动画制作有限公司，主要从事动画代理；电视广播出版有限公司，主要从事杂志出版；旗下 TVB.COM Limited 主要从事经营 tvb.com 网站(1997 年启用)及网络节目内容(例如向电讯盈科旗下 Now.com.hk 提供节目)；TVB Music Limited 正视音乐有限公司，主要从事无线电视旗下节目的歌曲发行。

TVB 开拓多种业务是以电视业务为核心，发展衍生产业链，实现建立自己的资金流通链，从而获得多渠道利润的做法。作为电视业龙头老大，TVB 实现本业的“货能畅其流”也做得有声有色。

1976 年成立 TVBI 电视广播(国际)有限公司，为世界各地提供电视节目制作、收费电视、卫星频道和影带租赁等服务。在中国大陆、加拿大、美国、澳洲、泰国、马来西亚和新加坡等地方，均有播放无线电视制作的节目，并会为旗下节目配上当地方言语音播放及发行。与其他亚洲国家的电视台合作拍摄剧集，并安排在当地播放。

在 1993 年，无线电视与台湾传媒年代集团合资经营联意制作股份有限公司，成立 TVBS 卫星电视。2005 年中，无线电视以 9 亿新台币全资收购联意制作。1997 年，无线旗下英特发股份有限公司在台湾推出《TVBS 周刊》，以时事娱乐为主的综合杂志。联意主要在台湾从事电视节目制作、电视频道传送运作及出版之业务。

2004 年无线电视有鉴台湾市场日益扩大，增加台湾本土制作，同年开始拍摄台剧，如《香草恋人馆》、《爱情合约》、《恶男宅急电》等。

无线电视旗下银河卫星广播有限公司自2000年起，一直为亚太区内频道供应商及电讯公司(如美联社)提供上行/下行通讯信号及广播服务，于电视广播城设有卫星地面站。2000年12月，银河卫星广播有限公司获发本地收费电视牌照。

2003年2月，美资卫星公司Intelsat，收购51%银河卫星广播有限公司股份，2004年2月18日以“exTV银河卫视”品牌启动收费电视服务。惟Intelsat于2004年12月28日退股，由无线全资拥有银卫。

2005年3月，银卫前行政总裁Jim Blomfield宣布，在2005年末成立SelectTV，并由银卫提供部分节目及频道上行，透过PAS8卫星，为大洋洲地区提供服务。

2005年5月20日，银卫以SuperSUN新电视品牌重推收费电视，而与和记环球电讯合作的宽频电视服务将于2005年7月初开始。

在内地也开始发展通过分公司经营节目发行、制作、代理等服务，并为当地电视频道提供剧集和资讯节目。

2004年9月，电视广播表示已取得在广东省的落地权，在广东省9个城市共10个有线电视网络播出，并协商收取转播费，以改善内地非法盗播翡翠台和明珠台的情况。而无线电视与南方广播影视传媒集团达成协议，筹组合资公司，开拓广东省的电视市场，设立新频道及制作节目。

2004年10月27日，香港与内地签订《更紧密经贸关系安排》(CEPA)的补充协议，进一步开放内地电视市场，允许香港电视制作单位以“合拍”电视剧的形式进入内地市场。有别于过往的“协拍”模式，“合拍”剧集均可视为“国产剧集”在内地发行及播放，无须将剧集版权售予内

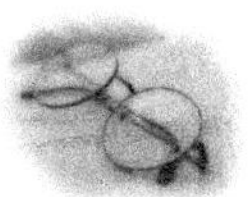

地。无线在 2004 年表示，每年将增加制作 120 小时“合拍”电视剧，题材以中国古代武侠故事为主。第一套与内地制作公司合作拍摄的电视剧为《游剑江湖》，由作家梁羽生的小说改编。

除“合拍”模式以外，无线旗下分公司上海天视文化传播有限公司，于 2003 年开始制作国产剧集和资讯节目，如《恭亲王》、《历史的天空》、《娱乐星天地》、《一生为奴》等。

……

邵逸夫不是政治家，但是却在自己专注的娱乐业，缔造了一个财源滚滚的“帝国”。

TVB 在 1984 年 1 月 5 日上市。1985 年股价市值 33 亿港元。2005 年 4 月 21 日的股价市值，逾 160 亿港元，是世界第一大上市华语传媒集团，也是世界三十大传媒企业中唯一的华语传媒。

智慧与启迪

20 世纪八十年代的华人世界，是又一轮潮起潮涌的大时代。邵逸夫也再一次站在了潮头，出掌 TVB。随后宣布“永不退休”，披挂上阵，沙场秋点兵，于“五台山”上两军对垒，尽显老帅风范。一部《上海滩》，竟再造经典，成为大中华区人们共同的历史记忆。以一代商贾之身，胸藏富国之经，运筹帷幄，但使人尽其才、地尽其利、物尽其用，而货能畅其流，终缔造出娱乐业之“帝国”。

这是一个永不言败的商人，岁月和挑战都不能令他退却。这也是一位年轻的老人，总是微笑着站在青春洋溢、群星闪耀的舞台后，岁月的年轮怎么也遮不住他强劲又年轻的心。

第8章 执子之手：花开虽盛，情有独钟

走向《大时代》

“大时代，风暴席卷中国。”这是20世纪八九十年代风行中国大地的一首诗中的诗句。用这句诗形容当时中国内地的社会状态十分传神。

在经历了改革开放十年的迟疑、质疑和试验，1984年11月18日，新中国首只股票飞乐音响正式发行，虽然不够规范，但却引领出中国人30年财富梦想的悲欢离合。1985年，被称为中国改革总设计师的邓小平再度当选美国《时代》周刊年度风云人物，他的那句著名的鼓励人们挣脱思想的束缚，追求财富的“不管黑猫白猫，捉到老鼠就是好猫”的话也被摘登在《时代》周刊上，让“邓旋风”敏锐务实的作风刮过全世界。1992年，已经宣布退休两年的邓小平，在人们的思想再一次出现困惑，改革的步伐可能慢下来的时刻，以88岁的高龄到武昌、深圳、珠海和上海视察，在“南海划了一个大大的圈”，在全国引发起自由市场经济改革的新浪潮。“发展才是硬道理”、“科技是第一生产力”等著名的论断，引发了中国改革开放的又一个“春天”。中国兴起了新一轮的经济建设高潮，下海经商也随之风起云涌。一批批人从体制内移身商海。这

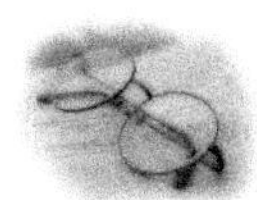

些人后来被归为“92 派”。数字显示，1989 年到 1991 年，中国 GDP 每年的增幅只有 5%左右，而在 1992 年当年，这个数字就增加到 12.8%。此后，中国开始保持“世界上经济增长最快的国家”这一称号，2000 年国内生产总值为 8.94 万亿人民币，约合 1.08 万亿美元，实现了“翻两番”的目标。正是在 90 年代，中国人从长期的思想禁锢中被彻底地解放出来，他们再也不必躲躲闪闪、犹犹豫豫地想方设法赚点钱改善生活了，从此大大方方地开始了自己的“发财梦”。有经营头脑的人们纷纷游进商海，尝试一搏。大多数有点积蓄的老百姓，则纷纷涌进股市，试图一圆自己的发财梦。1994 年由潘虹主演的《股疯》轻喜剧电影，就描述了中国股市第一个大牛市的场景，被誉为中国“‘全民炒股’的真实写照”。

而这部电影中的另一位男主角刘青云，恰恰就是 1992 年香港“无线”播出的《大时代》的男主角。

在 2000 年马来西亚与新加坡传媒选出的二十世纪华语电视剧 100 强中，不仅周润发主演的《上海滩》名列第一，由郑少秋和刘青云主演的《大时代》同样榜上有名，名列第四，成为 90 年代香港剧集中的第一名。

邵逸夫捧出的《大时代》，就这样走进了中国的大时代。

1989 年林百欣执掌亚视后，从无线挖了不少台前幕后人才，是迄今为止无线、亚视规模最大的一次挖角战，林百欣锐意改革奋起直追，制作了一批代表作，包括《还看今朝》（又名《天网》）、《胜者为王 1、2、3》、《银狐》、《戏王之王》、《司机大佬》、《马场风云》、《枪神》、《龙在江湖》、《92 仙鹤神针》等等，将亚视与无线的收视比从他接手前谷底的 2:8 甚至 1:9 拉到了 3:7 间或有 4:6 甚至反超。其中，《胜者为王》则是这期间收视最高的亚视剧集，在海外市场的出租率也创下全年高峰，后来同样入选 2000 年马来西亚传媒界和新加坡电视媒体选出的华语电视百强。

面对亚视的新一轮攻势，邵逸夫率领无线展开阻击，制作出不少脍炙人口的经典节目和剧集，再次将亚视打回原形，进一步巩固了其在香港电视圈的霸权。

这期间，在剧集阻击战方面，“无线”推出了《人在边缘》、《今生无悔》、《我本善良》、《大时代》等等。其中，《大时代》以紧扣“大时代”，展示香港六十年代到九十年代之金融市场背景下，丁、方两个家庭两代人之间的恩怨情仇故事，力压“亚视”风头，成为九十年代香港家族剧经典之一，至今仍为人津津乐道。它不单在电视界掀起热潮，还罕有地对股市造成影响：十多年来，“丁蟹效应”在香港、甚至全球也无人不知。

《大时代》：1992年10月5日至11月27日期间播出，是无线25周年台庆剧。剧情描述忠直仁厚的当红股票经纪方进新与贫穷粗鄙的丁蟹相交数十年，却被丁蟹冲动下杀死，从此方家一落千丈，遗下四个子女，幸得罗惠玲照顾，而丁蟹则流落台湾。

十多年后，方进新长子方展博长大成人，但却一直投闲置散，后得父旧友叶天教诲，正欲发愤图强之际，得悉丁蟹已潜逃返港，他誓要为父讨回公道，奈何丁家儿子丁孝蟹、丁利蟹等黑社会大哥，势力庞大。方展博几经奔走，终使丁蟹被叛极刑！但连串噩梦由此而展开：先是大妹方芳背弃方家，幼妹方敏不堪压力而跳楼，甚至曾与丁孝蟹相恋之二妹方婷亦难逃厄运。至此，方展博唯有远走台湾。

另一方面，丁蟹以患癌为理由，获提早假释出狱，虽失意于旧情人罗惠玲，事业却一帆风顺，更有意思进军股票界。同时，方展博得退休毒枭周济生、退休华探长龙成邦之助，偕红颜知己阮梅及龙成邦之女龙纪文回港，并同好友陈滔滔秘密部署，拟把股票市场变成宰杀仇家的屠场。

如果说，八十年代的《上海滩》等是适时地迎合了香港和内地大众

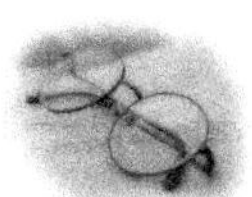

“寻根”的精神诉求而成为一代经典，《大时代》则是顺应社会发展的时代潮流，适时地邀请观众一起入戏。

我们大家在童年的时候都玩一个小游戏——过家家。玩法就是几个小孩，有安排当妈妈的，有安排当爸爸的，也有当阿姨、当叔叔、当孩子的。分配好之后就模拟现实生活中的一些日常琐事，相当于是模拟大人们的生活。正是在看似简单的“过家家”游戏中，幼小的孩子们开始了对未来生活的演练和设想。

希腊著名的哲学家柏拉图给游戏下定义为：一切幼子（动物的和人的）生活能力和跳跃需要而产生的有意识的模拟活动。游戏，无论在动物界及人类，都成为熟悉生存环境、彼此相互了解、习练生活技能、进而获得“生活”的一种本能活动。这个时候的游戏，本身就是一种主体参与的活动，没有观众，也没有表演者。

当人类社会完全摆脱了茹毛饮血、没有安全感的时代，迈入文明大发展的时期后，“戏剧”就开始粉墨登场。人们不再满足于学习生存技巧的游戏，而是推选出特定的人（角色扮演者）来表现生活、设计生活供人们鉴赏和品味，这是人们开始创造生活的象征。

德国诗人和剧作家席勒说，“人类在生活中要受到精神与物质的双重束缚，在这些束缚中就失去了理想和自由。于是人们利用剩余的精神创造一个自由的世界，它就是游戏。这种创造活动，产生于人类的本能”。

戏曲是世界上三种古老戏剧文化之一（其他为希腊的悲剧和喜剧、印度的梵剧）。戏剧是演员将某个故事或情境，以对话、歌唱或动作等方式表演出来的艺术。其中必有四个元素，即“演员”、“故事（情境）”、“舞台（表演场地）”和“观众”。“演员”是四者当中最重要的元素，他是角色的代言人，必须具备扮演的能力，戏剧与其他艺术类最大的不同之处便在于扮演了，通过演员的扮演，剧本中的角色才得以伸张，如果抛弃了演员的扮演，那么所演出的便不再是戏剧。在中国几千年的文明发展史中，戏剧艺术被蕴化得炉火纯青。

中国戏曲界自唐代起被称作梨园，乃是因为这梨园老祖正是唐玄宗。这位恰逢盛世的一代君主，在拥有了“回眸一笑百媚生”的贵妃杨玉环后，“从此君王不早朝”，在人生如此称心如意之下，兴致勃勃地在自家的皇宫后院做起了生活设计师，把人间种种尽情编排。白居易也在《长恨歌》中不无羡慕地写道：“骊宫高处入青云，仙乐随风处处闻，缓歌漫舞凝丝竹，尽日君王看不足。”只是，排戏看戏的唐玄宗怎么也没有想到，自己的生活最终竟落得个——马嵬坡一别，人间仙侣阴阳两隔，空留下“在天愿为比翼鸟，在地愿为连理枝”的千古悲剧结局。也常常令人感慨：“人生如戏”，总有着猜不透的结局。

传统的戏剧，也因此常常体贴观众的心情，从内容上多是设计出“才子佳人”、“明君贤相”等主角，再搭配上“白脸奸贼”、“忘恩负义者”和“歪瓜裂枣者”的陪衬角色，你来我往、明争暗斗的结果，一定是“有情人终成眷属”、“善有善报恶有恶报”的大团圆结局，以安抚观众在戏剧中承受的“折磨”，回报观众以称心如意的结果。

尽管真实生活中的人们，就像凤飞飞在《戏如人生》所唱的，“在这人生的过程里，宛如一场舞台戏。喜怒哀乐，流转在时空里。有时默默地问自己，如何处理这场戏，才会有完美的结局”，谁都忐忑于自己能否拥有完美的结局。

但是，随着人类步入工业社会时代，隆隆轰鸣的机器给人们带来了物质的不断丰富和满足，也给人们的生活带来了越来越大的变数。戏剧所展示的“大团圆”和“大完满”，越来越像是窗户纸一般，挡不住人

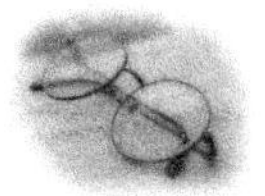

们对人性的窥探。

《大时代》正是一个工业化大时代的产物，也是一个“戏如人生”时代的产物。

20 世纪五十年代以后的华人世界，虽然分别出了内地、港澳台以及南洋华人的空间区域，也出现了不同的现代社会制度形式，但是却都不约而同地走在工业化的大道上。这对于有着数千年农业文明传统基因的华人族群来说，则是同样先后感受了工业化时代的历史阵痛。正是基于这样的原因，不同时期堪称为经典的“戏”，往往都是由这些不同区域的华人们共同推举出来的。《大时代》也恰如其名，成为一个大时代的真实写照。

这是一个竞争的时代。人们争利，争气，争运，争命。

《大时代》颇合时宜地邀人（观众）入戏，让众人物们在香港三十年股市沉浮中，把人性在欲望下的悲剧揭露给人们看，从而深深走进亿万观众的内心深处。

争利：整个剧集中，贯穿全剧的是“股票”，这正是“利”的符号。这个利虽然是看得见的数字，但实际上已经成了各种利的代名词和载体。方、丁两家族的情仇，其实是起于争爱。爱情这种极度私人化的东西，自然是众利之一种。正直的股票经纪人方进新一开始从洋人的控制下脱离出来，准备大展宏图之际，却被恶友丁蟹打成白痴，事业因此一落千丈；刚刚学会自理，准备开始新的人生，却又被丁蟹这个恶友活活打死。起因正是丁蟹爱上的女人阿玲，偏偏爱上了方进新。方进新得到了爱，却因此丧失了命。这样的结局，传给下一代，则是儿子方展博要报杀父之仇，为父争“气”。

争气：整个剧中争气的方法，则是借助了“股票”和“爱”之利。方家儿子用“股票”博弈置仇人于死地。阿玲用抚养方家子女成人、蔑视丁蟹来争气。方家的女儿婷婷则以最终拒绝丁孝蟹的爱情而争气。但是，争气却争不过运。

争运：方家儿子方展博和三个女儿好不容易被女友阿玲带大，又被丁蟹四个儿子害得家破人亡，阿玲被逼疯，三个女儿被人生生地从六楼楼顶扔下，儿子从此亡命天涯。相反，剧中的坏人却总是生活得好好的。当年贪污探长龙成邦携妻带妾逃到台湾，毒枭周济生也仍然生活安定，把方进新从股票界逼走的陈万贤依旧嚣张跋扈，而丁家五蟹更是恶人当道，鸿运当头。正如方展博所说的那样要赢一个如此好运的人，唯一的办法就是你比他更好运。人收拾不了的，就交给天收拾吧！

争命：龙成邦经过众叛亲离，已经是除了有钱什么都没有了，猜忌身边的一切，包括唯一对自己有骨肉之情的亲生女儿龙纪文，最后孤单地死去；周济生则双腿残废，接着失去了最爱的人，整天只能活在回忆中，最后横尸街头；而丁家的报应则更是对应了他们所做过的劣行。尤其是丁蟹的结局，没安排他死的确是一个精彩的结尾，让他整天关在一个漆黑的屋子里，没有人理，活在自己的世界里，这本来就是他生来应该去的地方。而方展博终报了杀父之仇，却也是四顾茫茫孑然一人了。

有趣的是，整个剧集的结局虽还是“善有善报恶有恶报”的老套，但这仍是争命的结果。所谓命，即是天道。天道自然，万事万物皆有平等生存之理，以一己之欲，贪得无厌而自相残杀，最终的结果只能是悲剧的两败俱伤。

此剧中最具有颠覆性的人物就是丁蟹。人如其名，如螃蟹般的横行霸道，自以为是的贪婪，却又理直气壮。但他却不是一个标准的坏人，因为在他身上也有对朋友的真诚，对家庭的眷顾，对义气的执着。不同于以往的强调艺术性刻画的影视人物，这样一个不是大奸大恶的人，是

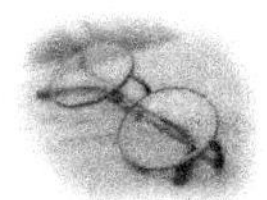

生活中常有的，他们的运气也常常出人意料的好，令人颇有无天理的愤慨。结果，要同这样的坏人争气的好人，悲剧也就如影随形。

该剧最具现实性的就在于，如同现实生活一样，大多数善良的好人们往往无法躲避和这种坏人的相遇，并且身不由己的会被这种坏人拖进“争执”的漩涡当中。

剧中人物股神叶天，集毕生心得，传授给方展博的“股票必胜法”，则一语道破，人性之贪欲若肆意纵容，并无真正赢家。

“股市原意，乃让集资投资有其地，社会向荣，人皆有赚，

惜人性贪婪，耗尽心思，巧取豪夺，乐土成炼狱，血雨腥风，杀戮不息，

无数人荡产倾家输性命，胜者则丧良知人格，

余于股坛数十载，未尝见一真正赢者，

智者应知此乃一处永无赢家之战场，

取胜唯一法……及早离去！”

《大时代》如此鞭挞入里地揭示了经济大浪潮中，“利”与“气”，“运”与“命”的纠葛争执，让观者不由得深入戏中，与戏中人物同悲共喜。以至于，当年在香港播映期间，出现的股市暴跌现象也被香港股民附会为“丁蟹效应”。原来在《大时代》中由郑少秋饰演的丁蟹，经常在股票市场的熊市中借着抛空恒生指数期货而获取暴利，正好当时香港股市暴跌，股民损失惨重，因此得名“丁蟹效应”。但后来不只《大时代》，只要郑少秋有新戏推出，港股必定下跌，从《笑看风云》、《新上海滩》、《天地男儿》、《世纪之战》到《非常外父》、《血溅轩辕》，几乎无一幸免，所以“丁蟹效应”到后来已经扩大叫做“秋官效应”，郑少秋已经和“股灾”画上等号。据不完全统计，郑少秋的电视剧、节目播出后股市有明显下挫

记录的达到了32次。郑少秋本人则啼笑皆非："我只是演员，哪有那么大的操控力呢？"但"秋官效应"始终追随郑少秋，甚至都延烧到美国。

内地观众被剧中人物的命运和感情纠葛所吸引，入戏甚深。在多年后还追踪《大时代》人物扮演者的命运。赫然发现，坚强的"玲姐"蓝洁瑛患上了精神疾病，且生活穷困潦倒，美丽的"婷婷"李丽珍几年前被指发生不伦之恋后，事业也跌入谷底，纷纷为之唏嘘感叹。而刘青云在现实生活中与剧中失之交臂的红颜知己龙纪文的扮演者郭蔼明结百年之好，颇有弥补剧中悲剧缺憾的效果，获得来自《大时代》观众的祝福。

而《大时代》在15年后，竟再次成为内地股民的一部股市教科书。2007年的内地，是一个全民炒股的狂热年份，人人似乎都在交流股市里将财富放大的收获。安徽卫视重播经典港剧《大时代》，虽然每天要播至深夜，看的人却不少。观众群中不少股民，一边通过电视剧苦学股经，一边津津乐道于剧中的经典台词，比如"当卖菜的都在买股票的时候，股市离崩盘已经不远了"。

就在《大时代》以逼真的现实内容邀人入戏后不久，《大时代》背后的老板，更给世人展现了一番现实版的股市大战。

就在《大时代》播出后没几年，邵逸夫就亲自带领TVB在股市与郭鹤年的《南华早报》打了一场实实在在的反收购战。

这场反收购战，缘起于争夺清水湾电视城之利。原来，自1988年香港行政局公布《电视发展新条例》，其中规定：持牌广播机构不得经营与广播无直接关系的业务。"无线"遂据此改组为"电视广播"和"电视企业"两个机构，邵逸夫仍任两机构的主席。同年底，有"亚洲糖王"之称的郭鹤年以旗下"嘉里集团"名义收购"无线"三成股权，郭鹤年也就顺理成章任两大机构副主席。

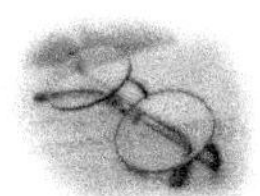

所谓“一山不容二虎”，1994 年，在无线任高层的侄子们和郭鹤年先后辞职离开无线，并从 1991 年开始就减持无线“电视广播”的股权，并在 1995 年 8 月，将其在原广播道的“无线”旧厂址出售给“长江实业公司”获利 5.5 亿港元。“糖王”多年善从事收购，此举自然是来者不善。到 1996 年 2 月 12 日下午，香港股市上《南华早报》和邵逸夫的“电视企业”突然“停牌”，而当天上午“电视企业”的股价急剧飙涨。懂行的人都明白，这是一场收购战打响了。

果然，第二天，《南华早报》就向“电视企业”提出收购建议。这个收购方案，瞄准的“利”正是清水湾电视城。

但据《资本家》杂志 1994 年的报道，截止 1993 年底，邵逸夫旗下的“电视广播”的市场总价值高达 17.47 亿美元，而“电视企业”的市场价值则只有 2.05 亿美元。郭鹤年对市值少的“电视企业”下手，显然不是要和邵逸夫在电视业上一争高低，他看重的是“电视企业”名下拥有的清水湾电视城。因为，“电视企业”虽然市值不高，但是其拥有的清水湾电视城占地 26.6 万平方英尺的地产物业，租给了“电视广播”，不仅租期到 2047 年，每两年调整一次，一年的租金收入最少也接近 5000 万港元。因此，收购“电视企业”实际上就是要拿到清水湾电视城，利用租赁合同扼制“电视广播”，这一招堪称狠毒。如果收购成功，邵逸夫的“电视广播”等于是被人套住脖子，直到 2047 年才能松套，这期间能否挺住不被《南华早报》吞噬掉，情势堪忧。这一招，堪比《大时代》的股市争斗，令人感到惊心动魄。

若论争利，商场从来就没有仁慈之说。但这郭鹤年，却是原本与邵逸夫私交甚笃之人，此举无异于朋友的倒戈，令人心寒。但是否要“争气”，邵逸夫显然有自己的主张。就在外界已经热议此战进入白热化之下，邵逸夫却十分淡定和淡然，不仅按期出席“上海实业”的春茗酒会，谈笑风生。对记者的追问是否认为《南华早报》是恶意收购，邵逸夫笑而不答，并不借故发泄不满。其实就是不“争气”，而是把精力马上转入如何反收购上。

最能彰显邵逸夫冷静“争利”，而不是怒而“争气”的，正是在反收购中的稳健和进退有节。

按照《南华早报》的收购条件，是“一新股（南华）”换“两股（电视企业）”。当时邵逸夫持有“电视企业”34.64%股权，与郭鹤年不相上下。因此，邵逸夫提出以每股2.55元进行现金收购，若实施此举，邵逸夫需要准备资金7亿元。以其财力，这个不难应付。

《南华早报》若接受，可以马上套现3.7亿，显然这是邵逸夫让利请其退的试探。但是《南华早报》拒绝了，反提高为11股南华换20股电视企业或者以2.75元现金收购“电视企业”，这个价格高出邵逸夫的现金收购价。商场常见的是，“争气”之下，话赶话，一轮轮的就把价格抬上去了，但是，邵逸夫非常清醒，不为“争气”冲昏头，出人意料地宣布同意《南华早报》的2.75元现金收购方案。这样一来，邵逸夫不仅省掉7亿反收购资金，还通过出售手中股权，套现了3亿元。郭鹤年虽如愿以偿收购“电视企业”，却并未将邵逸夫击败，双方实际上打了一个平手。邵逸夫套了现，也并没有被清水湾电视城套住脖子。因为两年后，无线电视就以清水湾电视城的设施不敷应用，决定于筹划兴建新总部。于1999年4月落实迁入将军澳工业邨的计划，2000年3月8日举行动土仪式。2002年8月，电视广播城的第一间戏剧录影厂启用后，无线电视开始陆续迁入电视广播城，同时戏剧录影厂大楼的5间戏剧录影厂正式运作。2003年9月21日，最后一个搬迁到电视广播城的部门——无线电视新闻部迁离电视城后，清水湾电视城正式结束其历史任务。

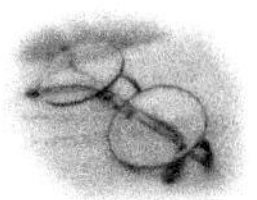

这次股市之战，令观者颇有高手过招、不同凡响的感觉。其实，邵逸夫在近半个世纪的商场上，早已经参透“争利”与“争气”，“争命”与“争运”的取舍得失了。

所谓“天下熙熙皆为利来，天下攘攘皆为利往”。有利则天下足，天下足则万物繁衍昌盛。“争利”本无错，反倒是人类发展、社会进步的必要条件之一，但若对“利”贪得无厌，不懂得利来利往乃是天道，以至于投入全部精神情绪甚至性命，变成了“争气”，那么“争利”就成了欲壑难填的陪葬品。所以，邵逸夫当年与导演李翰祥的冰释前嫌，就是“争利”不“争气”的明智之举，对于“挖角”大战，也是笑而对之，从“邵氏”电影，用高过两倍的薪酬挖过林黛开始，到把“亚视”挖走的台前幕后人才，又气定神闲地逐一用高薪挖回来。

这次股市大战，则是把一场气势汹汹的收购战，巧妙转化成了让小利，换大利的反收购战。

天下之利，本属天下人，这本身就符合变动不居的天道。为人一世，懂得如何争利，也需懂得如何争命。《大时代》中，观众对丁蟹一家这类坏人，一帆风顺的运势颇为愤愤，方展博就说，要赢一个这样好运的人，唯一的办法是你比他还要好运，明显是要“争运”相搏。但是，他同样无奈地表示：人收拾不了的，就交给天收拾吧！说明了“争运”并不都能如愿以偿，最终还是要归于“天命”。这个“天命”并非宿命论，而是说天道本来就是万物共生共存，在变动不居中始终处于和谐状态。所以，运势好的人，无非是一时的状态，未必能够获得善终，而运势坏的人，也未必最后就落得悲惨的结局。真如塞翁失马，焉知非福。

可见，运势本身是变化不居的，以个人之力，在无尽的人生道路上拼命“争运”，其实是得不偿失的，最好的做法当是“顺势而为”，不要因为遇到不利自己的运势，就拼命要去迎击，改变厄运，最终遍体鳞伤，却已无力利用好运的福利，成就和谐的目的。虽说商场如战场，但邵逸夫善于“争利”的同时，也善于“争命”，而不是执拗地要“争运”。20世纪七八十年代的香港，电影业出现的变化和新潮流，邵逸夫不可能看不到，年轻一代的创造力和邹文怀的眼光和能力，邵逸夫也是心知肚明的。但是新浪潮，尤其是“独立制片”对邵逸夫这样的老派家族企业来说，是不利的，也是邵逸夫无法接受的，这无疑算是“时运”不济，对此邵逸夫就采取了避让锋芒的做法，邹文怀的“嘉禾”成立，他也随即当做一个商场对手来应对，并无过多的“争气”之举，也无大动干戈的“争运”之为，而是跳退一步，经营地产租业、收购电视股权，随即迎来了电视业的海阔天空。

钟情大都会

1985年，“邵氏”兄弟电影公司停止制作电影，还把院线出租给潘迪生的德宝电影公司，邵逸夫也从清水湾搬到了广播道的“无线”办公大楼里办公。次年邵氏影城也出租给“无线”做电视制作。在当时业内人士看来，邵逸夫是急流勇退，全身心转向电视业。“邵氏”电影的辉煌已经成为过去。

岂料，1988年，一个新的电影公司——大都会电影公司却横空出世。原来，这是由“邵氏”兄弟（香港）电影有限公司与电视广播有限公司各持一半股份组建而成。人们也由此明白了邵逸夫的蛰伏之意，乃是要通过做大了的电视业给电影托底。邵逸夫从来就没有离开过电影。

早在1981年，邵逸夫的电影公司就有过一次股权之争。佳宁集团开价75元一股欲收购邵氏电影公司，邵逸夫还是拒绝了收购方案。对于拒

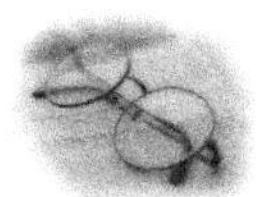

绝的原因，邵逸夫坦言“也许合作，多方发展，邵氏会赚更多的钱，但是我还是决定不换口味，一直做电影。”邵逸夫说，“我的一生兴趣都在电影，现在这个年纪，不打算换了。”

从1926年下南洋，为给“天一”影片开拓发行，邵逸夫和三哥邵山客一村一村用手摇放映机放电影开始，到建起“邵氏”兄弟（南洋）有限公司，从惊魂未定地从日本人的地牢中出来，在废墟上重建“邵氏”院线，到1957年只身赴香港，创建“邵氏”兄弟（香港）电影公司。到1985年时，已经是整整一个甲子了。这人世间用这样长的时间做着一件事情的人，能有几个呢？

邵逸夫几冒生死、又几番商场对决，一步步踏踏实实、亲手缔造的“邵氏”基业凝聚了他毕生的心血，就是不论商人逐利这一层，若没有对电影发自内心的热爱和痴迷，他不会数十年如一日地坚持在试片室中看电影片，不光是看自己公司拍摄的，也看来自各公司和外国的电影，不仅确保了拍板制作的电影的质量，也让他拥有了十分力道的电影评判能力。他始终是一个十分职业也十分敬业的商人，他更是一个眼光精准、追求完美的电影专家。

大都会显然寄托了他对电影的深厚感情，也是维系他多年对电影始终如一的眷恋。就像一个小提琴手，当年站在万人瞩目的舞台上，他神采飞扬地拉出了一首首天籁般的乐曲，迷醉了众人的心，也获得了无上的荣耀。当他不复年轻时，不再为万众热烈追捧时，他却依然站在山坡上，深情地拉起从心中流淌出来的欢快乐曲，丝毫不在乎没有了聚光灯的舞台，因为，他的舞台已在天地，他才是自己最忠实的观众。

大都会的创业作是由后来成为香港著名商业片大导演、“无厘头”电影功臣之一的王晶导演的《撞邪先生》。在这八十年代末繁荣的香港电影界并没有引起什么大影响。不过，同年邵氏电影公司和嘉禾电影公司携手拍摄的《七小福》一举荣获六项金马奖：最佳録音、最佳音乐、最佳剪接、最佳剧本、最佳导演、最佳剧情片；勇夺三项金像奖：最佳男主角奖、最佳摄影奖。

《七小福》：依据香港京剧大师于占元的生平事迹为基础，再进行改编的电影作品。

剧情讲了顽童阿龙，出身贫穷，母亲把他送进了于占元办的戏剧学院。从此，他和小师兄弟三毛、阿彪等一起练功，念戏白、画脸谱，生活十分艰苦清贫。师傅于占元忠直淳厚，他在困难条件下苦心经营，一方面对徒弟无比严厉，一方面对他们倍加呵护，希望他们能继承戏剧的良好传统。大弟子三毛身手不凡，是同辈中的领袖。随着年龄增长，这些孩子们的技艺与日俱增，他们一起到梨园献艺，参加各种演出。一次，在偶然的机会下，阿龙与粤剧戏班的小仙相识相恋，众兄弟们暗中帮助，反闹出不少笑话。“七小福”被梨园解雇，学校又被拆迁，众兄弟便一起到制片厂去作武师，后含泪送于师父移居海外。这些弟子们经过十多年的勤学苦练，终于各自开创出一番天地，成为香港影坛的主要代表人物。

这部片子，主演师傅于占元的正是当年“七小福”中的元宝，即洪金宝。成龙则就是当年的元楼。其他的师兄弟也是以元字为名。在一次京剧的表演中，于师父选了元龙（洪金宝）、元泰、元华、元武、元奎、元彪和成龙，担演一套京剧《七小福》的主角。从此人们便称他们为“七小福”，而成龙亦从此获得很多舞台演出的机会。1971 年，由于戏曲观众的大量流失，于占元的“中国戏剧研究学院”终于维持不下去了，成龙、元彪等师兄弟只好各自谋生。当时他们这些戏班出身演员走的都是进电影圈做龙虎武师的路子，也正是借用自己学戏时苦练的本事。成

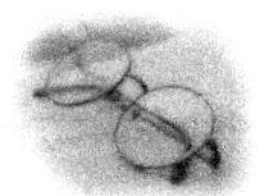

龙、元彪等人，在邵氏电影公司做了一段时间后，遇到了三年前先他们出师的大师兄洪金宝，当时他已经从龙虎武师升到武术指导了。经洪金宝介绍，成龙、元彪、元华等人开始为嘉禾电影公司做特技替身和龙虎武师。

“邵氏”与“嘉禾”就这样通过影城和演员再次携起手来，贡献给了香港电影业一部经典。其背后的动力则是，八十年代香港电影业中“三足鼎立”的格局，令嘉禾有意与邵氏联手。

八十年代初，香港电影业随着两家公司的崛起，打破了七十年代“邵氏”与“嘉禾”对垒的局面。一个是1980年“新艺城影业公司”的异军突起。“新艺城”是一个独立制片人式样的电影公司，由两个出色的喜剧演员麦嘉（兼导演）、石天和一个编剧兼智囊黄百鸣组成。“新艺城”以两百万港币的天价从嘉禾挖走许冠杰，担任主演，由曾志伟导演，拍出全新风格的动作喜剧《最佳拍档》，于1982年春节，《最佳拍档》创下2600万港币的香港电影票房最高卖座纪录，自此，“新艺城”与邵氏、嘉禾形成三足鼎立的局面。此外，另一个是1984年创办的“德宝电影公司”（洪金宝、岑建勋创立，后被潘迪生买下）。“德宝”因为洪金宝，不仅开创灵幻片的潮流，其动作喜剧片也风头正健。

“嘉禾电影有限公司”是1970年由邹文怀率领部分“邵氏”员工成立的电影公司，此后获得李小龙、许冠文、成龙等巨星加盟，迅速壮大成为国际性的电影大企业，同时在海内外经营制片、中西片发行及戏院业务，实力坚强。经过10多年发展而事业基础已趋稳固的“嘉禾”，面对新崛起的两家电影公司蚕食市场的紧要关头，“嘉禾”决定与“邵氏”开始联手，从1982年起，从电影《奇门遁甲》开始，在香港开始采取嘉禾、邵氏双线联映的上片方式。由于嘉禾此时出品的都是洪金宝、许冠文主演的大制作，而邵氏则多半是低成本的小格局电影，双线联映的结果，助长了嘉禾的声势，屡屡创造二、三千万的票房成绩，相对地把邵氏的地位比了下去。

相比之下，“邵氏”的制片业务日益萎缩。1985年，邵逸夫决定将业务重心转移到当时因港剧录影带蓬勃发展而欣欣向荣的“无线电视台”，于是暂停制片业务，将戏院院线出租给成立不久的“德宝电影公司”，同年8月，制片量由年三、四十部锐减到六至八部，年底裁人，由全盛时期的一千七百人减少到三百人，台湾分公司甚至只留下三五人。于是在80年代中期，“德宝”与“嘉禾”及“新艺城”成为香港影界鼎足而立的三大势力。对“邵氏”在八十年代竞争中的低迷，今天不少人都指称，是方逸华的低成本控制令“邵氏”不能大投入与嘉禾、新艺城、德宝等抗衡。实在应该看到，对于电影和电影市场，邵逸夫比方逸华更有经验，以邵逸夫坚持“大制片厂”制的思路来看，他并非是受到方逸华的影响、也并非是没有大资本或者是大手笔的气魄了。相反，低成本小制作是他对当时局势判断和选择的结果，方逸华的善成本控制也是他所认同的。所以，人们感叹“邵氏”的衰落，却并不了解邵逸夫对自己的电影事业和“邵氏”的事业，自有一套进退自如的方略。

1988年，大都会成立，但基本不再采用大规模拍片，依旧沿袭六、七十年代片场搭景的拍摄模式，较之嘉禾拍巨星成龙、洪金宝的动作片踏遍世界名胜实地取景的大手笔来，未免寒酸。如《撞邪先生》一般，大都会每年出品两三部电影，成本、票房、明星阵容一般，不能引起对手注意。此后，邵逸夫的精力集中应对“亚视”的一轮轮竞争大战，大都会就始终不咸不淡地保持着年产两三部的态势。

进入90年代后，大都会开始大展宏图，先是制作了王晶导演的明星阵容鼎盛的《赌城大亨》，还重金邀到喜剧天王周星驰拍片。1992年暑

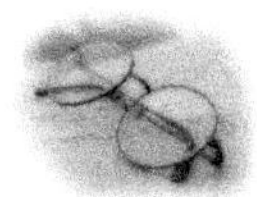

期，杜琪峰导演、周星驰主演的《审死官》创下5000万的香港最高票房纪录，超过同期嘉禾的成龙主演的《超级警察》足足1600万。

《审死官》：1992年，大都会电影公司。剧情讲述清朝年间，宋世杰是广州有名的状师。他因为钱而替有罪的富人脱罪而遭天谴，使得十几个儿子相继早夭。他与心地善良且为人泼辣的妻子十分恩爱。为了不绝后，宋世杰经妻子劝告后决定不再造恶业，于是封笔停止办案，并开了家小客栈谋生。

一日宋世杰夫人巧遇从山西落难到广州的孕妇杨秀珍，得知她的丈夫被姚大夫妇害死的冤情，鉴于姚大老婆乃山西布政司的妹妹，本地官员执法不公庇护真凶。宋夫人请丈夫为杨氏申冤，被宋拒绝。于是宋氏自写状纸，不料上堂却被广州新任知县何汝大打伤，宋世杰因此怒火中烧决定重出江湖，为杨氏讨个公道。

因何汝大收受山西布政司的密信和五千两白银的贿赂，所以何将宋世杰打入监牢，后宋靠装疯得以出来。在杨青的帮助下，宋请来八府巡按大人来此审案。在宋与老婆的精彩配合与聪明智辩下，广州知县与山西布政司之间的内幕交易被揭出。最终不仅姚大夫妇二人被绳之以法，官官相护的丑恶嘴脸也得到了淋漓尽致地讽刺与鞭笞。

该剧乃是翻拍了经典粤剧《审死官》的作品，以鬼才导演王晶指导，令宋世杰的扮演者周星驰偏离开他正在疯狂卖座的赌片和喜剧武打片，而拍出一部喜剧“法庭片”，令周星驰的才华第一次得到比较完整的显露，成为一部香港无厘头喜剧经典，给很多人留下了深刻的印象。而宋夫人的扮演者梅艳芳则以刁蛮、善良、直爽而武艺超群的设计令她游刃有余地与周星驰平分秋色，成为第一个没有沦为花瓶形象的“星女郎”。

《审死官》的大获全胜，让“邵氏”佳品有重现江湖的迹象。到90

年代前中期，大都会也重用周星驰、杜琪峰等拍了《济公》、《回魂夜》、《赤脚小子》、《十万火急》等片，但都无法与嘉禾抗衡，加之香港电影业的整体低迷，让“邵氏”影迷们颇有“廉颇老矣，尚能饭否？”的疑虑。

到了90年代中期，香港电影突然陷入低谷，多家制片公司纷纷倒闭。

20世纪八九十年代初，是香港电影的黄金年代。邵氏电影多年积累的人才在这个时代大放异彩，吴宇森、徐克、王家卫……类型各异、才华横溢的电影人纷纷横空出世。据统计，上世纪90年代初，香港电影每年的产量为200多部，好的年份甚至突破300部。电影从业者都忙得不可开交，每天都有开不完的工。像周润发、成龙、张曼玉等大腕明星更是片约不断，时常要在拍一个戏的间歇拍另外一个。当时，周润发创下了一年拍片11部的纪录，但很快就被张曼玉打破。张曼玉因为一年拍12部电影，在业内有了“张一打”的外号。黄金年代的香港电影，不仅产量多，质量也相当上乘。王晶的《审死官》创下票房佳绩，张彻徒弟吴宇森的《英雄本色》成为香港电影的一座丰碑；而徐克与李连杰合作的《黄飞鸿》系列也风靡一时；刚从编剧转型导演的王家卫也找到了合作拍档杜可风，凭借《阿飞正传》、《东邪西毒》逐步奠定自己艺术片大师的地位。

1995年11月，香港的《明报月刊》上赫然出现“香港电影之死”的醒目标题。香港电影业的由盛转衰的事实被毫不客气地揭露出来。

一则是电影产量整体下降。六七十年代香港国语片、粤语片主宰市场的局面一去不复返。香港本土狭小，电影制作的主要商业动力就在于外埠发行的收入。当年“邵氏”鼎盛之时，也以雄厚财力试图开拓欧美市场，最终无果。因此，港片的主要发行还是在台湾、韩国和东南亚等地。在香港电影黄金时代的八十年代末和九十年代初，台湾电影不景气之下，不少台湾演员都来到香港发展。但是，随着九十年代好莱坞外语片

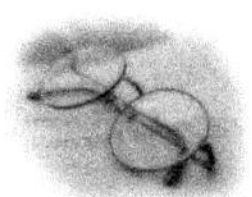

开始冲击台湾市场，也连带动摇了香港电影的走势。1991 年时韩国还以 630 万美元进口了 64 部港产片到韩国上映，到 1997 年这一局面就被外语片和韩国本土片完全打破。外埠需求量的减少，直接导致香港电影产量的下降。从 80 年代的每年 200 部减产到每年 100 来部，甚至出现连续三年年产量不到 100 部的情况，这是香港电影半个世纪以来少见的现象。最具象征性的就是，《侏罗纪公园》先在 1993 年创下六千万元票房佳绩，宣告了西风来袭。1997 年的票房冠军不但被好莱坞电影《泰坦尼克号》所占据，其票房成绩 1 亿 1494 万港元也是至今为止的最高纪录，票房亚军的《迷失的世界》也超过港产片九十年代以来所有冠军港片的票房值。

二为电影人才流失严重。1997 年香港回归前，引发了一股香港移民潮。如凭借《英雄本色》而崛起的吴宇森，《上海滩》走出来的周润发，以《龙虎风云》使得英雄片再起风云的林岭东，以《黄飞鸿》宣扬了其家国情怀的徐克，以及成龙、洪金宝、李连杰等等香港的优秀的电影人才，而这些人基本上代表了香港电影黄金时期的最优秀的人才。已经成熟的电影人纷纷移民，但是年轻的一代电影人还没有接上。这让人不由得感叹，现如今，还有几个富有财力和魄力的公司和机构能够像六七十年代“邵氏”构建的香港演艺明星的“黄埔军校”一样，为香港电影界输送源源不断的新鲜血液。

三为金融危机与盗版双面夹击。踏入九十年代中期，科技的普及化，让盗版猖獗，电影收看方式随手可得，已非电影院专利，此情况大大冲击传统电影业的制作发售等盈利模式，使香港电影工业蒙受巨大损失，电影制作规模全面收缩。加之 1997 年，香港又遭受亚洲金融风暴的侵袭，经济全面倒退，投放电影的资金减半。其实随着科学技术发展的影响，电影越来越受到更多来自新电子媒体娱乐的影响，尤以 1996 年开始以

“文化立国”战略开始发展电子游戏业和动漫业的日本，就以其特有的新媒体娱乐姿态横扫亚洲市场。这无疑都令香港电影业“屋漏偏逢连夜阴雨”，士气低迷，徘徊不前。

四为内地市场开放又限制，不能提振香港电影业。香港回归中国，成为特别行政区，实行“一国两制”，香港电影人也开始寻觅新生的市场。九十年代末，香港电影人开始大举北上，与大陆的电影精英不断互动交流，大批合拍电影出品，如《风云雄霸天下》、《中华英雄》、《蜀山传》等。广阔的大陆市场一方面让香港电影重新获得新的资金和市场，但另一方面碍于内地的政策规矩、保护主义、审查制度等因素，大大制约传统港产片的自由创作，灵活多变、活力十足的香港电影出现了失本土化和内地化。内地在1994年7月颁布了《关于中外合作摄制电影的管理规定》，这也是第一部正式出台的合拍片管理规定，在包括审批、审查、管理等方面都做了明确的规定，甚至规定了各类制片厂的合拍片的数量比，这些条条框框的规定制约了合拍片的进一步发展；而在1996年8月的长春电影节期间，电影局召开了全国电影合拍座谈会，提出了今后的合拍片要“以我为主”的原则，后来又进一步的要求主创人员除导演、编剧、摄影师应以我境内居民为主以外，担任主要角色的我境内居民一般不少于50%。如此量化的规定对于以寻求合拍的方式突破的港产片而言无疑又是一个沉重的打击，而1996年的合拍片只有29部，1997年下降到25部。

但是，就在这样低迷的香港电影时期，1997年，邵逸夫却重打“邵氏”兄弟电影公司的旗号，将大都会的“电视企业”股权全部收购。此举，颇令时人费解。究竟是想采用股市的方式趁着熊市大肆收进，还是邵逸夫有重新出山的意图？重整的“邵氏”，当年翻拍了张彻的《马永贞》，并未取得理想效果。

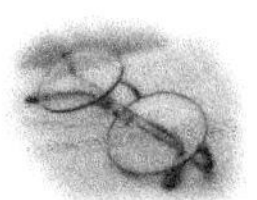

1999年，邵逸夫将“邵氏”760多套电影的版权卖与马来西亚的Usaha Tegas SdnBhd财团，后者成立天映娱乐公司。该公司宣称，为推出专为全球亚裔观众而设的亚洲语言电视网络，天映娱乐成功收购了邵氏兄弟（香港）有限公司的电影库，它是全球最大的中文电影库，集合大量经典中文电影，而且品种多元化，大部分竟自当年电影院首映后便再没有公开播放。邵氏经典片库乃天映娱乐之华语产品内容之基石，并借此建构综合内容策略，当中包括全球性电影频道、世界多媒体内容发行、电影制作，以及以不同语言制作的节目(如：华语、韩语、印尼语、马来语、印度语等)，还有重拍那些邵氏经典电影或拍摄续集等。天映频道作为全球第一个华语电影频道已正式启播。该频道致力开拓全球华人市场，为全球电影爱好者提供精彩优质的华语电影。与此同时，集团亦积极拓展其他综合性影视业务，其中包括制作、发行、展览及电视网络，是一个综合性媒体机构。

自购买“邵氏”影片后，“天娱”开始修复并以每月10～20部的速度发行，至2007年全部发行完毕。往日的“邵氏”经典竟以这种“与时俱进”的方式重新展现在影迷的视线中。而已是耄耋之年的邵逸夫，再一次在整个香港电影业如此萧然的时候，微笑着看到“邵氏”佳品在娱乐市场上的回响；也再一次以出乎人们意料的方式倾诉了他对电影事业的钟爱。当然，极度敬业的商人邵逸夫，也因此让尘封在“邵氏”仓库的所有作品，再一次产生了经济价值。

邵逸夫的电影情结似乎并没有消失，1999年“邵氏”与中国星联手挫败嘉禾夺得将军澳影城用地，征战影坛的雄心又起。2001年，邵逸夫与方逸华夫妇成立“电影动力有限公司”和“星艺映画电影公司”，初期作品包括《绝色神偷》、《漫画风云》、《惊天大逃亡》，以及2003年重打邵氏旗号的刘家良作品《醉猴》。随着斥资11亿港元在将军澳兴建“香港电影城”的工程启动开展，影城设施包括后期制作中心、行政大楼、摄影厂、电影院及展览厅等。邵氏亦正式宣布，待影城建成后，将陆续开拍新戏，以刺激电影市道。2004年“电影动力”即有作品《新扎师兄之青年干探》上映，而一系列的重拍邵氏经典旧作的计划也在酝酿之中。

只不过这一切，他则委托给了一辈子的红颜知己——方逸华，那个在发妻之外唯一钟爱的女子。

执子之手，与子偕老

我如果爱你——
绝不像攀援的凌霄花，
借你的高枝炫耀自己；
我如果爱你——
绝不学痴情的鸟儿，
为绿荫重复单调的歌曲；
也不止像泉源，
常年送来清凉的慰藉；
也不止像险峰，
增加你的高度，衬托你的威仪。
甚至日光，
甚至春雨。
不，这些都还不够！
我必须是你近旁的一株木棉，
作为树的形象和你站在一起。
根，紧握在地下；

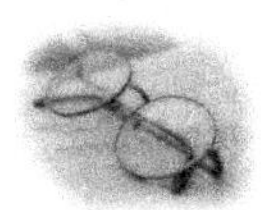

叶，相触在云里。

每一阵风过，

我们都互相致意，

但没有人，

听懂我们的言语。

你有你的铜枝铁干，

像刀，像剑，

也像戟；

我有我红硕的花朵，

像沉重的叹息，

又像英勇的火炬。

我们分担寒潮、风雷、霹雳；

我们共享雾霭、流岚、虹霓。

仿佛永远分离，

却又终身相依。

这才是伟大的爱情，

坚贞就在这里：

爱——

不仅爱你伟岸的身躯，

也爱你坚持的位置，

足下的土地。

——《致橡树》中国·舒婷·1977

自从45年前在新加坡的一次邂逅，一位红极一时的年轻女子，从此开始了漫长的等待。

年龄的悬殊，身份的差异，让她始终被世俗的目光扫描，但她从不辩解，也从不在意，就像一棵木棉，注视着心中的橡树。

这个女子就是方逸华。而她一生所追随的男子，正是邵逸夫。

曾是歌女的方逸华，自幼就音乐天赋过人，17 岁时出落得标致动人，歌也唱得甜润嘹亮。远赴印尼演唱，初试啼声，便已一鸣惊人，为当地的知音人士击掌赞赏。应邀至新加坡的歌坛主唱，因为歌声情感充沛，赋性温柔，深得人缘。所以每次登坛，都造成轰动的盛况。主事人常以其叫座力强，每次合约届满，例必殷勤挽留续约，如是者历时三载，依然盛况不衰。

1952 年初识邵逸夫后，不甘坐享其成，坚持努力自己做事。从 1956 年 9 月赴香港后，先后被聘请演唱于“丽池”、“都城”、“大华”等著名夜总会享誉极隆，被誉为东方的“比蒂比芝”。曾多次在香港电视演唱，令蒙娜(她的小名)之歌，家传户晓。此后，事业渐入佳境，奔波于埠外各地演唱不辍。1957 年她曾赴菲律宾首都马尼拉及台北献歌；1958 年转赴澳大利亚；1959 年远赴重洋，赴美洲大都市旧金山演唱，所到之处，颇得盛赞。

就这样一个好强自立的女子，却在 1969 年应邵逸夫之邀，放弃自己如日中天的歌唱事业，转入“邵氏”做了一个普通职员。她从邵氏的采购部做起，四年后转任制片，逐渐做遍公司的每个环节，攒足了资历后进入高层，四十余年间，逐渐成长为邵逸夫最重要的事业助手。在这四十年中，“邵氏”从大制作大投入的鼎盛时期，渐渐开始注入成本控制的节流阀，最终在七十年代成就了“邵氏”最赚钱的纪录，也为邵逸夫的战略调整做着细致的配合工作。期间，不乏有演职人员对方逸华的“管家婆”式成本控制的做法抱有怨词，也不乏在“邵氏”已经调整策略转投电视后坚持小

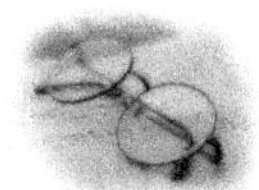

成本制作无力与“嘉禾”等抗争时对她的责难。她始终是不辩解，只做事。

就这样一个默默为“邵氏”奉献了整个青春的女子，从青丝到白发，却从没有令自己的爱情成为人们的笑料谈资。因为珍爱，所以不愿拿出来与人道白；也因为真爱，所以也不必拿出来晒。人们只是在猜测之余，纷纷感叹这样的奇女子，与邵逸夫这样的奇男子真是一对令人羡慕的人间伴侣。

邵逸夫是个有家室的人，更是个有情有义的人。不能轻薄方逸华的感情，却也不能辜负发妻黄美珍的夫妻恩情。所以，四十多年，他没有给过方逸华正式的名分，但是却让她走进了自己生命中最钟爱的事业。

于是，世人猜测，一代传奇的影视大亨，该会给方逸华一个什么样的承诺？

1987年，邵逸夫的发妻黄美珍在美国病逝，享年85岁。他们的这段婚姻维持了整整50年。黄美珍病逝后，尽管邵逸夫和方逸华结婚在众人眼中是迟早的事，但邵逸夫面对记者的一次次追问都笑着以“没打算”为由搪塞。

直到1997年，妻子黄美珍逝世10年后，邵逸夫终于决定再婚，迎娶这个伴随自己四十余年的红颜知己。1997年5月6日，邵逸夫和方逸华来到美国拉斯韦加斯登记并举行婚礼。90岁的新郎邵逸夫，62岁的新娘方逸华，他们历经40多年的爱情长跑，终于有了一个圆满的承诺。

一如四十年来默默坚持的一切，62岁的方逸华一再要澄清，“我和老板结婚，不是为了他的钱，因为我们将所有的钱都捐去基金会了”。这个倔强的女子，丝毫不为自己四十年的岁月而计算报酬，也没有为四十余年的等待而心生怨恨，却急于要表白自己的内心，仿佛这迟来的婚姻会令她多年的坚守蒙羞。而90岁的邵逸夫，也面对记者高声说：“我同方小姐做了多年朋友，又一起工作了45年，结婚不单带来了正式的名分，也确定了方小姐日后的幸福。”耄耋之年的老人，是要用自己剩余的时光弥补内心多时的亏欠。

婚后他们原有的生活没有什么改变，不像普通夫妻那样长相厮守，他们已经习惯了这样相望但不相守的生活和爱情，依旧住在各自的家，平日两人一起在电视城上班，周日方逸华才会到邵家，和“六叔”共进午餐，每次她大概逗留3小时。其实他们的居所相隔只有5分钟车程。

除了生活起居不变外，做了邵太太的方逸华在“邵氏”一如既往的同那个“永不退休”的人一起工作。早已知天命，仍然“制天命而用之”的邵逸夫，在102岁的那年，亲手将毕生从事的事业托付给了79岁的她。

她一如既往地平静，接过来，继续一如既往地工作着。唯一不同的是，邵逸夫终于停下了仰望天空，开始静静地注视着身边这棵将“根”早已紧握在一起的“木棉”。

智慧与启迪

九十年代的香港和中国，迎来了又一个“大时代”，九十岁的邵逸夫又一次走进了这个大时代。正所谓“耄耋皆得以寿终，恩泽广及草木昆虫。”邵逸夫在商场知进退，“不战而屈人之兵”，以平局求和谐；在事业，花开虽盛而钟情犹不改，令“邵氏”佳品世间流传；在人生，“执子之手，与子偕老”，给那等待了半个世纪的钟情女子，一个幸福的港湾。

这是一个有情有义的奇男子，岁月不能消磨他的意志，风沙不能遮蔽他的钟情。赤血染沙场，青春成白发，揽一世之情怀，邀一生之佳人，笑看人生火树银花。

第9章

天地之子：聆听世纪回声，得归夙愿做“逸夫”

笑看《创世纪》

2000年，是耶稣自创元的第二千年。

大约五百年前，文艺复兴大师米开朗琪罗为罗马西斯廷教堂创作了巨幅天顶画《创世纪》，以“上帝创造世界”、“人间的堕落”、“不应有的牺牲”三部分组成，人物多达300多人，每幅场景都围绕着巨大的、各种形态坐着的裸体青年，壁画的两侧是生动的女巫、预言者和奴隶。作品场面宏大，人物刻画栩栩如生，将上帝创造世界的故事和基督教的精神表现得近乎完美和令人震撼，成为欧洲文艺复兴艺术的最高峰。

《创世纪》，整个画面气势磅礴，力度非凡，拱顶似以因无法承受它的重量在颤抖。其中《创造亚当》是整个天顶画中最动人心弦的一幕，这一幕没有直接画上帝塑造亚当，而是画出神圣的火花即将触及亚当这一瞬间：从天飞来的上帝，将手指伸向亚当，正要像接通电源一样将灵魂传递给亚当。这一戏剧性的瞬间，将人与上帝奇妙地并列起来，触发我们的无限敬畏感。体魄丰满、背景简约的形式处理，静动相对、神人相顾的两组造型，一与多、灵与肉的视觉照应，创世的记载集中到了这一时刻。上帝一把昏沉的亚当提醒，理性就成了人类意识不停运转的“器”。亚当慵倦地斜卧在一个山坡下，他健壮的体格在深重的土色中衬托出来，充满着青春的力与柔和。他的右臂依在山坡上，右腿伸展，左腿自然地歪曲着。他的头，悲哀中透露着一丝渴望，无力地微俯，左臂依在左膝上伸向上帝。上帝飞腾而来，左臂围着几个小天使。他的脸色不再是发号施令时的威严神气，而是又悲哀又和善的情态。他的目光注视着亚当：他的第一个创造物。他的手指即将触到亚当的手指，灌注神明的灵魂。此时，我们注意到亚当不仅使劲地移向他的创造者，而且还使劲地移向夏娃，因为他已看见在上帝左臂庇护下即将诞生的夏娃。循着亚当的眼神，美丽的夏娃，也正用明亮妩媚的双眼偷偷斜视地上的亚当。在一个静止的画面上，同时描绘出两个不同层面的情节，完整地再现了上帝造人的全部意义。

就这样，在上帝的注视下，人类经过漫长的摸索，走到了2000年。回望身后的历史，俄罗斯导演苏古诺夫(Aleksandr Sokurov)也忍不住像米开朗基罗一样，拿起了手中新的“画笔”——摄像机，徐徐展开一幅令人惊异的画卷：

在90分钟一镜到底的拍摄方式中，摄影机随着一个俄国电影制片人刚刚死去的灵魂，闯进了一座三百多年前巴洛克式的俄国宫殿中，他在此地遇到了一位已死去二百年的法国公爵，两人一路聊得极为投机。他们一边交谈、一边穿梭于宫殿里的每个房间，恣意徜游于俄罗斯帝国纵跨4 个世纪不同时空中的艺术、哲学、音乐、文学、政治、文化与历史的思辨中。他们品论着俄国的艺术与历史并悠游于这段时间航程，不但穿梭了彼得大帝的鼎盛时期、凯瑟琳女皇的辉煌年代和沙皇二世的最后晚餐等不同时空，还参加了末代皇室的一场华丽的宫廷舞会，也亲眼目

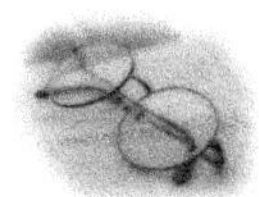

睹了俄罗斯数百年历史的风云变化，和皇朝的兴盛与衰弱。但他们却也因为自身对俄国历史文化的见解不同，而发生争执：公爵一贯秉持着西方国家对俄罗斯爱恨交织的传统情感，而电影制片人却深思和质疑着他的国家的过去与现在…。

片尾一个声音道出旁白：

“真可惜，你现在不在这里。你终将明白所有事情。看哪，四周都是海，我们命中注定要永远航行，永远活下去”。

像是对西方的回应，2000年的中国香港人，也捧出了自己的务实于尘世生活的《创世纪》。

《创世纪》：1999年，香港无线电视(TVB)出品的家族商战电视剧。分两辑，共107集(第一辑共51集，第二辑共56集)。故事讲述一名商家发迹的经过，并以力天世纪建筑公司及“无烟城”计划作中心，以香港过去三十年地产界风云变幻为背景，描述一段跨越两代的恩仇。三个男人叶荣添、马志强、许文彪命运偶然的纠缠交错，最后却一起堕进仇恨爱欲的深渊。

这部香港当时耗资最大的电视剧，几乎动用了“无线”台前幕后的全部精英演艺人员。罗嘉良、陈锦鸿、郭晋安、古天乐、陈慧珊、蔡少芬、邵美琪、郭可盈、叶佩雯等全部出马，除此以外，还请到久未出山的“阿姐”汪明荃；以及第一次拍摄电视剧的吴奇隆和王敏德。该剧由郑基成执导，戚其义监制，其他如摄影、化妆、置景、道具、灯光等也是当时极其罕见的强大阵容，可谓是TVB多年来集大成之作。尔虞我诈的商场之争、变幻莫测的情感纠葛令观众深深入戏，家族、商战、义气、感情，每场戏都很精彩，牢牢抓住观众的心。据称，在上部播完停顿一段时间才播下部，以致闻说下部刚要播放时，连路边的买菜小贩都在大喊，“叶荣添，岑颖欣又回来了！”其影响程度可见一斑。

许多初入社会的年轻人，竟把这部电视剧奉做生活教科书，或视其为港商白手起家的奋斗史、男人梦想的实现历程。将叶荣添封为心中的偶像，因为他体现了一个男人的成熟、智慧和忍辱负重的魅力。对汪明荃扮演的方健平，优雅独立和洞察世事的智慧，钦佩不已。甚至在《创世纪》里一些经典的台词都被粉丝们整理成手册，以备随时指导生活，譬如：“一个人什么都可以输，就是信心不能输”。“当所有人都在反对我指责我的时候，我所能做到的就只有坚持”。“钱能解决的问题就不是问题”。“有人在的地方就会有变数，有变数就代表还有机会”等等。

香港人在影视作品中，再一次把他们挣扎人世、改变人生、享受人生又洞察人世的智慧和创造力倾注进去，也让世人见证了香港人创造新世纪的勇气。

就在TVB电视剧《创世纪》热播不久，掌门人邵逸夫竟再次以百岁之高龄，欲为TVB觅一个新世纪。

2006年，已届百岁的邵逸夫，仍然像往常一样早起，练功、喝茶、看TVB的电视剧。就在这年中，因为肺炎，邵逸夫住进医院接受治疗。方逸华也一改平常的按部就班上班的节奏，整日陪伴在病房，精心照料。却不知，窗外已是满城风雨，人们对于这位身家数百亿的百岁老人是否会因此而彻底“休息”，纷纷猜测不已。与此同时，各路身怀绝技的商业大亨们，也纷纷开始揣测这是否意味着一个巨大的娱乐航母就要出现一次世纪的交替。

各路媒体开始纷纷捕风捉影，抢先猜测“邵氏”股权转移的各种可能性。各路商业大亨与“邵氏”接触的蛛丝马迹也都被媒体极力捕捉和进行推测，兴奋地等待着劲爆的消息，以便掀起又一股街头巷尾的话题。

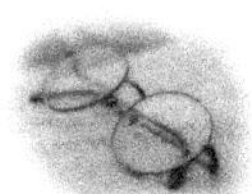

但是，出乎人们意料的是，邵逸夫康复出院，并且还一如既往地出席了TVB三十九周年台庆，手挽耀眼女星步入舞台，笑容满面，亲手按下台庆灯，开启亮灯仪式。全台艺员及当晚266万名电视机旁的观众与他一起度过百岁寿辰。关于TVB易主的股权之战传闻也由此而偃旗息鼓。不过，对于一位百岁老人来说，人生至此，已是常人所难及之处，纵个人已是宠辱不惊、看庭前花开花落，去留无意、望天上云卷云舒，但对于这个承载了邵氏家族血脉，又凝结了自己和多少人才华和心血的“邵氏”帝国来说，是该为它寻找一个新世纪了，对于他倾注心血打造的TVB，也该为它让出一条通向新世纪的路了。

其实，“邵氏”及“邵氏”控股的TVB在这位倔强的老人手中，已经屹立了半个多世纪，见证了时代、香港和邵逸夫的辉煌和荣耀。“滚滚长江东逝水，浪花淘尽英雄。是非成败转头空，青山依旧在，几度夕阳红。”进入21世纪的“邵氏”和TVB，必将会成为年轻一代挥洒的舞台，邵逸夫知道，是到了退休的时候了。

其实，早在1990年，这个一向慎言的老人就已经对媒体透露过自己对于TVB和“邵氏”未来的考虑了。当回答香港《亚洲周刊》的记者采访时，邵逸夫表示新加坡和香港的事业都需要有相当经验的人才能接班，因此不一定非要是儿子接班；反倒需要有公众公司(即上市公司)，而不单靠家族经营，需要聘任对生意有兴趣而又愿意投入的人士……足见，声言不退休的邵逸夫，实际上是用毕生的经验耐心等待着能够“有兴趣又愿意投入”的有经验的接班人，因此，儿子也并非一定就是接班人。这不禁令人想到，坊间察言观色得出“邵逸夫子女缘薄”的结论，恐怕是并不了解邵逸夫苦心的妄断之言。

对此，深度关注TVB的人们也深忧“无线”未来，乐评人马向新就坦言，因为希望观众是最大的受益者。无线因为长年缺乏竞争，已造成一台独大现象，演员年龄大、机制僵化，如果能进行一定改革就最好了。

2008年5月14日，TVB停牌并发布公告称，公司本身并没有关于股权出售的事宜在商谈，但却“知悉公司主要股东邵氏兄弟的控股母公司Shaw Holding正与意向人士代表商讨出售邵氏兄弟的股份的可能。”

这一次，不再是传言，邵逸夫是真的着手为TVB寻找新的掌舵人了。不过，此间的风起云涌却再次令人有TVB港剧紧抓人心的精彩。

5月16日，香港电视广播有限公司创始人兼董事局主席、百岁高龄的邵逸夫爵士正在进行谈判，计划出售在这家全球领先的华语传媒集团所持股份。

买下这家香港电视运营商的股权，私人股本集团将能够控制屈指可数的拥有中国大陆落地资格的外资电视台之一。TVB还是中国华南地区最受欢迎的广播电视公司，并且拥有世界上最大的广东话内容资料库。它还在包括美国和加拿大在内的海外市场拥有大规模的发行和合作业务。去年，该公司近40%的收入来自亚洲以外的地区。

这一交易不仅引起了香港和内地各路商业大亨如电讯盈科李泽楷、渤海基金、碧桂园杨国强等的关注，也引起了国际私人资本集团的兴趣，包括凯雷(Carlyle)、贝恩资本(Bain Capital)和百仕通(Blackstone)。

当时传出最有收购意向的公司包括，香港的电讯盈科、内地的渤海基金、民企桂碧园集团等。

电讯盈科，前身是香港首富李嘉诚幼子李泽楷于1993年10月创立并上市的一家投资公司——盈科拓展旗下的盈科动力。1999年底，盈动股价市值超过1700亿港元，成为全港第七大上市公司。2000年，盈动在中银、汇丰、法巴及巴克莱等四家银行组成的银团提供的110亿美元

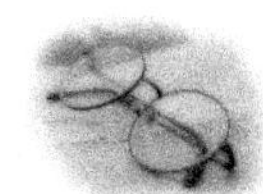

巨额借贷支持下成功收购香港电讯，使盈动由一家资讯科技和地产公司，摇身一变成为香港规模最大，同时提供固网、无线电话、互联网等综合电讯服务以及发展地产的公司，市值超过 2500 亿港元。两家公司随即在同年 8 月合并成电讯盈科。这个全港最大的通信服务供应商，也是亚洲主要综合通信服务公司。其附属公司盈科大衍地产发展有限公司(盈大地产)的主要业务是于亚太区发展及管理优质物业及基建设施，以及投资顶级物业。

内地的渤海产业投资基金，是经国务院特别批准由天津市筹办的内地一家颇有规模的投资基金。该基金于 2006 年 12 月在天津挂牌成立，规模为 200 亿元，存续期 15 年。基金初期以契约型形式设立，采用私募发行方式，首期 60 亿元资金已募集完毕。发起机构包括中国人寿、国家开发银行、全国社保基金理事会、中银集团以及泰达控股等。渤海基金的股权投资目标包括普通股、优先股、可转换优先股份、可转换债券等，非股权投资将按照有关规定购买政府证券、金融债券和其他固定收益债券等。为控制投资风险，渤海基金对民营企业的投资和担保金额，不超过基金资产总值的 10%；对单个投资企业的占股比例，控制在 10%～49%，投资期拟为 3～7 年。

第三家是内地房产民企桂碧园集团，是由广东农民出身从事房地产业起家的杨国强创建。成立于 1992 年，2007 年 4 月，集资百亿元在香港联交所主板上市，是一家以房地产为主营业务，涵盖建筑、装修、物业发展、物业管理、酒店开发及管理等行业的国内著名的综合性房地产开发企业。上市后，估计碧桂园总市值逾 600 亿元，大股东杨惠妍(杨国强女儿)持 70%股权，即杨国强家族持股市值将逾 420 亿元。

分析这几家有收购意向的集团公司会发现，他们有几个共同的特点：一是都有房地产业的重要板块和投资倾向；二是实力雄厚，电讯盈科的家底不消说，渤海基金以内地天津市为后盾，而桂碧园虽为民企，其股价市值也令人咂舌。但如果从行业的接近度来看，电讯盈科的收购最有可能给 TVB 带来新的发展，加之香港人普遍表示希望 TVB 能由香港人来办，这也令电讯盈科最有人气。不过，股权之争，买卖方往往会出于各自的考虑出牌，令真实的交易无法猜测。

由于香港对海外所有者的投票权有限制，向外资集团出售股份可能会引起担忧。尽管它并没有一个针对外资所有权的明确禁令。但电讯盈科的收购案也表明了中央政府对于传媒集团的外资控股不会坐视不管。因此，一开始风传的凯雷、贝恩资本和百仕通并未在这次收购战中真正出现。因此，这三家谁能成为 TVB 的新东家呢？

对此，邵逸夫有自己的想法，要论资产实力，这三家都能成为新东家，但是十余年前邵逸夫就已经表示要找一个“对生意有兴趣又愿意投入”的人来接办。因此，谁才是对文化传媒(特别是影视业)感兴趣并愿意投入的新东家呢？邵逸夫想了一个办法，那就是开价 100 亿港元(要求是现金)出售“邵氏”的 TVB 股权。而按照当时 TVB 的市值计算，邵氏持有的 TVB 股权市值仅值 60 亿港元左右，其中的差价显然比较大。这个做法，明眼人一看，就知道邵逸夫的出牌，是要告诉收购者，不愿意投入的人免谈，而对愿意投入的人也是个考验，这样大的差价，如果不能坚持和倾注精力去经营，那就是得不偿失了。

随后的消息显示，电讯盈科和渤海基金都闻声退出了。而桂碧园则传出的声音似乎是犹豫不决，令局面扑朔迷离。5 月 19 号，碧桂园总裁崔健波在接受内地媒体采访时还表示，碧桂园目前尚无在广播电视领域发展的计划，“我们不知道消息是怎么传出的，我们没有这个打算，也从未找 TVB 洽谈过。”5 月 26 号，恒基兆业集团主席李兆基在沈阳记者会

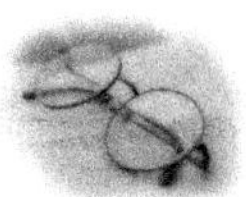

上表态称，“我承认我向(杨国强)提供资金(30 亿)，我对参与 TVB 经营没有兴趣，只是把它当做我的一项投资。”此前有消息称，杨国强已经从老朋友、恒基主席李兆基处获得 30 亿港元的个人贷款，余款则向境外银行和投资银行筹集，有意以 100 亿港元资金收购 TVB 的邵氏股权。但同一天，碧桂园集团有关人士表示，“目前不是很清楚，尽管现在很多媒体追问此事，但实际上我们也十分困惑。”紧接着，5 月 27 号传出，中国房地产开发商碧桂园董事会主席杨国强击败了包括百仕通和凯雷在内的外国私人股本集团，将以至少 100 亿港元(合 12.8 亿美元)的价格，收购香港电视广播有限公司 26%的股权。但 5 月 28 日，邵氏发表澄清声明称，目前并无因应任何对可能收购其或其附属所持有该公司股份表示兴趣而达成任何协议，随后 TVB 也发布了类似公告。正当人们对杨国强是否能够筹够钱实现收购持怀疑时，6 月 6 号的咨讯显示，李兆基接受《明报》采访时表示，有关碧桂园主席杨国强洽购邵氏所持 TVB 的股权交易一事仍在进行之中，只是不知道什么时候完成。

此事一波三折后，在 8 月 27 日，TVB 在其官方网站发表公告称，暂停办理股份过户登记手续，似乎预示着这桩买卖有“流产”的可能。到 10 月中旬，邵氏公司也发布公告称，基于当前金融市场动荡，所有可能收购邵氏或其附属公司股份的商讨均已终止。

这场收购大战就这样结束，百岁老人邵逸夫则继续等待着他心中属意的 TVB 新接班人……

百岁之童，天地之子

当 2006 年 TVB 群星闪耀的台庆舞台走上来一位笑意盈盈的老人时，全场的人们都不由地鼓掌致意。人们惊叹于这位已经 100 岁的老人，竟然还能如此精神矍铄、春风满面地来到一个青春的舞台，为这里增添了一份浓郁的吉祥之彩。

这个人就是时任TVB主席的邵逸夫。一个声言“永不退休”的老人。

究竟有什么秘诀，让这样一个驰骋商场半个多世纪，一手缔造“邵氏”影视帝国的老人，有如此的自信和力量，在一百岁之际仍能保持着健康和精力。

其实，邵逸夫的百岁之寿，与大多数百岁老人一样，都是健康的长寿，而获得这样人间殊荣的原因，不过是像小儿一般，只坚持做了一个本性纯真的“天地之子。”

衰老本身是一个自然的过程，返老还童仍然是个神话。在《礼记·曲记篇》就记称：“人生十年曰幼，学；二十曰弱，冠；三十曰壮，有室；四十曰强，而仕；五十曰艾，服官政；六十曰耆，指使；七十曰老，而传；八十九十曰耄……百年曰期颐。”也就是说，人生以百年为期，到一百岁的时候，就已经不知道怎样穿衣吃饭了，因此这时候需要孝子尽奉养之道了。这是从人体组织和功能的自然生长过程来说的，大致上，人在年轻力壮的时候就是成家立业做事的阶段，等到七八十岁，身体就衰老了，耳聋齿落、目不能视，甚至不能自理，最后走向生命的终结。这是万物周而复始的一般规律。虽然随着科学技术的发展，人们生活质量普遍提高，但大多数人到了七八十岁也就开始出现耳聋眼花，无法做事，尽养天年的情况。更有甚者，五六十岁就开始出现衰老，到七八十岁不仅身体健康状况恶化，甚至出现了老年痴呆症，实际上就是宣告了脑力活动能力丧失。现在社会压力日益加大，很多年轻人都开始出现各种亚健康的现象，甚至频频出现中青年人士过劳死、猝死的现象。在科学技术越来越发达的今天，人们征服自然的自信力越来越强的今天，人们开

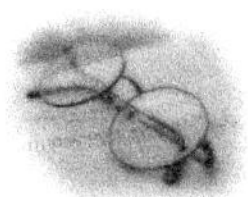

始想方设法延续生命，各种新科技含量的诊疗技术、保健品，还有各种各样的养生之道也被搜罗尽致。但是，健康的长寿仍是大多数人梦寐以求的事。健康又长寿的百岁老人们也就成为了万众瞩目的人瑞，人们希望能从他们身上找到长生不“老”的秘诀。

从邵逸夫这位百岁老人的一生看，这位百岁老人，更应该是个百岁的“小儿”，而不少今天还健在的百岁老人，实际上都如同“小儿”一般，悠游于天地之间。

百岁本是人生之期，可见难得。但是无论已逝去还是健在的百岁老人们，却基本上都是“知衣服食味”的，他们不仅没有常人在老年时期常见的身体和精神障碍困扰，还多数身体健康精神愉快从事着力所能及的工作，这正是因为他们以天地一小儿的本真性情，活得健康，活得长寿。虽不乏各种养生之道，邵逸夫实则以其一生书写着如何长寿的秘诀，那就是，做个顺天命的天地之子。

天命在于变动不居。小儿为天地之精华，富有勃勃生机与源源不断的能量。要做天地之小儿，凝结天地精华于一身，顺天应时，健康又精力充足的生活，必得如小儿般保持三个方面：一为本性纯真，于兴趣所在，乐此不疲；二为生性喜动，运动不止，生命不止；三为拥有发自内心的喜悦，平和宽容。仔细观察，会发现百岁老人们，多数有这样的特点：

其一：如小儿之本性纯真，心无杂念，往往专注于最感兴趣的事物，心无旁骛，乐此不疲。

很多人都有过这样的经验，逗牙牙学语的小婴儿时，只要是他喜欢的表情，你做多少遍，他都会发出同样欢快的笑声。有些喜爱拼装玩具的小儿，往往一个人守着玩具一两个小时都不知厌烦，如果你问他为什么总是玩，他一定回答：喜欢。并无任何成年人惯有的功利心。倒是，现在的家长们会对孩子老玩玩具表示担忧，认为这样不学习，将来如何成才，更有“负责任”的家长，威逼利诱打断孩子玩玩具，让孩子学习各种有用的知识，结果是，一个创造和设计的天才可能就此被压制，而一个平常的工作者可能就开始被塑造。

邵逸夫能够成为一个影视业的传奇，其实正是和他自幼对电影和娱乐传媒的爱好分不开的。自1896年，电影在上海登陆。上海就成了当时全国少有的几个有电影放映场的城市之一。幼年的邵逸夫十分喜欢看电影，只要上学之余有时间，他就往那几个放映场跑。1925年大哥邵醉翁创办“天一”，还是中学生的邵逸夫就极力要求跟大哥一起做事。因为还在读书，不能干全职，邵逸夫就一边念书，一边干后勤、跑发行。有时候因为借一个道具要跑几十里路，弄不好还要被大哥骂。不过，邵逸夫喜欢电影，所以不怕吃苦，就在中学毕业前，他已经在“天一”熟悉了所有部门的工作，特别是还学会了拍摄电影的技术。刚学会就在当时“天一”的头牌摄影师徐绍宇指导下，拍摄了电影《珍珠塔》。中学毕业后，邵逸夫就应大哥要求，下南洋和三哥开拓发行网，从此一头扎进电影业。

此后，兴趣和工作合为一体，兴趣就是工作，而工作的内容正是兴趣所在。其间虽然经历南洋创业的艰辛，去美国买器材时的死里逃生，甚至是因为电影坐了日本人的地牢，都没能撼动他对电影的爱好，直到近耋耄之年，他还发自内心地声明，做了一辈子的电影，还是喜欢这一行，也不打算再换了。也正是专注于兴趣，邵逸夫一生中工作不辍，数十年如一日坚持每天看数部电影(做TVB后又看电视剧)，直到90岁前，他还坚持每天上班；100岁时，他还出席每两周一次的会议。用他自己的话说，就是“每天晚上只睡5个小时，中午小睡1个小时，其余时间都在工作。”因此，当有人问他长寿的秘诀时，他说：只有保持工作才

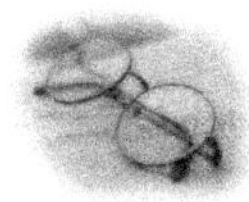

会长寿。而这个工作正是他一生的兴趣所在。

也许有人说，邵逸夫是个商人，就算没有兴趣的原因，只要工作就有财富不断累积，当然动力十足了。但是对于一个百岁的老人来说，他的财富早就足够儿孙几辈子都用不完了，钱财能支撑一个百岁老人工作的说法，是站不住脚的。不是商人的文人——杨绛先生这样的百岁老人的例子就更说明了，保持纯真本性，一生在自己喜爱的事情上工作不止，才是长寿的秘诀之一。

杨绛先生，是已故文学家钱钟书先生的夫人。1911 年出生在无锡一个有名的知识分子家庭。从小在父亲的影响下，她开始迷恋书里的世界，中英文的都拿来啃，读书迅速成为她最大的爱好。一次父亲问她：“阿季，三天不让你看书，你怎么样？”她说：“不好过”。“一星期不让你看呢？”她答：“一星期都白活了。”

早年与丈夫一起留学英国，不论是战时教书养家糊口，支持丈夫工作而甘做贤妻，文学素养和研究功底同样深厚的杨绛，没有放弃过她深爱的文学和翻译工作。

钱钟书从昆明回上海后想写《围城》，杨绛甘做“灶下婢”，辅佐夫君全力搞创作，闲时在陈麟瑞、李健吾等人的鼓动下，尝试写了部四幕剧《称心如意》。没想这位自称业余的剧坛新手“出手不凡”，第二年《称心如意》在金都大戏院上演时“引来阵阵喝彩声”，一鸣惊人，她所署的笔名“杨绛”也就此叫开。此后，杨绛又接连创作了喜剧《弄真成假》、《游戏人间》和悲剧《风絮》，讽刺幽默，流畅俏皮，颇有英式戏剧的风格。钱钟书的小说《围城》被搬上荧幕前，导演黄蜀芹曾专门来征询夫妇俩。杨绛边读剧本，边逐段写出修改意见。电视剧果然名声大噪，一时在全国掀起热潮，而出现在每集片头的那段著名的旁白——“围在城里的想逃出来，城外的人想冲出去。对婚姻也罢，职业也罢。人生的愿望大都如此。”被无数人时常引用，实际上就出自杨绛之手，她是最懂得《围城》的人。钱钟书先生也称赞她是“最贤的妻，最才的女”。

才女杨绛，乐得做个贤妻，更乐得专注于她的爱好。因为，这两者在钱钟书和杨绛的家里也成了合二为一的事情。在丈夫和女儿都先她而去后，杨绛在《我们仨》中深情回忆一家三口每天在居室中各居一角静静读书写字的场面，和如今坚持“打扫现场”（整理钱锺书的学术研究作品），平静等待“回家”的淡定，令人动容。在安静的斗室内，一生快乐从事着自己喜欢的文学工作，从没有为文凭和职称纠结和奔波的杨绛先生，却先后创作出了《干校六记》、《将饮茶》（含《回忆我的父亲》、《记钱钟书与〈围城〉》、《回忆我的姑母》等）、《杂忆与杂写》（含《怀念陈衡哲》等）、《丙午丁未年纪事》、《我们仨》、《我在启明上学》、《走到人生边上》、《老王》(收入中学语文课本)、《阴》、《流浪儿》、《风》、《窗帘》、《收脚印》、《喝茶》、《听话的艺术》等散文(集)，长篇小说《洗澡》、《倒影集》，短篇小说《璐璐，不用愁!》、《小阳春》、《大笑话》、《玉人》等等，还翻译了47万字的法国小说《吉尔·布拉斯》，受到朱光潜的高度称赞：我国散文（小说）翻译“杨绛最好”。1958年翻译完，至1978年4月才出版的《堂·吉诃德》，还被邓小平惊讶地问道：“《堂·吉诃德》是什么时候翻译的?”

和邵逸夫一样，年近九十高龄的杨绛并没有停止工作。她开始翻译柏拉图的《斐多篇》。92岁那年，《我们仨》出版问世，写尽了她对丈夫和女儿最深切绵长的怀念，感动了无数中国人。而时隔四年，96岁高龄的杨绛又意想不到地推出一本散文集《走到人生边上》，探讨人生的价值和灵魂的去向，被评论家称赞：“九十六岁的文字，竟具有初生婴儿的纯

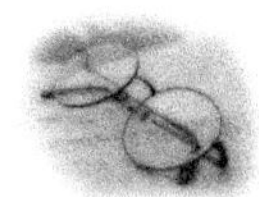

真和美丽。”

如今 103 岁的杨绛先生，仍然耳聪目明，身体健康，每天静静地做着她终生喜爱的工作。她还是不喜欢繁华和嘈杂，不喜欢被人打断自己在文学世界的悠游。

其二，如小儿般生性喜动，顺天地之阴阳平衡，汲取天地之精华，运动不止，生命不止。

很多人羡慕拥有很多钱财的人，认为他们才有足够的经济能力支撑一直购买和服用各种保健品或者补品，保持身体比一般人更好。如，据称邵逸夫曾每天靠人参支撑体力，他一年要进食人参 4 两。邵逸夫是香港最贵人参的大买家，药店有最上等的人参到达，他就全部订去了，有人说他把人参当口香糖吃，一年吃 4 两人参，夏冬两季，每季 2 两。当时的人参价是 9 万港元 1 两，也就是说，邵逸夫每年单吃人参就花了 36 万港元。这岂是一般人家能够达到的财力？

其实，多数百岁长寿又健康的老人们，都没有吃人参的习惯，很多生活在偏远的乡下的百岁老人，人参的确是太奢侈了。2013 年西安有一位叫王首镇的百岁老人，一百岁了还每天街头摆摊修理自行车，坚持不去让儿女养老。老人修理自行车每月能挣个八九百元，加上原单位每月 300 元的补助，基本上够自己吃喝。虽然老人有点眼花耳背，但牙口很好，胃口也不错，自称“我这个岁数，吃花生米都没问题，而且我能吃，一顿能吃 20 个肉包子。有一次吃面条，我一顿吃了 6 碗。”现在为了方便，老人每天吃 6 个大锅盔和 2 斤多肉，完了喝点热开水就行了。随着物价上涨，他一天吃饭至少就得五六十块钱。如何能靠吃人参保持健康长寿呢？实际上，邵逸夫真正活到百余岁，也并不是靠吃人参做到的。因为，七十岁后邵逸夫开始练习气功，就停止了吃人参。

那位修自行车的老人在记者问及长寿秘诀时，就答说，啥秘诀都没有，就是每天得有活干，“如果不是每天修理自行车动动，现在这么大年龄了肯定动不了，我这人就是闲不住。”

这是最质朴的秘诀。没有什么大事业、也没有什么毕生的兴趣爱好的普通人也能够保持健康长寿，就是因为“闲不住”，喜欢做事，喜欢不停的运动。其实婴幼儿时期，人都是保持着这样的状态。俗话说“好马不卧，好娃娃不坐”，健康的小儿除了睡眠外是一刻都不会停止运动的。他们饿了才吃，渴了才喝，困了就睡，如果没有受寒、风、热等侵袭和重力、恐吓等刺激，他们就始终是健康又活泼的。相反，成人们，或者纵欲于烟酒毒等刺激中，或者匍匐于名利等压力中，本来健康的身体就像被打破了阴阳平衡的天地，出现了倾斜，亮起了红灯，再加之各种情绪的围剿，整个人就沉沦在亚健康甚至是疾病当中无法自拔。没有健康平衡的身体，长寿也就成了无本之木、无源之水了。这也正是为什么百岁的名人往往没有百岁的普通人多的缘故，很多居住在乡下的百岁老人，并没有什么优越的条件，也没有什么五花八门的养生补品，若问及他们身边的亲人有关老人的习惯时，多数回答也是，无他，就是闲不住。

当然，对于那些有一份钟情的事业和爱好的百岁老人来说，他们也是一群闲不住的人。只不过，他们不仅工作闲不住，还常常会避开城市的喧嚣和物欲繁华，贴近自然，回归自然，汲取天地之精华，得阴阳平衡之愉悦。忙里偷闲的他们，最喜欢的就是贴近自然的运动了。

邵逸夫也不例外，他喜欢的运动方式有三种：旅游、打高尔夫球和练气功。打高尔夫球是上层社会常有的娱乐方式，不过邵逸夫随着年龄的增长很少再打。而旅游和练气功则是他最喜爱而坚持不辍的运动，百余岁的他就曾自豪地对人说说：“我走路是不用拿棍子的。”

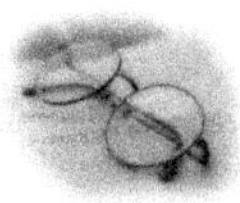

他曾向香港特首曾荫权传授这种能使自己脚步强健的秘诀，那就是：每晚睡前躺在床上，脚掌前后、左右摆动 64 次，还要转 64 圈。邵逸夫这一独特的足部养生法从中年开始，一直坚持到晚年，直到步入高龄以后，腿脚多少有些不便，才逐渐减少。

“人老脚先衰，养生先养脚”，这是古人早已得出的良训。具有中国传统文化“天人合一”思想的中国医药学，就视人体为一个仿自然系统的完整系统。按照中医的说法，人身有十二正经脉和奇经八脉，构成一个封闭完整的人体网络，维持人体的平衡和运转。中医之金典——《黄帝内经》中载：“经脉者，人之所以生，病之所以成，人之所以治，病之所以起。”并有“决生死，处百病，调虚实，不可不通”的特点。从脚腕至脚底，是保健养生的一个“重镇要区”。脚踝以下分布着近 30 多个穴位，五脏六腑、四肢百骸在脚部都有对应的反射区。因此经常转动脚腕，可以刺激这些穴位，防止各种疾病出现隐患，起到保健作用。坚持远足、旅游和健步行，都是在自然界中，呼吸新鲜空气，加快新陈代谢，令经脉通畅，心旷神怡，与天地间之万物之繁荣昌盛相应和，从而保持身体健康。

后来，邵逸夫最喜劝人习练气功。正是因为，气功是透过以呼吸的调整、身体活动的调整和意识的调整(调息，调形，调心)为锻炼方法，务求达到强身健体、健康身心、抗病延年等目的。

其中，调息就是要练习“吐纳”，是一种调整呼吸的方法。“吐”解释为呼气、释放、同化；“纳”解释为吸气、吸收、内敛。按各家流派不同，细分为按照疾缓、深浅、次数、有意、无意等各种方式相结合的修炼方法，是气功的入门必修课程。气功中所指的吐纳不仅是呼吸的意思，更深层次讲是人与自然界交融、沟通的一种方式，可理解为生物磁场同宇宙磁场同步的一种方法。

调心就是要练习“存想”。即意念想象一个场景画面并意守这个画面，在融入感受这种境界的过程中锻炼自己的心性，是强化精神力的一种方式，也是冥想、坐禅、练气前平静心情的一种方法。

最后，调形就是系统的对身体进行一种良性调节，通过一定的动作配合意识去引导体内肌肉、脏器、血脉、生物能量按照一定的规律要求运动，从而在保持运动的状态中达到身体阴阳平衡的健康状态。

杨绛先生在《我们仨》中就载她和钱钟书在英国留学时，除了读书最喜欢到处游走，饶有趣味地到处走动，观赏各种景色，而从不去各种游乐场所。回国后，这个习惯就变成三个人(还有女儿钱媛)共同的爱好，常常是一同静静的读书笔耕，一起欢欢乐乐地去外面走走。甚至在“三反、五反”运动如火如荼中，他们也是不愿意像别人一样热心运动，而坚持经常出去走动看看风景，以免得“犯错误、惹是非”。女儿和丈夫先后离世后，杨绛仍习惯早上散步，过去每天坚持走七千步，现在改为每天在家里慢走七千步，直到现在还能弯腰手碰到地面，腿脚也很灵活。她时常徘徊树下，低吟浅咏，流连忘返，吸取清爽怡人的新鲜空气。因此，杨先生虽已百岁高龄，仍是头脑敏捷，走路轻快，笔耕不辍。

邵逸夫则有“三不做”以在练习气功之外保持身心的平衡和健康，即“第一不赌钱，第二不喝酒，第三不做不正常(刺激)的事。”

所以，热爱工作的人，往往更加珍惜自然给予的一切，懂得贴近自然、回归自然，通过坚持不懈、合乎自然的运动让身体得到大自然的给养，始终保持身心的平衡和健康。运动不止，生命不止，加之做事和工作的乐趣，再长久的生命对于他们来说，都是自然的、平静的、愉悦的。

第三，有如小儿般拥有发自内心的喜悦，平和宽容。

初生之婴儿，聚天地之精华，应运而生，睁眼开始看世界，对一切

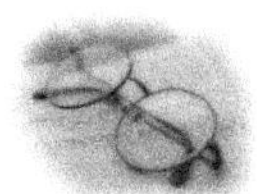

和谐美好的事物有着天然的亲近。人们常用“狼孩”的故事说明环境对于人成长的重要性，却忽略了从另一方面看，这正是因为人类之婴孩本性善良友好，连人们认为凶狠的虎狼都不愿意伤害他们，而是将他们携带走哺养。而现代人大多喜欢豢养娇小可爱的动物做宠物，多半是认为，幼小的动物也像人类的幼儿一样，总是对人充满着无条件的信任，也总是对人投以友好和善意的目光。

这足以打动任何人的发自内心的喜悦和友善，让幼儿们得到了人们的喜爱和呵护。而始终能拥有如幼儿般发自内心的喜悦的人，也往往是生活中最吸引人、也最令人感到轻松愉快的人。生活同样也馈赠了这样的人们，他们常常历经劫难，却总是能够平稳走过一道道人生的坎坷，获得圆满自足的安宁和平静，最终也赢得了人们的尊重和敬仰。

在邵逸夫一生的传奇经历中，我们所能看到的所有影像资料，横跨邵逸夫从青年到老年的各个时期，都是些充满着自信、微笑、温和从容的形象，其中一幅照片，还抓拍了邵逸夫模仿中国功夫的好玩神情。这位影视大亨，不仅做生意十分精明，更是一个童心未泯，时不时露出真性情的人。

随着年龄的增长，人们都希望自己早早富有经验、富有社会阅历、富有老到的手腕和过人的智商和情商，甚至以“少年老成”视作出类拔萃于社会竞争中的优势。孩子做不到这些的，就抱怨做父母的没有给孩子提供好的平台，没有帮助孩子直接进入社会上层，做个人上人。实际上，观察今天的百岁老人们，我们就会发现，他们都有一个很共同的特点，就是他们都经历了中国历史上变动最剧烈的一百年(20 世纪)，期间有侵略战争、自然灾害、政治动荡、社会变革和经济萧条，每个人也都经历过艰难困苦和人情冷暖，甚至是危险和死亡。但是，他们都安然无恙地渡过了。

难道是他们有比常人更坚韧的神经和更强壮的身体吗？

杨绛先生的一生就是最有力的回答。自1977年打倒四人帮后，钱钟书和杨绛才拥有了自己的一间安静的读书生活之地——北京三里河一个属于国务院的宿舍小区。他们欣喜地搬进新居，一家三口其乐融融地开始了满足的生活。其实说满足，是今天的人们所认为寒酸的，小区几百户老房子中惟一一家至今也没有封闭阳台、也没有室内装修的寓所，理由仅是“为了坐在屋里能够看到一片蓝天”(杨绛语)。直到今天，杨绛先生仍然安静地住在这里，因为这里有“我们仨”美好的一切。

钱钟书和钱媛去世后。杨绛就把这间寓所称为“人生的客栈”，称欢乐与伤悲来来往往，都成了过客，已没有什么可以扰乱她平静的心灵。寓所的华丽与否对这个老人来说，早就不是她所关注的。因为在她眼里，最美的地方，就是能够和所爱的人们快乐地共同生活和畅游的地方，无关乎大小，也无关乎华丽与简陋。其实，杨绛虽然是个文弱女子，在“文革”那样的艰难岁月中，像她和钱钟书这样的知识分子，是无论如何也逃不过批斗，接受造反派们实施的各种身心的摧残和凌辱。杨绛竟然都以非常简单的方式应对下来，这后来也都被她以轻快俏皮的语言写进了《干校六记》，今天读来，仍令人不由得佩服她用如幼儿般的友好和善意消解了来自苦难和凌辱的伤害的能力。

譬如，1966年，钱钟书和杨绛都被革命群众“揪出来”，成了“牛鬼神蛇”，被整得苦不堪言，杨绛还被人剃了“阴阳头”。她连夜赶做了个假发套，第二天照常出门买菜。群众分给她的任务是清洗厕所，污垢重重的女厕所被她擦得焕然一新，毫无秽气。她还特意把便池帽擦得一尘不染，闲时就坐在上面掏出书看，因为这里无人打扰。

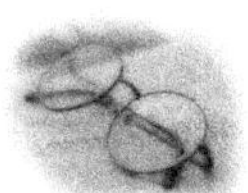

1969 年，他们被下放至干校，安排杨绛种菜，这年她已年近六十了。钱钟书担任干校通信员，每天他去邮电所取信的时候就会特意走菜园的东边，与她“菜园相会”。在翻译家叶廷芳的印象里，杨绛白天看管菜园，她就利用这个时间，坐在小马扎上，用膝盖当写字台，看书或写东西。而与杨绛一同下放的同伴回忆，“你看不出她忧郁或悲愤，总是笑嘻嘻的，说‘文革’对我最大的教育就是与群众打成一片。”其实十年“文革”，钱杨夫妇备受折磨，亲人离散：杨绛最亲的小妹妹杨必被逼得心脏衰竭辞世，女婿王得一也在批斗中不堪受辱自杀。而沉重的伤悲未把两人压垮，在此期间，钱钟书仍写出了宏大精深的古籍评论著作《管锥篇》，而杨绛也完成了译著讽刺小说的巅峰之作——八卷本的《堂·吉诃德》。

钱钟书和钱媛去世后，杨绛虽伤感最亲的人离去，却仍然将之比喻为一同来人世间游玩的顽童，“钟书逃走了，我也想逃走，但是逃到哪里去呢？我压根儿不能逃，得留在人世间，打扫现场，尽我应尽的责任。”随后就开始独自一人全身心整理钱钟书的学术遗物。

正是始终能以单纯善良、心无芥蒂的眼光感受到来自身边人和事，文弱女子杨绛的一生虽和同龄人一样历经各种磨难，却最终安然渡过。慈爱深厚的父女情、和谐默契的夫妻感情、朋友一般的母女情，甚至是来自单位那些年轻人的善意关心，都为她的一生保驾护航。类似这样温和美好的感情在每个人生活中都有，但是很多人都因为无法感受而与之失之交臂。这种温和美好的感情也是最好的保健品，并非钱财能够买到。

拥有这种如婴儿般感受美好的眼光的人，其实也都是些坚持良善原则又平和宽容的人。

比起时下许多明星和大腕的八卦新闻来，邵逸夫这样的传奇人物却鲜有能称得上是八卦的资料。尽管很多娱乐资讯用的题目都颇有噱头，但是仔细看看，其实都是一样的事实，被做了大同小异的想象，聊以吸引读者的眼球罢了。这固然和邵逸夫一贯行事低调有关，但是能够几十年如一日的低调，那就已经不是在做低调了，而是一种自然而然的行为习惯了。

相比今天的各路成名人士，不论财富的数量，动辄闹出家庭破裂、情感绯闻已经是家常便饭，久而久之，保持家庭和睦、感情专一的名人，反倒成为真正令人感动的热点。比如，有着“大众情人”之誉的刘德华，不仅戏演得好、歌唱得好，在情感方面也十分保持矜持，鲜见传闻。因此就在年龄增长、人气渐过的时候，大家才突然发现，他和多年的女友已经保持了几十年的稳定感情，这也令刘德华的新老粉丝们大为感动。

邵逸夫在香港驰骋半个多世纪，但是与妻子黄美珍始终相敬如宾，家庭和睦。当年冒着得罪新加坡一方大佬的风险，获得了与黄美珍的爱情。在日据的艰难时期，黄美珍不离不弃带着孩子支撑生意，还多方奔走营救他，等他安然回到家中。即便是后来有了方逸华这样痴心等待的红颜知己，邵逸夫也深知为他抚养四个孩子，和他同甘共苦、相濡以沫一起创业的妻子黄美珍才是这个家庭中的支柱。在方逸华进入众人视线之中后，他也毫不避讳地对妻子赞美有加，说她是生命中对他影响最大的两个人，“她是一等一的好妻子，样样都好，回到家里我没有麻烦。”因此，邵逸夫十分尊重和爱护妻子黄美珍，也决不允许任何伤害妻子的事情发生。可以试想，倘若方逸华如一般攀缘富贵求发达的俗女子，这个家定会因此后院失火，永无宁日。邵逸夫的事业如何能够安心于自己钟爱的事业？而邵逸夫若是一个不珍视感情，游戏人间的浪荡子，方逸华这样的奇女子又如何能不在乎名分也不在乎钱财，静静地等待了四十余年？直到发妻黄美珍去世后十年，邵逸夫才迎娶了等了四十余年，一

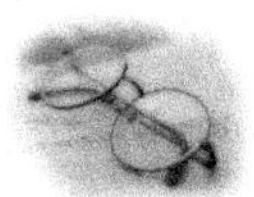

直默默守候的方逸华。可谓，于己坦荡荡，于人重情义，两不相扰。

今天看到的所有关于邵逸夫与两位妻子的故事，都令人肃然起敬。

正是一个愿意用美好的眼光看待世间人事的人，才愿意为美好的事情而坚持，懂得珍惜，懂得珍重，无论是对自己，还是对别人。

但是，如果想要做到坚持，却没有平和宽容的心态，那就是跟人较劲，跟自己较劲，坚持就变成了苦闷，别人看着虐心，自己更不可能长寿。因为，坚持美好，是首先看到了美好，然后才是为了保持美好而坚持，如果这个坚持是破坏美好，变成了悲剧，那么不怨天尤人、不沉湎于挫折中不能自拔就是平和宽容。宽容自己的失败、失意，也宽容别人的错误和伤害。

邵逸夫一生商海悠游，虽然在“争利”上令人有锱铢必较的印象，但对人对事，他始终是平和宽容的。在一般人看来的背叛和反复，如李翰祥两入两出“邵氏”，固然是有才华的人也不愁去处，但是邵逸夫则能取人长处，不计人过往，仍能两次重用李翰祥。最终，“邵氏”与李翰祥取得双赢。又如“邵氏”先后与“电懋”、“亚视”、《南华早报》、《嘉禾》的几次交手，在刀光剑影之外，仍能握手言和，维持私人交情，也是他对人与事有着宽容平和的心态。至于在片场，听闻导演喝令非工作人员离场的命令后，也是悄悄离开，并没有因为身为老板，而做出恼怒专横之举。

这正是，越是尊贵的人越谦和，而越是内心宽广的人越平和。

得归夙愿做“逸夫”

2011年12月7日，TVB宣布，公司创办人邵逸夫将退任董事局主席及非执行董事职务，梁乃鹏则获委任为董事局行政主席，由2012年1

月 1 日起生效。

104 岁的邵逸夫，终于要停止一生钟爱的工作，准备休息了。为此，邵逸夫在退隐归山之前，就已经做好了各方面的准备。

首先就是开始安排 TVB 的管理接班人，以确保 TVB 能够在他之后，继续一段时间的平稳过渡。

1997 年方逸华正式嫁给邵逸夫后，便开始参与无线决策职务，于 2000 年当上董事局副主席一职。接职后的方逸华进行了一系列的改革，实行的一系列开源节流新措施，首先拿来开刀的就是些服务多年的老臣子，精简架构，减少福利开支。方逸华的思路没有错，这些老臣子盘踞多年，基于情义六叔自然是不忍拿来开刀的，既然六叔不忍那就我来；之后又增加购买外地剧集，裁掉部分半红不紫的艺员，还有就是在热门电视剧里如《高朋满座》、《火舞黄沙》以及《向世界出发》等，大卖“软体广告”。这些措施收到了很好的“经济效应”，令无线的收入又大幅度增加，但也动摇了不少民心，令费道宜、何定钧这样的“左右手”，竟集体出走，投向“无线”多年的对手——“亚视”。同时，一些遭到弃用的无线功臣也蠢蠢欲动，准备跳槽。方逸华改革带来的震荡是能够理解的，但是她毕竟不如邵逸夫多年的经验和人脉。刚刚上任就进行比较明显的改革，令一向追随邵逸夫的人士不能接受，虽然 TVB 多年独坐龙头无人能比，但长期缺乏竞争下的机制僵化，演员年龄大等问题亟待解决，改革也是邵逸夫所认可的，但方法和力道似乎是急了点。因此，选拔一位可以辅佐方逸华，并能接过改革重任的人是当务之急。

2003 年，又一个人加盟 TVB 担任了董事局行政副主席。这个人就是梁乃鹏。

梁乃鹏，时年 63 岁，生于中国上海市，祖籍广东东莞。出身富裕，

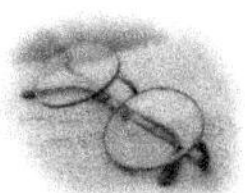

家族于 1949 年迁到香港后，家道便告中落。12 岁的梁乃鹏就开始在酒店当侍应生，依靠自修升学，20 岁读上英皇书院中学 3 年级，后来考入香港大学修读经济及政治学，毕业后远赴英国吉尔福特法律学院进修，取得律师资格。返回香港后加入“胡与胡律师事务所”，更成为事务所的资深合伙人。此外，他 1985 年起出任香港城市大学校董，并于 1997 至 2003 年间，担当校董会主席，服务共达 19 年，因此也获该校颁授荣誉法学博士学位。

离开法律界后，梁氏转而从商，担任多间上市公司的董事，在 2003 年 9 月，更获委任为电视广播有限公司副行政主席兼执行董事，同时成为旗下不同子公司的董事会成员，例如 TVBS(无线卫星电视台，是台湾第一家卫星电视台)的董事长。另一方面，梁亦积极参与社会事务，获任不少独立法定机构的公职，例如在 1993 年至 2007 年间，梁氏就为民众安全服务队处长。2012 年 5 月起将接替香港行政会议前召集人钟士元出任香港最大客运公司载通国际董事会主席。

2006～2008 年数次传出邵逸夫出售 TVB 股权的消息，到 2008 年百亿叫价使出售无果。

今天看这一段时间的动向，其实就是邵逸夫在安排好 TVB 的过渡行政主席接班人的候选者之后，开始为 TVB 觅新东家的举措。用百亿港元的叫价的方法，就是为了让无意者不必围观，希望真正有兴趣和愿意投入的人，来接手多年心血积攒下的事业。

至 2009 年 10 月 19 日，在香港将军澳电视城，邵逸夫最后一次以行政主席的身份主持仪式，为 TVB 42 周年台庆亮灯。就在那天晚上，邵逸夫宣布从 2010 年 1 月 1 日起，正式卸任 TVB 行政主席，只出任董事局非执行主席。随后 TVB 进一步过渡到方逸华任董事局副主席兼董事总经理，梁乃鹏任副行政主席兼执行董事的格局。

就这样，在邵逸夫选好过渡的管理人后，又扶上马送一程。

在2011年3月，邵逸夫终于等到了他希望的TVB新东家。

据香港星岛日报报道，过去曾多次获洽购股权均未果的电视广播，在3月31日终于由“壳王”陈国强牵头的财团赢得美人归，入主电视广播的交易终获广播事务管理局批准，令这个约62亿元代价，从邵氏兄弟手上取得TVB 26%股权的交易，在交易限期前最后一天完成，TVB逾四十年的邵逸夫时代正式结束。陈国强、王雪红及TVB昨日宣布，接获邵氏兄弟通知，已出售所持两成六具表决权的TVB股权予由陈国强、王雪红及Providence Equity Partners三方组成的财团，并于昨日获广管局批准交易。同时，邵氏基金已将公司2.59%股权，馈赠予数家教育及慈善机构。

馈赠完成后，邵氏基金的持股比率将降至3.46%，而TVB副主席方逸华的持股量则为0.26%。

陈国强究竟是何方人士，竟能在长达五年之久的TVB易主争夺赛中脱颖而出，而且其成交的股价——62亿元，是这五年当中最低的数字，2010年就曾传恒生地产主席李兆基的儿子李家杰欲90亿元收购，却被拒绝的消息。时隔不到一年，陈国强竟然以低于近三分之一的价格购得邵氏股权，足见邵逸夫的选择标准非一般的只为卖个好价钱。

从这次新东家出现到入主TVB的情况看，邵逸夫确有独到之处，其实也就是他一直坚持的原则：

其一，陈国强有兴趣做传媒，而且早就开始涉足传媒。

1958年出生的陈国强，现为香港锦兴集团董事会主席，是香港的“融资大亨”，有“壳王”之称。擅长收购空壳公司，注入资产并寻觅买家以较高价出售。2000年科技网络热潮购入金力国际，把部分股权售

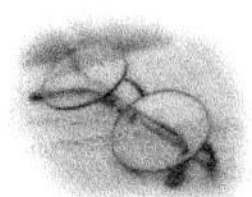

予盈科数码动力(电讯盈科前身)及日本光通信。他的 ITC 房地产公司是长江实业(集团)有限公司御用承建商之一，与香港首富李嘉诚关系密切，李嘉诚曾提供 2000 万给陈国强的 ITC 房地产公司收购加拿大一家当时岌岌可危的房地产集团取得实际控股权。10 年后，他们以 15 亿加元的价格卖回给了该公司。早年就多次涉及媒体行业，他 1999 年收购艺人谭咏麟、曾志伟等人的东方魅力并借壳 DC 财务(现星美国际前身)上市，其后又于 2000 年 5 月分拆东魅网(现星美出版前身)于创业板上市，同年年底又透过东魅斥资 1.6 亿元收购香港老牌报刊《成报》，他又曾透过中策收购《明报》10%股权及《广角镜》54%。不过，科网股泡沫爆破后，2003 年初把《成报》以 1 亿元出售予由吴征及杨澜控制的阳光文化。

事实上，陈国强与电视广播亦早有合作，他于 2005 年中联同旗下汉传媒及电视广播，分别斥资 3.5 亿及 5000 万元注资无线收费电视，汉传媒及电视广播各持有 49%股权，陈国强则私人持有其余 2%股权。虽然汉传媒于 2009 年 7 月以 2.1 亿元将其中三成股权售回予电视广播，但陈氏实际仍持有该公司约 21%股权。

邵逸夫显然看重的是陈国强较强的投资眼光和能力，况且早年涉足传媒的经历，也让他更有可能降低 TVB 股东们投资的风险担忧。

其二，就是陈国强本次收购的搭档，则能解决 TVB 未来国际化发展的问题。

陈国强本次能够收购的搭档之一是台湾女商人王雪红。1958 年出生的王雪红，是台湾“经营之神”王永庆之女，毕业于柏克莱大学，获经济硕士学位。现任台湾威盛董事长、宏达国际董事长、建达国际董事长、全达国际董事长。2011 年全球亿万富翁排行榜上，王雪红与丈夫陈文琦以 68 亿美元的资产登上台湾地区的榜首，成为新一代“台湾首富”。有过“钢琴梦”的王雪红被送往美国留学，1987年与陈文琦、林子牧创立威盛电子公司，1997年创立宏达国际电子公司。2005年宏达电成为台湾上市公司股王，2006年总身价高达七百亿新台币，成为亚洲女性首富。2011年4月，王雪红创建的宏达电市值一举达到319亿美元，首度超过了手机巨头诺基亚，令宏达和苹果的一战更加激烈。同年，乔布斯对HTC发起了全球诉讼。这一幕，和十二年前的一役如出一辙。当时，全球芯片业巨头英特尔对王雪红创办的威盛电子发起了全球诉讼。王雪红毫不示弱，最终，英特尔没能赢得官司——双方和解，签署了互换专利的协议。

另一个搭档是美国私募基金 Providence Equity Partners(PEP)。PEP为全球知名私募基金，管理的资金超过220亿美元，专注于媒体、娱乐、通讯和讯息的投资，专门从事杠杆收购交易，以及资本投资的增长。自1989年成立以来，公司已在全球投资超过100家公司，其中包括美国华纳、百度奇艺网。

对此，香港浸会大学电影电视学系主任卓博士表示，“王雪红是台湾顶尖工业家，近年积极向娱乐事业进军，以她的视野和科技能力，对于带领TVB走向新媒体，走出香港、冲出区域甚至迈向国际，应该是一股积极动力。PEP是世界顶级私募基金，在传媒投资十分有经验，财雄势大。凭借PEP的经验相信有助TVB国际化，帮助TVB开拓业务。六叔(邵逸夫)苦心经营TVB数十年，现在要将自己一手创办的电视王国交给别人，当然不希望接手的人做烂招牌，所以，能否有助TVB的长远发展，自然成为邵逸夫夫妇最看重因素之一。”

第三，邵逸夫希望TVB易主后短时间内不要震荡。

出售股权，就表示TVB会易主，新东家一定会进行新的管理和改变，这本身是无可厚非的。但是邵逸夫不希望新的东家，在一上来就进行太

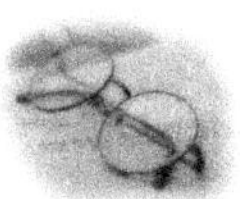

过于激烈的改革，也就是希望 TVB 能够持续一段时间的稳定，保持其发展的状况，再循序渐进地实现变革，以保住这个多年心血下铸造的“招牌”。毕竟，人们渴望看到 TVB 新的变化和振作发展，但是只有他这个多年的掌门人才知道要维持一个团队的稳定和继续发展是何其不易，稍有不慎就可能令 TVB 沉没。

所以，在 TVB 的股权出售过程中，就有了李家杰 90 亿港元收购被拒的说法，据称原因是李兆基与方逸华在 TVB 管理层的安排上有不同意见，以致洽购告吹。

而陈国强等人入主 TVB 后，也旋即宣布 TVB 的高层管理人员，包括董事局主席邵逸夫、副行政主席梁乃鹏、副主席及董事总经理方逸华等将会继续留任原职。也正好印证了邵逸夫此次选择新东家时，实际上最看重 TVB 的稳定过渡和后续发展。

股权过渡后半年，2012 年 1 月 1 日，105 岁的邵逸夫宣布正式退休。

2012 年 4 月 1 日，TVB 行政副主席兼董事会总经理的方逸华也辞职生效。

邵逸夫终于得归夙愿，做了一介“逸夫”。

智慧与启迪

迎来千禧年的邵逸夫，已经用双脚整整丈量了一个世纪，走到了人生的边上。这个少年时代就向往安安逸逸生活的人，在新世纪的头十年里，一次次回望一生钟爱的事业，耐心地等来了能够带着 TVB 走向新世纪的新一代。这个以一颗赤子之心、观世间沧海桑田、制天命而用之的天地之子，从此了无心事，策马归南山。

第10章

世纪告别：爵士优雅去，华界共敬仰

2014年1月7日早上8时许，邵逸夫爵士在西贡嘉澍路清水湾大厦住所内安然离世，享年107岁。

这里正在发生着一场安静的世纪告别……

“全世界最忙的制片家”要休息了

“全世界最忙的制片家”，香港历史最悠久的英文报纸《China Mail》曾在头条以这样的标题形容他。几乎所有与邵逸夫接触过的采访对象口中都有一句大同小异的话：邵逸夫精力过人，工作时间惊人。如果是在试片室看片，他会回家吃完晚饭，回来继续看。不管工作到多晚，第二天他依然准时出现在办公室。

但是2014年的1月8日，他将不再起来准时出现在人们的视线中。这个忙碌了一生的人，要真正的休息了。并且，自幼希望安逸的他，也希望别人都过上安逸的生活。所以，他不希望自己的离去，给人们带来任何的影响，他只是想安安逸逸地走，一个人静静地走。

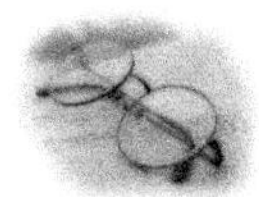

深爱他的家人们，也明白他的心意，为他举办了一场安静又庄严的告别式。

1 月 8 日晚，邵逸夫的四名儿女、十多名孙辈、亲友在得到消息后，分别从海外回到香港，见邵老最后一面。

1 月 9 日，一辆车牌号为 ML5465 的绿色灵车将邵逸夫的遗体从联合医院运往香港殡仪馆，安放在一口西式柚木棺材内。灵堂布置呼应六叔生前的低调作风，以米色和浅黄色清淡装饰，不挂牌匾。丧礼以佛教仪式进行，请来高僧诵经。因为，死亡是私人的事情，并不需要围观。邵逸夫的灵堂只是亲人最后一次告别的地方，因此不接受任何外人的参与。当晚，香港特首梁振英现身殡仪馆，他此行是出席一位老同学的葬礼，当他知道邵逸夫的葬礼也在这里举办后，也尊重邵逸夫的心愿和家属的意愿，专门委托 TVB 行政主席梁乃鹏转达他对方逸华的慰问，而并未前往灵堂吊唁。

1 月 10 日，邵家亲人们为邵逸夫举行了简单隆重的出殡仪式后，共同送邵逸夫遗体前往歌连臣角火葬场火化，火化过程仅 10 分钟，曾为影视传奇的邵逸夫化作轻烟，挥手告别了他深爱的世界和人们。邵逸夫遗孀方逸华穿黑色素雅服装现身，面容憔悴但神情平静，在坚强送亡夫最后一程后，对众人挥手致意。此后，邵逸夫骨灰将被运往新加坡，和邵家兄弟葬在一起。

同日，TVB 新闻发言人乐易玲在接受记者采访时表示，邵逸夫葬礼只会供家人出席，但会另行举行追思会供好友公众吊唁，她还明确 1 月 17 日将在邵氏影城举行追思会，因为该处为邵逸夫毕生奋斗之地，而且地方较大，可给员工及各界人士参与。

1 月 17 日，将军澳邵氏影城，为六叔举行“邵逸夫先生追思会”，追思会主礼堂中央放置了邵逸夫先生的相片，主礼堂布置以金色及粉色为主，时间为上午10时至下午6时。主办方香港电视广播有限公司表示，邵逸夫先生一生简朴节约，不重繁文缛节，出席追思会人士，毋须以哀悼的心情前来，亦毋须穿着素服或结黑领带。由于会场所限，不接受任何花圈或花篮。当日，政商界包括特首梁振英、中联办主任张晓明、慈善团体包括内地受惠机构、演艺界人士纷纷到场致意。"无线"的日常工作照旧不受影响，但会安排穿梭巴士给台前幕后人员，令有意向六叔致敬的员工均可方便抽时间到场。

次日，一切归趋平静。人们知道那个每天按时上班，专注于工作的最忙的人，从此去了天堂。不过，如果他看到，"无线"和邵氏影城的员工们，并没有因为他的离去停下脚步，仍然继续着有条不紊的工作时，他一定会满意地微笑；如果他看到，人们轻声地交谈，谈起他的点点滴滴，没有悲恸、没有哀叹，他一定会微笑地起身，准备永远地离去，因为，他的工作做完了，他可以安逸了。

但是，关于他的话题，却久久萦绕在人世间……

"东方诺贝尔"

1895年，有位叫阿尔弗雷德·伯恩哈德·诺贝尔的人，利用他的巨大财富创立了诺贝尔奖，各种诺贝尔奖项均以他的名字命名。这位瑞典化学家、工程师、发明家、军工装备制造商和硝酸甘油炸药的发明者，他一生共获得技术发明专利355项，其中以硝化甘油制作炸药的发明最为闻名，他不仅从事研究发明，而且进行工业实践，兴办实业，在欧美等五大洲20个国家开设了约100家公司和工厂，积累了巨额财富。他离开

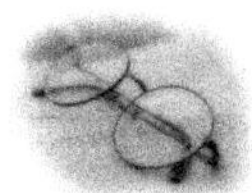

了人世，但是他的财富却继续推动者人类的脚步。

今天，人们仍然按照他的遗嘱以这个奖项来授予在物理、化学、医学、文学和致力于推动世界和平方面有杰出贡献的人士，其奖金要能够保证一位教授20年不拿薪水仍能继续他的工作。科学家们也以获得这个奖项为工作的最高荣誉，并因此受到更大的激励。

2002年，以邵逸夫名字命名的“邵逸夫奖”正式成立。由邵逸夫奖基金会每年选出世界上在数学、生命与科学与医学及天文学三方面有成就的科学家，颁发奖项，并颁授一百万美元奖金。颁奖原则是：不论得奖者的种族、国籍、宗教信仰，而以其在学术及科学研究或应用获得突破成果，且该成果对人类生活有意义深远的影响为旨要。从2004年第一届颁奖仪式至今已经举办了十一届。

与诺贝尔不同，邵逸夫爵士毕生从事影视制作业，拥有“邵氏”电影公司和TVB两座影视帝国。这位没有接收过高等教育的“青年会中学”的毕业生，就踏上了人生的创业之路。多年后，在积累了常人无法企及的财富后，他在深思熟虑之下，做出了一个决定：用自己努力积累的财富创立一个奖项，像诺贝尔一样，激励后来人。不过，诺贝尔设立奖项以深深怀念在事故中遇难的兄弟和激励同行们继续从事研究自己心爱的事业，邵逸夫却不同，他深爱的事业是电影，并为此倾注了一生的心血，但是，他仍希望瞭望所有影像世界之外的奥妙。为此，他早已开始悄悄寻找着一个通向宇宙的视窗。

邵逸夫奖的评审会主席杨振宁就回忆称，大概在1988年，邵逸夫问他为何诺贝尔奖办了那么多年还那么成功？他在给邵逸夫的回信中指出，第一，是诺贝尔奖得奖人的评选非常公正和严谨；第二，奖金金额高，尤其是20世纪初诺贝尔奖的金额，以购买力来讲，比后来要高了很多；第三个，是长久。这种国际的大奖其实已经有过很多个了，可是都没有能够长久，而诺贝尔奖，因为它处理得法，所以一直办了下去，到现在已经一百多年了。

邵逸夫听闻之后，沉吟良久。到了2002年，邵逸夫再次与他接触，说愿意设立一个邵逸夫奖。随即专门组织了一个理事会来讨论具体细节，其中有一个重要的细节，就是研究要设立哪几个奖项。在2004年的9月，邵逸夫奖就实现第一次颁奖。而邵逸夫奖在面向公众阐述奖项目的时表达了邵逸夫奖对人类社会的终极关怀——

天文学奖：

随着整个电磁波谱由电波以至珈马射线一一被用来观测宇宙，天文学在过去五十年经历了巨大的进步及发展。从宇宙的起源和演化；星系的结构和运动；星球及恒星系统的诞生、演化和陨灭；到行星系统的形成及其普通的存在，对这些问题的了解都有了重大的进展。很多奇异的名称，如超新星、类星体、脉冲星、黑洞等，都已收录在一般辞书之内，并且牵动普世万众的心灵和想象。

重大的天文学难题即将能借助传统学科的研究工具来解答，而且利用微中子和引力辐射的侦测来探索地球上实验室所无法做到的极端物理环境，有如为观察宇宙启开新窗。我们可以预期，天文学在二十一世纪将会出现一个新黄金时代。

生命科学与医学奖：

生物医学科学的发现和临床医学的新方法，将为帮助我们在与疾病的长期战斗中取得重大胜利。随着人体基因组图谱的绘成，我们现在已接近解开生老病死的机制，治疗学亦出现了令人振奋的新机会。生命科学的新见地与医学技术的进步，将为新世纪的人类带来更好的健康和改

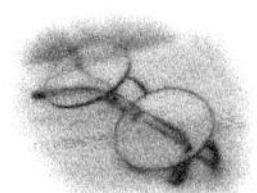

善了的生活素质。

数学科学奖：

数学是一切自然科学和现代技术的基础语言。数学在二十世纪发展精进，既开创了新领域，亦解决了重大且棘手的旧难题，影响遍及每一门创造性的科学和技术，社会科学亦受其惠。因为计算器科学、信息科技与统计学在二十世纪的发展，数学在二十一世纪对人类将会更加重要。

十年来，先后颁奖给数十位获奖者。这些获得邵逸夫奖的杰出科学家们虽与邵爵士素昧平生，但他们对科学的热爱和投入却不约而同，使他们成为了邵逸夫瞭望世界的眼睛和臂膀。

“最让我感到惊喜的是，当你告诉人们数学对世界做出了巨大贡献时，他们表现出超乎我想象的兴趣。”第十届邵逸夫数学科学奖获得者大卫·多诺霍说。现年 56 岁的他表示，自己年轻时没什么朋友，“研究数学常常使人觉得孤单，基本没人在意你在做什么。”

多诺霍曾经是个数学很好的“古怪的年轻人”，但是，就在大多数人都认为数学科学离我们的生活很遥远时。多诺霍却认为“它真的非常美丽！感觉能看见人类创造出的所有数学知识会聚在身边。”多诺霍说：“当你了解越来越深入，就感觉在享受某种特权，通过它能见证这所有人类智慧的结晶”，数学科学“能让世界变得更美好”。因此，虽然做数学研究很枯燥、寂寞，但长远来看，人们终将理解其奥秘，关心他所做的研究。

17 岁的多诺霍在一次暑期中，觉得总是做些搬运、送报的工作，非常无趣。于是，他开始学习电脑程序及数据分析，并得到了一个在大学统计系工作的机会，结果“这份工作让我陶醉”，多诺霍说“数据问题就像一个未解之谜，你需要找寻规律，侦查出关键信号……我当时只有

17岁，却在做跟福尔摩斯一样的工作，只不过是跟数字有关。”从此这个“令人激动的礼物”让他希望自己成为“数学夏洛克”。

像邵逸夫一样，热爱工作的人不愿意被中断工作。多诺霍对数学研究工作充满热爱，他甚至跟记者开玩笑说：“我有太多工作，太少时间，得知获奖后，我有点担心到香港领奖，并要接受你们的访问，会耽误我的工作时间。”

第三届生命科学与医学奖得主的美国德州大学西南医学中心的王晓东教授，是以发现细胞按程序凋亡是平衡细胞生成和防止癌症的关键步骤，而获得此项奖励的。此时，他已美国科学院最年轻的院士。王晓东所从事的是细胞凋亡规律的研究（凋亡指的是人体细胞的一个自毁装置），很多癌症就是因为细胞自毁过程无法正常启动，细胞数目越来越多造成的。为此，他和助手们进行了十分繁复的实验，研究出一种神秘的线粒体蛋白质细胞Smac，以打破肿瘤的“坚硬堡垒”，诱使肿瘤细胞“自杀”，从而为研究治疗癌症的方法提供了重要帮助。他因此获得了业界的赞赏，也令人类治疗癌症的步伐更加有力。这是无数癌症患者的福音。

谦逊、朴素、宁静的徐遐生先生是一位华裔天文物理学家。为了表彰徐遐生对天文学最重要的贡献之一，以其恒星起源和构成的学说，推翻了学界长久确立的假设，为揭开太阳系甚至宇宙形成的奥秘又迈前了一步，2009年的天文学类邵逸夫奖授予给了这位历届天文学奖的首位华裔天文物理学家。

这位常常鼓励他的学生多读小说的科学家，动情地表示“研究天文的最后，其实是为了更好地了解我们自己。”他自己也身体力行，喜欢用曼妙的语言，精灵般的洞察，还有让人欲罢不能的故事，书写枯燥的科学著作。《The physical universe: an introduction to astronomy》(中译本

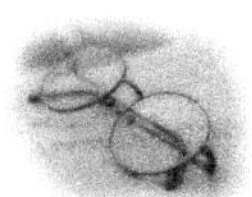

是《物理学宇宙——天文学导论》，就是根据他分别在纽约州立大学和加州大学伯克莱分校多年讲授的《天文学导论》课程提炼而成，因为其语言的通俗易懂，深入浅出，不仅成为哈佛大学物理系和天文系的必读教科书，更被翻译成多种语言，是全世界天文学爱好者的入门宝典。他这么做，就是因为“成为一个好的科学家，一定要有办法去表达给别人听，不然就你自己晓得，那有什么用？”

今年 66 岁的徐遐生，是一位出生在中国昆明的美籍华人，在上个世纪 60 年代，本来在麻省理工念物理的他，偶然认识了数学系教授台湾人林家翘，结果误踏入天文学的世界。19 岁时他和导师共同提出密度波理论，一年后发表了正式的科研论文，解释了一直困扰天文学家的星系结构问题，在学界引起轩然大波，把业界的大学者们都吓了一跳。但是，初生牛犊不怕虎的徐遐生却因此学会了人生的重要一课：“如果你觉得自己是对的，就坚持下去，哪怕对方是专家。”而让这位充满闯劲的年轻人真正转向天文领域的原因，却是天文的无所不包和永恒的故事。在徐遐生的眼里，“天文自己就是一个故事，比如，这个宇宙是怎样产生的，我们的太阳、行星是怎么样出来的，包括第三个故事，我们是从哪里来的？我们在宇宙中有什么样位置？这些问题很深，花几千年也研究不完。”

而对宇宙故事充满好奇的徐遐生，也因此对人类未知的所有世界充满谦卑。他说：“我以前常常出任伯克莱的博士后考官，在我们那栋楼的背后有个叫 union theological seminary 神学院，那边有一个博士候选人，曾念过我的书，以为我一定对宗教也有研究，请我参加答辩。他选的题目探讨的是科学和宗教的关系，要证明这两者并没有冲突”。“部分科学家都是有 faith（信仰）的，即便你能了解到宇宙大爆炸怎么来的，

你还会对宇宙继续追问下去”。“我不晓得有没有上帝，但我相信宇宙间一定有一个 fundamental law（基本法则）。”这正是天文的深邃无边令他自然而然产生的人类的谦卑。

从小喜欢画画，中学接触几何后，就发现原来可以用图画去思考的徐遐生认为，“你做研究一定会碰到解决不了的问题，如何在那个时候继续朝前走？我个人看法是，越广越好，一定要想办法走别的地”，而他转向天文学研究的最终意义就是为了关照地球。

同样是一个精力充沛、热爱自己工作的人，邵逸夫正是借助这些科学家们的翅膀，表达他对全人类的终极关怀，也是借助科学家们的眼，实现向宇宙奥秘的致敬。

“不讲感情”的慈善家

商海茫茫，能够成功的人总是少数。邵逸夫是一个十分成功的商人，而他也从不隐讳自己商人的身份。相反，他不仅努力做一个成功的商人，还视其为人生的乐趣。坦言自己是一名快乐的“工作狂”：“我喜欢做事，这样做人才有乐趣。”

商人就必须讲究精明，不讲感情。对于不符合商业利益的产品，邵逸夫从来都是十分坚决果断地，毫不留情地销毁。会因为一个演员的片子大卖而毫不犹豫的用重金聘至麾下，奉若上宾，也会因其随后的惨败和亏损而片场再遇，就视而未见。这样不少员工们在感情上一下子受不了，觉得过于现实，甚至因此而萌生去意。但是，真正了解邵逸夫的人，就明白商场如战场，将军一时的仁慈，可能成就个人的美誉，却可能让更多的追随者沙场折戟，备受牵连。邵氏老员工田丰的心里很清楚：“导演拍的戏一卖钱，马上电话就来了，今天到六爷家吃饭；三天以后不卖

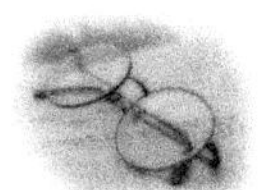

钱了，看见你，转头装没看见；说起来现实，但邵逸夫讲过一句话，我有两千多员工，我讲感情不讲死了嘛？”

评论家们会批评他是个唯利是图的商人，拍电影却不看重电影艺术。《貂蝉》上映后，不但连续半个月场场爆满，而且还在次年获得了第五届亚洲影展的五项大奖。邵逸夫十分高兴，希望颇有才华的李翰祥能成为“邵氏”的一个硬招牌，随即签订了8年长约，但后来邵逸夫却一度因为拍摄《后门》而雪藏李翰祥。因为李翰祥执导的这部影片，虽然在亚洲影展几乎捧走了所有奖杯，但票房却并不理想。在一次高层会议上，邵逸夫突然对李翰祥严厉地说：“我拍电影不是为了拿奖！”，之后近三年时间，李翰祥不曾获得任何片约。对于此事，多年后，他仍坦言：“我经营邵氏，是做生意。少人看，就少得益，所以我宁愿专心向大家都中意的娱乐(电影)着手。如果香港人喜欢艺术，可以去艺术中心，我宁愿捐钱给艺术中心，做艺术节。我拍戏，就是要拍大家都看的电影。”

他还说，他一生不做赔本的买卖。就是这样一个生意人，从来不掩饰生意场上的无情，总是捍卫生意人世代遵循的基本原则，却在生意成功后，毫不吝啬地捐赠出了锱铢必较累积起来的财富，给予成千上万的大众，让更多的人受惠、成就，也能和他一样享受做事的乐趣。

生意要赚钱，不代表不支持艺术。1977年，他捐出600万港元兴建了一个规模宏伟功能齐全的“香港艺术中心”，备受港岛各界人士称赞，但他的想法很简单，也很商业化——如果你热爱艺术，你就去艺术中心，不必苛求我拍艺术片。

生意要计较，也不代表做人不厚道。邵逸夫的公司对待员工比较严苛，他手下的艺人拿的工资也不高。但邵逸夫会赞助有才华的顾嘉辉去美国留学，做他的担保人，照顾他在香港的家人。邵逸夫态度谦和，对重要的艺人从来都是亲自接待，客客气气地迎来送往，讲究的是买卖不成仁义在，走了的人都念邵老板的好。他是人人羡慕的赚钱好手，但却说："人说赚钱难，但有了钱怎样去用，把钱用在最适当的地方，那才是更难的事！"

生意要精明，也不代表做事就一定要沽名钓誉。他是赚钱的好手，却在从上个世纪七十年代开始到现在，投身慈善，而且教育是他慈善的重要领域，据统计从1985年起至2012年，他仅对内地的教育捐赠就捐出47.5亿港元，捐建项目6013个。邵逸夫奖是面向全世界的奖项，被称为"东方的诺贝尔奖"。每年评一次，三个奖项：数学奖、天文奖和医学与生命科学奖，每个奖项100万美元奖金。数千座"逸夫楼"遍布全中国。邵逸夫基金被赞称是"是当前海内外爱国人士通过教育部捐款持续时间最长、赠款金额最大、建设项目最多的教育赠款项目，为内地教育事业的发展做出了突出的贡献。"在源源不断的捐赠中，邵逸夫很少亲自到场，也不从愿意以"恩主"的身份频频在任何公共场合出现。令无数从"逸夫楼"走出的学子们，常常不由得猜想这个"熟悉的陌生人"究竟有着怎样的面庞？

桃李不言，下自成蹊！

他悲天悯人的情怀，从来不会因为他是否到场而被人们遗忘，也永远不会因为他的离开而被人们报以颂歌随即束之高阁。因为，他已经影响了许多人，并且还将影响许多人走在"善行"的这条路上。

"他是一个特别有思想有远见的人，一个伟大的慈善家。"来自澳门的江西省政协委员梁安琪(何鸿燊的四太太，特邀澳门人士)在参加了政协江西省的会议并接受记者采访时表达了自己对邵逸夫的敬意，"邵逸夫先生是我们全国人民特别是港澳地区应该尊重的，而且以他为荣。"

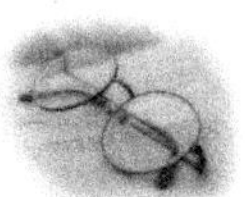

同样热衷于慈善事业的梁安琪说，“我跟他是好朋友，有时候我们一起聊天吃饭，他对我启发也很大，特别在公益事业、慈善事业上。他让我知道，用你的能力做一个好的事业，就要把这个事业回馈给我们需要的人。”

从繁华的都市到偏远的山村，从小学到大学，几乎每一座城市，都有拥有“逸夫楼”的校园。当邵逸夫先生逝世的消息传来时，“逸夫楼”背后的那个“熟悉的陌生人”才从幕后款款走到台前，不过，这却已是一个大慈善家的人间告别。

1987 年，邵逸夫集中向内地捐出第一笔教育款 1 亿港币，帮助内地 10 所大学兴建图书馆或科技馆。此后，受惠于他的学校遍布内地 31 个省、自治区、直辖市及新疆生产建设兵团的大中小学、职业技术学校及师范学校等。

在电子地图上输入“逸夫楼”三个字，一个又一个小红点接二连三地出现，那些都是邵逸夫先生参与捐赠的建筑。近年，邵逸夫基金重点支持西部的大中小学建设教育设施，以及受灾地区中小学校舍的重建工作。

越来越多的“逸夫楼”出现在校园中，虽然名字相同，但造型各异，用途不同。有的作为教学楼、图书馆、科技楼，还有的则是体育馆、艺术楼、学术交流中心、研究中心等。

国内著名的高等学府清华大学校内，有一座砖红色的图书馆，它与周围的绿色草坪、大礼堂和二校门等相互映衬，成为清华一景。这正是由邵逸夫先生捐赠的图书馆，又叫“逸夫馆”，于上世纪 90 年代落成。至今，在清华大学图书馆主页“重要捐赠榜”一栏，邵逸夫先生仍位列榜首。北京大学东门附近的白色小楼“逸夫苑”也是由邵逸夫先生所捐

建，在中国人民大学、北京交通大学、北京外国语大学、北京工业大学等诸多在京高校，均有以“逸夫”命名的建筑。

“逸夫楼”，已成为如今很多内地大学生难以磨灭的校园记忆，那里有他们学习的身影，有他们参加文化活动、听讲座的身影，有他们的青春，有他们的梦想，甚至有他们的爱情。每年的毕业时节，“逸夫楼”也是最热门的取景地之一。

所有曾经和正在受惠于“逸夫楼”的学子们，纷纷自发组织起来，通过各种方式表达他们对这位令人敬重的慈善家的衷心感谢和深深缅怀！

新浪微博上，兴起“随手拍逸夫楼”活动，号召广大网友随手拍校内逸夫楼，为老先生送行。一时间，网友们纷纷在微博上晒出自己所在学校的“逸夫楼”照片，并点燃了祭奠蜡烛。短短一天，就有近 5 万网友响应。一张张“逸夫楼”的照片，被网友称为对邵逸夫先生最温暖的追思。

云南大学图书馆“逸夫楼”前合影留念的师生络绎不绝，人们以这样的方式缅怀素未谋面却又倍感亲切的邵逸夫先生。

云南大学图书馆工作人员李险峰，是当年第一批使用云南大学图书馆的学生之一，如今已过不惑之年，并延续与云大图书馆的情缘成为副馆长。李险峰说，他不愿离开是因为这里不但凝聚了图书馆人的心血，更倾注了邵老先生对教育事业的热切关注。

云大图书馆曾是校园里最漂亮、最现代的标志性建筑，也是历届师生争相合影的地方。“图书馆是邵先生 1989 年捐助 1000 万港币建成的，是当时全省最好的图书馆。”当时正在云大读书的李险峰有幸成为了第一批使用该图书馆的学生。“这里拥有崭新肃穆的大楼和丰富的藏书，大

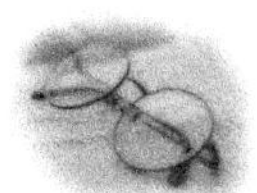

家进来都非常兴奋。”二十余年过去，云大图书馆已深深刻下岁月的痕迹，但大楼上“逸夫楼”三个烫金大字、一楼悬挂的邵逸夫画像和简介依旧激励着该校师生：“全校师生永远铭记这一辉煌义举，学习邵先生的高尚品德，为振兴中华而勤奋学习。”

经常到图书馆借书的云南大学学生苏代玉今天也特意来到这里留影。“虽然从未见过邵先生本人，但每次在图书馆里经过他的画像都倍感亲切。”苏代玉说，邵逸夫先生在云南捐建了很多教育楼宇，为云南众多学子搭建了教育的殿堂。

山东大学共有三处“逸夫楼”，按照建设时间顺序，分别是中心校区邵逸夫科学馆、逸夫理科综合楼和洪家楼校区逸夫法学教学楼。山大相关负责人告诉记者，这三处“逸夫楼”，建设最隆重的当属“邵逸夫科学馆”。“当时来投资的时候，是邵逸夫先生和时任助手、现任妻子方逸华一起来的，住在南郊宾馆，省里的领导亲自接待。”这位负责人回忆说，邵逸夫先生捐赠山大的第一笔资金为 500 万港币，用于建设邵逸夫科学馆。邵逸夫科学馆落成后，主要用于学校重要会议、讲座等，成为学子们开阔视野的“神圣殿堂”，被亲切称为“邵馆”。在这个具有齐鲁之风的省份拥有“逸夫楼”的高校就多达 13 所，还有部分中小学校。

天津市不少网友通过微博话题“随手拍校内逸夫楼”、“在所在的逸夫楼‘签到’”等方式怀念邵先生。不少网友在网上晒出自己曾就读过的“逸夫楼”照片。网友“小 2 青年学武艺”在微博上晒出中学和大学的两张逸夫楼照片，并写道：“我初高中就读于天津市第三中学，大学时是在厦门大学，可以说，我上过的学校里几乎都有逸夫楼的身影，感谢先生乐善好施，您活在广大学子的青春记忆中，深切缅怀您！”此外，不少网友还回到母校的逸夫楼“签到”，以此寄托哀思。

“我的初中就有逸夫楼。”在邵逸夫先生离世的消息发布后，在阜阳师范学院贴吧里，网友“阿锦阿鲤”说，他高中学校的逸夫楼被誉为风水宝地，每届高三都要搬到逸夫楼去上课。“沉重怀念这位老前辈，为中国的教育事业做出巨大贡献，我的中学高中大学都有逸夫楼。”阜阳师范学院贴吧网友“一个人 de 哲学”说，逸夫先生身后一栋栋高楼就是他的纪念碑。

在阜阳的逸夫楼中，属阜阳师范学院逸夫图书馆综合楼规模最大。2006 年，阜阳师范学院西湖校区要建图书馆，争取到了资金 8000 万元，其中 400 万港币来自逸夫教育基金。

邵逸夫一直以自己是宁波人而自豪，认为是宁波人善经商的传统令他早年就立志要做大事。成为商界成功人士之后的邵逸夫也没有忘记为家乡的文化教育增砖添瓦。逸夫楼遍布全国，在故乡宁波，邵逸夫捐建的教育项目同样遍地开花。据宁波市教育局统计，邵逸夫在宁波共捐赠了 4000 多万元以发展教育，捐建了包括逸夫楼、逸夫图书馆、逸夫奖学金等 20 多个教育项目。邵逸夫先生去世的消息传到家乡后，在宁波的大学校园里，不少大学生纷纷在逸夫楼前拍照留念，以此悼念邵逸夫先生。与此同时，在邵逸夫捐助过的学校里，师生们还举行集体悼念活动，缅怀邵逸夫先生。

邵逸夫对宁波第一次捐资是在 1986 年。这一年母校中兴学堂复建，邵逸夫捐资 47 万元建造镇海中兴中学。同年，他还捐资 60 万元建造奉化奉港中学。随后，邵逸夫又相继捐建了邵逸夫图书馆、逸夫书院奖学金、邵逸夫教学楼；助建宁波师院职教中心、镇海骆驼中心学校、宁波市职教中心，等等。最近一次捐款是 2013 年，捐资 320 万元助建宁波大

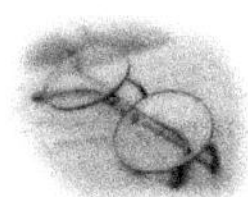

学邵逸夫楼。

得知邵逸夫先生离世，宁波大学第一时间向香港邵氏基金会发送了唁电。唁电称：“先生的辞世使我校广大师生痛失了一位德高望重、可敬可爱的仁慈长者，但先生造福桑梓、匡扶教育的无私品格将永远铭刻在宁波大学全体师生的心中！先生热爱国家、重教兴学的崇高精神也将激励我们今后更加刻苦地学习与工作，努力进取，追求卓越，把宁波大学建设成为一流的大学，为国家与民族的繁荣富强培养更多更优秀的高层次人才，以告慰先生之英灵。”

宁波大学校长聂秋华说，邵先生对家乡满怀深情，始终关心着家乡的科技与教育事业，我们一定努力办好宁波大学，不辜负包括邵先生在内的老一辈“宁波帮”对宁大的帮扶和期待。

10 日下午，宁波大学逸夫楼挂着“宁大师生感谢逸夫先生恩泽”的横幅，20 多位“方逸华奖学金”获得者在大楼前默哀 3 分钟，追思邵逸夫。一个小时的活动吸引了 100 多位在校学生参加，学生们还在纸上写下对邵逸夫先生的感念，并折了 1000 多只纸鹤。“人间的明星已逝，天上的邵逸夫星长明”，“爱国爱乡，风范长存”……每只纸鹤上都写满了学生对邵逸夫的感谢和怀念。据了解，活动结束后，这些千纸鹤装进透明的瓶子里，将在 16 日由校长送往香港，交给邵逸夫的家人。

1 月 25 日下午，邵逸夫先生追思会在邵逸夫先生的母校中兴中学举行。“敬爱的邵爷爷，您最美！”集体默哀 3 分钟后，中兴中学学生朗诵诗歌。真挚而朴实的语句，表达了中兴中学学子们对老校友的敬仰与怀念之情。此外，邵逸夫先生亲属代表、庄市街道侨联工作人员代表、中兴中学校长等分别上台追思追忆，寄托全区群众对邵逸夫先生的哀思。

缅怀追忆邵逸夫先生为祖国作出的贡献以及与家乡的点滴往事后，

镇海区委书记薛维海表示，邵逸夫先生是华人世界广受尊敬的爱国人士、海内外享有盛名的慈善大家、世界著名的华人影视巨擘、海外宁波帮人士的杰出代表，为家乡镇海赢得了巨大的荣誉。

网友“偏南风”在网上写下《七绝——缅怀邵逸夫先生》，遥寄对邵逸夫先生的缅怀：

逸夫离世世人哀，重教投资不惜财。

短暂平生何璀璨，高怀照亮读书台。

我们的六叔

迄今为止，从无数篇的媒体报道的字里行间，总有邵老先生重爱情、轻亲情的暗示。在形容邵逸夫与子女之间的关系时，四个字引人侧目：“子女缘薄”。

“邵逸夫一生子女缘薄，两子两女自小便交由在新加坡的兄长邵仁枚教养。1981 年，有传原本帮父亲打理业务的大儿子邵维铭因为方逸华入主邵氏，逐渐取代邵家子弟的地位，导致他与弟弟邵维钟退出董事局。两子移居新加坡后，父子不相往来二十多年。”这段港媒写于 2008 年的文字，虽从未得到邵氏家人的证实，也未得到邵氏父子的回应。邵逸夫和四个儿女之间的关系，也一直是人们猜测的话题。

1957 年，邵逸夫只身来到香港创业，子女皆相继成人，各自有自己中意的事情要做，并未随父亲的事业迁至香港，实属情理之间。邵氏家庭虽属富裕，但邵氏父子关系同所有家庭中父子关系一样，都是相互明白对方，但不必事事处处都要表现融洽于众人的面前。邵逸夫平生虽高调做事，但执意低调做人，自己不希望闪耀在媒体面前，当然也不愿意家人被曝露在闪光灯下，落为人们茶余饭后的谈资。

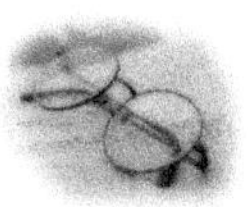

因此，在邵逸夫看来，儿女在新加坡各有自己中意的事业，如果对父亲的事业不感兴趣，大可不必勉强；或者在娱乐业没有足够的经验接替父亲的工作，也不必把这副重担非压在儿女的身上。人们多有邵逸夫重爱情、轻亲情的看法，其实不无传统父权社会下父死子继、反感女主干政的观念作怪。无论是“邵氏”还是 TVB，虽为邵逸夫所创建和倾尽心血，但也是所有员工共同的事业，家族财富父子相继是人之常情，但企业的生存和发展更牵连到许多人的生活，这就意味着不一定非要并不善于此道的儿子接替父亲来管理家族企业。相比之下，方逸华一生伴随邵逸夫左右，多年服务于“邵氏”，深体邵逸夫经营之道，是邵逸夫最得力的助手，涉入“邵氏”和 TVB 的管理既是自然之理，也是方逸华为邵氏家族企业和 TVB 所做的最大贡献。实际上，后来在安排好 TVB 股权易主之事后，邵逸夫和方逸华也先后离任董事局主席和副主席职务，遂从管理上将 TVB 交至更稳妥的人士手中，而从财产上，已经安排给信托基金妥善运营，确保了邵逸夫身后，在事业上，无论“邵氏”，还是 TVB 都有适当长期的经营和发展；在家庭上，无论方逸华，还是儿孙们，皆有源源不断的财富保障数代享用。

因此，无论世人有多少猜测，邵逸夫虽将平生精力倾注于事业，爱护儿女与妻子家人的亲情似显淡薄，其实只是方式不同，遂令人观感不同。而做儿女的，也许不能满意这不同一般家庭亲情的表达方式。但这一切关于亲情的疑虑和委屈，都随着做父亲的悄然离世而随风飘散。众儿女纷纷赶来护送父亲一程，已是古稀之年的长子邵维铭被记者问心情如何时，只一句“I feel very cold(我感到非常冷)”，即让多年的委屈与疑虑化为轻烟，随之而去，留下的只有父子情长，人生感伤。

奇妙的是，就在邵逸夫离世的当天，功夫电影明星成龙在自己电影

《警察故事 2013》的发布会，坦陈觉得对儿子房祖名不亏欠：“以前我是觉得亏欠他，但是现在没有了，这就是我的生活，我的职业，他现在也变成像我一样了，到处飞，他也没有抱怨。我觉得还蛮对得起他的，他也有了自己的生活、职业。”这是一个同样热爱自己电影事业的男人，已是耳顺之年，却自信地说，“票房我非常满意，以后还可以拍《警察故事 2016》、《警察故事 2017》，一直延续下去，到了 2020 年的时候，我就坐在办公室里，不出去打了，他们回来跟我报告就可以了，可能是房祖名跟我报告。”

在爱事业和爱家人的天平上，邵逸夫执拗地以自己的方式不断放上筹码。这个看似儿女亲情缘薄的人，却亲手成就了香港影视界的群星璀璨，如同一个勤劳的华农，痴迷于不断建造大花园，欣慰于争妍斗奇的百花间。这些出自“邵氏”的群星们，都亲切地叫他“六叔”。

在他们的眼中，六叔永远是一个勤奋又懂养生、节俭却大方、慈祥且重传统的长者。

14 岁就进入邵氏公司的惠英红，在邵氏片场附近的宿舍一住就是七年。在她眼里，六叔是个懂得疼人的前辈，“我拍张彻导演的《射雕英雄传》时中暑晕倒，邵逸夫马上赶来片场，用上海话跟我说，‘慢慢拍，总会拍完的。’也同样用上海话对工作人员说，‘慢慢拍，天热，不要逼她那么紧。’从此‘慢慢拍’这句话就总和六叔的面容一起浮现。”六叔还拿秘方给她爸爸治病，“这副药方我爸爸吃了两年多，当时医生说他最多不会超过三个月，而最后我爸爸活了三年。”英红说，虽然外界都说邵逸夫给的片酬不是行业内最高的，但是他能给你的机会多，“邵逸夫先生是一个很好的老板，对员工也非常照顾，这也是为什么他的员工都愿意一辈子跟着他。”

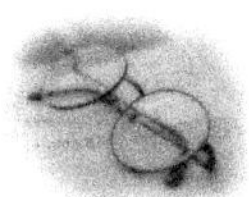

在很多张 TVB 的新年台庆大合照中，站在邵逸夫的左右手的“阿姐”汪明荃，加入无线已经 43 年的汪明荃，和六叔情同父女。六叔非常疼爱她，曾教她养生之道，教她练气功，并说“学完觉得好像很容易，但要慢慢体会”，“慢慢来，不要心急。”

自称“一直风流，但从不下流”的六叔，最喜欢和年轻的女星聊天，最得其欢心的是演员曹众和陈松伶都回忆说六叔自己生活十分简朴，却对小辈出手大方，多有爱护与照顾，“他会带我们去好吃的地方，把菜单传真给我们，在清水湾的日子我们也非常怀念，邵先生的家、邵氏电影厂还有 TVB 电视城，都在那个山头，那时候我们还都是半工半读的学生，邵先生特别爱护我们。总之，他是个很超前的人，有他在的时候，总会觉得有个希望在心中。”

香港导演唐季礼刚做导演时，是在“邵氏”的对手“嘉禾”拍片，他和成龙一起拍《红番区》等很多杀入好莱坞的戏，六叔每次碰到他却都会鼓励他说“继续努力打进好莱坞，给香港电影争光”。在唐季礼的印象中，六叔永远是一个很和蔼、很慈祥的形象，看到任何人都是笑嘻嘻的，而且为人非常大度，从来没见过黑脸的时候。特别愿意提拔新人，“可以说，香港没有一个明星没给他工作过，他对于人才教育、给新人机会这些方面都不遗余力。”

六叔曾一手打造 TVB“无线五虎将”，包括汤镇业与刘德华、梁朝伟、黄日华、苗乔伟。刘德华在得知六叔过世的消息后，心情十分沉重，表示“永远怀念，一路好走。”

香港无线电视主持人王祖蓝发文表示对六叔的怀念，他说：“你的生命，影响了我们很多员工的一生，不问回报的慈善工作，令我们引以为傲，感谢你，一路走好。”

作为参加“港姐”选拔出身签约 TVB 后出道的蔡少芬对 TVB 有着不一样的感情。在她眼中，“邵爵士很提拔年轻人，也很照顾后辈。”17 岁参加香港小姐得奖后，次年要参加 TVB 的亮灯仪式，紧张又兴奋的她看到六叔亲切和年轻后辈聊天，印象深刻。在得知六叔离世的消息，她“心里一沉，觉得好难过。”很想亲自去送一程，“他一生为这个演艺圈贡献太多了，希望他一路走好。”

1999 年初，刚满 19 岁的叶璇参加了第 12 届国际华裔小姐竞选，并成功摘得赛事冠军及最具古典美态奖。在选美后的第二天，她就接到六叔“请你加盟无线吧。”的邀请。正在大学一年级读书的叶璇随后回到香港与 TVB 签约，正式进入演艺行业，开始从事电视剧拍摄及主持工作。尽管 2005 年后离开了 TVB，但在她眼中，这次邀请就已经给自己的生活带来了翻天覆地的变化，“这位和蔼的老人，对影视行业和慈善事业都有伟大的贡献。对我，则是改变了我的人生。感激他请我到无线工作。”

吕良伟在微博上写道：知邵先生驾鹤西去，伤痛之余，也感邵先生逾百年人生，做事、做人树立榜样作用，行善积德，光照千秋；丰盈人生，留名千古。一路好走。

因工作关系没有能出席邵逸夫追思会的周润发，感激六叔为无线培训了那么多人才，没有无线就没有他。对六叔的离世，周润发说“一切在心中！”

吕良伟还对媒体表示：“邵逸夫对电影界的奉献太大，所以是我最尊重的人，邵老一生都在投身慈善事业，也是自己学习的榜样”。向六叔学习，吕良伟对慈善事业做的贡献跟他的演艺道路一样引人注目，关注医疗病患儿童，慰问孤寡老人。近年又积极投身于中国法律援助事业，担任中国法律援助基金会形象大使和理事。

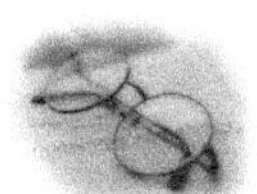

郑裕玲印象中的六叔，是个很勤奋的老板，很早上班而且不摆架子，经常笑眯眯，很喜欢热闹及看漂亮的东西，所以港姐一定看。通常在台庆看见六叔，印象最深还是六叔会笑眯眯跟她说："你很瘦！"

当年 TVB 综艺节目的主脑吴雨，回忆六叔时说："阿 Sir 从不干预创作，让制作人自由发挥。他会提建议，当年他提出买《包青天》觉得是好剧集。虽然他日理万机，但每日也抽出时间看世界各地的电影与电视节目。他很专注影视，而且是兴趣，也毕生贡献这行业，很难得。"

在 TVB 服务十年，从六叔手上接过十年服务金牌的林建明说，"我怀念六叔，曾跟他共事是荣幸与开心的。"为此不舍得卖十年服务金牌。

"香港精神"

邵逸夫爱看电影、拍电影、做电影，一生与电影结缘："邵氏出品，必属佳片"。

邵逸夫也爱看电视剧，选美女，推男星，为香港人和更多华人捧出一台台精彩的戏。

平生看尽戏里人生：爱情、亲情、友情，国家、民族、事业，功夫、风月、枪战，数不尽的悲欢离合，看不完的人间故事。

其实人生更比戏精彩——

1907年，邵家第六个孩子出生，取名邵仁楞。及长，自取字号"逸夫"。

1920年，父亲邵玉轩去世。

1921年，25岁的长兄邵醉翁以兄代父，经营"笑舞台"，带领兄弟踏入商场。邵逸夫尚在中学读书。

1925年，长兄邵醉翁成立"天一"电影公司。邵逸夫利用课余时间，做遍"天一"后勤和发行各部门。

1926年，学习编剧、摄影。“天一”出品的上下集影片《珍珠塔》，由邵逸夫与徐绍宇联合摄影；而年底的《孙行者大战金钱豹》则由邵逸夫自己主掌摄影机。

1928年，因“天一”遭到“六合围剿”，受长兄委派下南洋，与三哥邵山客一起开拓南洋电影发行网。

1930年，与三哥一起创立南洋“邵氏”兄弟（新加坡）公司，业务包括发行、放映和娱乐业。同年结识新加坡首富余东璇及其女友黄美珍。

1931年，邵逸夫赴美国购买有声电影拍摄器材，遇海难，抱一块木板漂流一夜，被救助得以生还，并购回有声器材。

1932年，邵逸夫高价请来粤剧名伶薛觉生担任主演，自任制片和导演，拍出了一部有声电影《白金龙》，轰动一方。

1934年，邵醉翁在香港开设“天一港厂”，捧出的粤剧电影《泣荆花》，则是当红粤剧小生白荣驹最拿手的剧目。

1935年，“天一港厂”出品香港第一部大型新闻纪录片《英皇银禧大典，香港会景大会》。

1936年，“天一港厂”两次失火，邵醉翁受到沉重打击。

1937年，邵逸夫编导的唯一一部影片《乡下佬探亲家》公映。同年，“天一港厂”改名南洋影片公司，二哥邵邨人接替大哥主持业务。同年，邵逸夫迎娶黄美珍，得到余东璇的祝福和五十万元贺礼。

1939年，邵逸夫和邵山客在新加坡的邵氏兄弟公司得到飞速发展。公司位于新加坡罗便臣道116号，旗下分支机构遍布马来西亚、印度支那、曼谷等地，总共有戏院超过60家，这些戏院不仅放映电影，还有马戏和戏曲表演。

1942年，新加坡陷落，进入日占时期。日军尤其是宪兵队对当地的

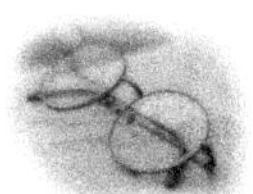

华人做出了诸多暴行。邵氏影院被摧毁殆尽，邵逸夫自己更因为“拍摄反日电影”被日子宪兵打得皮开肉绽，关进大牢。幸得妻子黄美珍多方营救，安全返回家中。

1945 年，邵逸夫和三哥邵山客开始战后重建“南洋”院线，年底恢复运行，发行上海和香港出品的影片。

1946 年，邵邨人加入大中华影业公司成为大股东之一，出租南洋影片公司的片场给“大中华”使用。

1947 年，邵逸夫和三哥在新加坡成立了马来亚电影制作公司，这间公司有别于原有的“天一”和“南洋”影片公司，专门拍摄马来语影片。从 1947～1967 年这 20 年间，总共制作了将近 160 部马来语影片。

1950 年，南洋影业公司改名为邵氏父子公司，属下南洋片场改名为邵氏制片厂，开始拍摄国语片。

1952 年，邵逸夫在新加坡邵氏旗下的大世界游乐场的新生夜总会邂逅正在这里演唱的方梦华，自此拉开半个多世纪的爱情马拉松。

1956 年，陆运涛成立国际香港电影懋业有限公司，打出“巨片标志，荣誉之征”的口号，在香港电影业欲图霸业。

1957 年，邵逸夫赴香港全权接管制片业务，而邵邨人的“邵氏”父子公司仍留原名，仅负责经营影院和影片发行。同年，邵逸夫买入香港清水湾 220 号地段 80 万平方英尺的土地，立刻动工兴建大规模的“邵氏”影城，历时七年竣工，包括 12 个摄影棚，配音间、冲印间、餐厅及员工宿舍，仅常驻合约工作人员达 500 余人，先后共耗资 700 万。被称之为“东方好莱坞”。

香港有线电视台丽的映声正式成立，成为香港此后十年间的唯一电视台。

1958年，邵逸夫正式成立“邵氏”兄弟（香港）有限公司。邵逸夫任总裁。同年，由李翰祥导演，邵氏出品的影片《貂蝉》横空出世，一举囊括了亚洲影展“最佳导演”、“最佳编剧”、“最佳女主角”、“最佳音乐”、“最佳剪辑”五项大奖。

邵氏影片也开始在每部片头打出“邵氏出品，必属佳片”的口号，成为邵氏的标识之一。

1959年，邹文怀加入“邵氏”担任宣传部主任，并找来何冠昌、梁风等人，一起对“邵氏”的制片业进行了一系列改革，成为邵逸夫的重要事业伙伴。

李翰祥执导的邵氏影片《江山美人》，创下香港电影开埠以来的票房最高纪录，并获第六届亚洲影展最佳电影金锣奖。自此开启“邵氏”十年不衰的黄梅调电影时期。

邵逸夫开始放眼更大的亚洲和国际市场。同年，与日本东宝株式会社合作拍摄《香港小姐》。

1960年，李翰祥导演的邵氏影片《倩女幽魂》成为进军国际影坛的代表作，参加当年第13届坎城影展竞赛单元获好评。

1961年，“邵氏”的南国实验剧团成立，由顾文宗担任团长，为“邵氏”培训演员。功夫女皇郑佩佩、亚洲影后李菁、功夫明星狄龙等一批当红演员皆出自该培训班。

1963年，“邵氏”与“电懋”对垒，双胞案中，邵氏《梁山伯与祝英台》获得巨大成功，斩获第10届亚洲影展四项奖，并创下台湾年度票房总收入800余万新台币的记录。李翰祥离开“邵氏”，前往台湾自组公司。

1964年，“邵氏”与“电懋”在港九影剧自由工会主席胡晋康的主

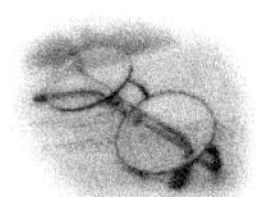

持下，握手言欢。

但不久，赴台参加第 11 届亚洲影展的陆运涛夫妇和“电懋”高层 58 人等，不幸飞机失事遇难。“电懋”自此一蹶不振。邵逸夫亲临追悼会。

1966 年，胡金铨执导的邵氏影片《大醉侠》，开启新武侠风潮。但邵逸夫批评拍摄周期过长，无法控制成本。胡金铨离开邵氏。

1967 年，张彻执导的邵氏影片《独臂刀》创下香港电影史上首个票房过百万的记录，更开了邵氏阳刚武侠片之先。

香港电视广播有限公司（“无线”）成立启播，由邵逸夫与香港铜锣湾地王利孝和等人合股建立，利孝和为董事会主席，邵逸夫为董事之一。

1969 年，应邵逸夫邀请，方逸华（方梦华改名）加入“邵氏”，开始从采购部普通职员做起。

1970 年，邹文怀率何冠昌、梁风等人离开“邵氏”，自创嘉禾电影公司，成为后二十年“邵氏”最强劲的对手之一。方逸华开始进入管理层。

1971 年，“邵氏”与“无线”合作成立无线艺员训练班，培养新艺员，并签约“无线”和“邵氏”被捧红。日后的“无线五虎”、“四大天王”等皆出自无线艺员训练班。

无线艺员培训班从后培养了大量香港演艺界人才，有“香港明星的黄埔军校”之称。

同年，“邵氏”兄弟有限公司上市。

1972 年，邵逸夫与李翰祥冰释前嫌。李翰祥指导的邵氏影片《大军阀》一炮打响，十分卖座。此后，李翰祥又执导了一系列风月片佳品，直到 1982 年再次离开邵氏，前往内地发展。

1973 年，香港邵氏基金会成立，以资助文化、教育机构和医疗机构为主，开启一系列慈善捐助活动。

“无线”开始承办“香港小姐”的选举活动。港姐得主，亦多有开始在演艺界发展。

1974年，英国女王伊丽莎白二世为表彰邵逸夫捐资办学、热心公益的精神，特授予他“皇家CBE勋”衔。

1977年，邵逸夫捐资600万，助建一座规模宏大功能齐全的“香港艺术中心”。

同年，被英国女王册封为皇家爵士，成为香港娱乐业获此殊荣第一人。

1980年，香港管事广播有限公司董事局主席利孝和去世，邵逸夫以私人股份仅次于利孝和，接任主席。

电视剧《上海滩》风靡一时。传入内地后，主演周润发和赵雅芝成为一代人的偶像。十年后，在香港评选八十年代的十大电视剧集，《上海滩》力克《射雕英雄传》、《流氓大亨》、《义不容情》等名剧，荣登十大电视剧榜首。

1981年，邵逸夫投资1亿5000万港币，联合《星球大战》特效制作班底和好莱坞制片公司，拍摄了科幻大片《Blade Runner》，中文名为《电脑人》（又称《银翼杀手》。

1982年，邱德根悉数售出其持有的无线电视约10%股权，斥资一亿港元，从澳洲财团手中收购当时丽的电视50%股权。入主丽的后，遂易其名为亚洲电视，担任董事局主席，全力以赴发展“亚视”，与“无线”成为强劲对手。

1985年，“邵氏”基本停止制作影片，院线出租给德宝电影公司。

同年，邵逸夫开始向内地捐赠出第一笔教育款项1亿港币，帮助内

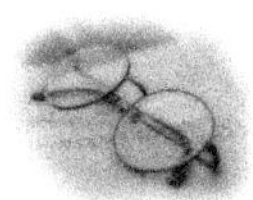

地 10 所大学兴建图书馆或者科技楼。

1986 年，“邵氏”将影城出租给“无线”作为拍摄基地。

1987 年，邵逸夫夫人黄美珍病逝于美国，享年 85 岁。

1988 年，“邵氏”兄弟有限公司与香港电视广播有限公司合组大都会电影公司，由方逸华负责。创业作为王晶执导的《撞邪先生》。

同年，和嘉禾电影公司携手拍摄的《七小福》一举荣获六项金马奖：最佳录音、最佳音乐、最佳剪辑、最佳剧本、最佳导演、最佳剧情片；勇夺三项金像奖：最佳男主角奖、最佳摄影奖。

“亚视”易主，由新世界集团主席郑裕彤出任董事局主席，高薪聘任原“无线”总经理助理周梁淑怡为“亚视”董事总经理，与“无线”对决，同年上演挖角大战、剧集对阵等激烈竞争，成就香港电视剧的黄金时期。

1990 年，中国政府将一颗新发现的行星命名为“邵逸夫星”，表彰他对内地教育科技事业的贡献。

1992 年，大都会电影公司制作，由杜琪峰导演、周星驰主演的《审死官》创下 5000 万的香港最高票房纪录，超过同期嘉禾的成龙主演的《超级警察》足足 1600 万。

1997 年，90 岁邵逸夫和 62 岁方逸华在拉斯维加斯登记结婚。

邵逸夫却重打“邵氏”兄弟电影公司的旗号，将大都会的“电视企业”股权全部收购。

1999 年，邵逸夫将“邵氏”760 多套电影的版权卖与马来西亚的 Usaha Tegas SdnBhd 财团，后者成立天映娱乐公司。

2000 年，方逸华出任“无线”董事局副主席。

2002 年，邵逸夫创办“邵逸夫奖”，设立数学、天文学和生命科学与医学三个奖项，奖项奖金 100 万美元。

2003 年，梁乃鹏加入 TVB 担任了董事局行政副主席。

2006 年，1998 年以 7800 万元投得新界将军澳市地段第 67 号电影制片厂土地，2006 年建成开始局部运作，2008 年 9 月全面投入运作。

2008 年，TVB 停牌并发布公告称，公司主要股东邵氏兄弟的控股母公司 Shaw Holding 正与意向人士代表商讨出售邵氏兄弟的股份的可能。邵逸夫以 100 亿港元出售“邵氏”兄弟的 TVB 股权。未成交。

2009 年，在香港将军澳电视城，邵逸夫最后一次以行政主席的身份主持仪式，为 TVB 42 周年台庆亮灯。邵逸夫宣布从 2010 年 1 月 1 日起，正式卸任 TVB 行政主席，只出任董事局非执行主席。

2011 年，由“壳王”陈国强牵头的财团，以约 62 亿元从邵氏兄弟手上购得 TVB 26%股权，成为 TVB 新东家。

2012 年，元旦，105 岁的邵逸夫宣布正式退休。

三个月后，TVB 行政副主席兼董事会总经理的方逸华辞职生效。

2014 年，1 月 7 日，邵逸夫安详在家中离世。

香港行政长官梁振英对电视广播有限公司荣誉主席邵逸夫离世表示哀悼，他赞扬邵逸夫长期大力推动演艺发展，又在香港及内地做公益事业，十分值得尊重。

香港商务及经济发展局局长苏锦梁对邵逸夫爵士逝世深感惋惜。他指出邵逸夫制作无数脍炙人口的电影和电视剧，是不少香港人的集体回忆。他并赞扬邵逸夫为善最乐，历年做出大量捐献，惠及科技、教育等不同范畴，而他积极和坚毅的精神，如他制作的经典电影及电视节目一样，将长留香港人的心中。

香港民政事务局局长曾德成表示，邵逸夫的离世，对香港是一个损

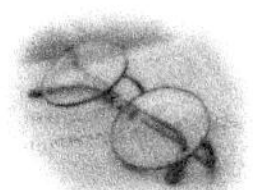

失。他赞扬邵逸夫是香港创意产业的先驱，对香港文化发展有深远影响，又是成功的企业家及慈善家。

香港电影工作者总会会长吴思远对邵逸夫的离世感到可惜，又指他为香港电影业做出很大贡献，培养很多专业人才，为香港电影打好基础，对电影业的贡献无人能及。

中国国家主席习近平对邵逸夫辞世表示哀悼，赞扬邵逸夫“一生热爱国家，关心民祉，慷慨捐赠，惠及多方。”

前国家总理温家宝更亲笔写唁电，赞扬邵逸夫长期对国家教育、科技等各项事业的贡献，相信他会永远铭刻在人们心中。

全国人大常委会委员长张德江则称许邵逸夫“投身报国事业，维护香港繁荣稳定，热心公益，泽被后世”。

中央人民政府驻香港特别行政区联络办公室主任张晓明对邵逸夫的逝世深表悲痛。盛赞邵老一生富有传奇，始终秉持爱国报国情怀和不懈奋斗精神。尤其关心国家发展，慷慨捐助内地教育、科技、医疗、影视、赈灾等诸多方面，贡献卓著，备受尊敬。其创建的事业长在，其垂立的风范长存。

各外文媒体也纷纷悼念：

《BBC》称：邵逸夫和他的兄弟们在香港和东亚创建了一个媒体帝国。他旗下制作了几百香港电影和好几部美国电影，他重金资助了中国的基础教育。

《路透社》：香港媒体大亨，亚洲电影电视帝国的缔造者邵逸夫，是香港电影业的代表性人物，将中国功夫电影带到西方，将香港这个曾经的英国殖民地打造成“东方好莱坞”。

邵氏影业出品的影片超过 1000 部，包括音乐剧、历史剧以及功夫影

片。邵氏出品的经典功夫片，如《独臂刀》，赋予这一电影题材新的定义，也让香港、亚洲乃至西方的后辈电影人受益匪浅。

《纽约时报》：影业大亨邵逸夫的善举惠及了中国大陆和香港的教育与医疗事业，获得了中国领导人及英国女王的赞扬。

《好莱坞报道者》：颇有影响力的娱乐大亨邵逸夫是整个香港娱乐产业的奠基人之一。1967 年，邵逸夫投资建立了香港第一个无线商业电视台 TVB。在上世纪 70 年代，邵氏影业每年要推出 40 部电影，每天都有超过 25 万名观众前往 143 家邵氏旗下的电影院观影。

英国电影和电视艺术学会(BAFTA)授予邵逸夫特别贡献奖。

CNBC：拥有传奇一生的香港娱乐大亨邵逸夫去世，他的名字几乎可以和低成本的中国动作和恐怖电影，特别是功夫片画上等号。曾有记者提问邵逸夫最喜欢的电影，后者回答："我特别喜欢那些赚钱的电影。"

《每日电讯报》：在邵氏影业的黄金时代，每周都有超过 200 万观众在邵氏旗下的电影院观看该公司拍摄的动作电影。好莱坞知名导演昆汀·塔伦蒂诺就深受邵氏电影的影响："有一年，我每天都要观看最少一部邵氏的电影，有时候是三部。"

身前，他拍了数以千计的"邵氏"经典和 TVB 经典剧。身后，他赢得了世人的赞誉和追忆。一代传奇——邵逸夫爵士，优雅谢幕！

后　记

2014年的元月某日，雾霾天差不多已经快让人们忘记走在蓝天下的感觉时，我突然接到了高维岳编辑的电话，他十分热忱地问我，对邵逸夫的一生有没有什么感想？我这才想到，前几天有媒体报道过，邵逸夫去世的消息。

确认消息后，我对邵逸夫先生的第一反应是：太低调。这种低调和今天中国的影视明星、商界大亨、社会名流等等完全不合拍，显得不够与时俱进；这种低调也和他从事的影视娱乐事业完全不相符，显得格外落落寡合。以至于，内地多少看着邵氏电影和《上海滩》等电视剧成长的一代，根本不知道还有邵逸夫这个人，而多少内地高校校园里的“逸夫楼”，令一批批学子们的头脑中，只有一个“熟悉的陌生人”的符号。

这令我十分好奇，直欲对邵逸夫一生行过探究一二，也直欲对一生走在风云变幻大时代的一代华商询问一二，为了捕捉那个曾经的世纪里萦绕的声音，也为了沉思这个崭新的世纪中唱响的号角。大时代下的小人物，该怎样应和一个时代，又该怎样坚持一个自我，活出一个精彩的人的历史来？

正是基于这样的好奇，我接受了出版社的邀请。要感谢高编辑的热忱和敏锐，他是个始终关注社会问题、思考社会人文和教育普及的编辑。正是他长期对邵逸夫的关注和推崇，令他在邵逸夫先生仙逝后，急切地希望把邵逸夫先生一生的智慧汇著成文，捧给广大的读者分享，从而与

广大读者们共同进入一个世纪的记忆，共同拥有一个世纪的精神，共同接过沉甸甸的财富，沉着从容地走在新世纪的大道上。

我亦因此被感召，不揣浅陋，广搜博阅，采书籍、报道等众家之长，沉浸感悟而成书，试图以飨读者。期间，得到杨选德副教授、季庆阳博士的有益建议，在此深表谢意。有不妥之处，敬请读者批评指正。

刘 俊 凤

2014 年 9 月 28 日于西安

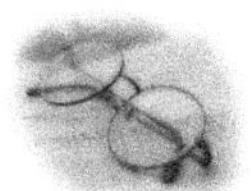

参考文献

[1] 魏君子. 香港电影史记. 北京：中国人民大学出版社，2013.

[2] 詹幼鹏. 邵逸夫全传. 天津：天津人民出版社，2009.

[3] 何南. 邵逸夫传奇. 北京：中国言实出版社，2012.

[4] 耿晓星，韩梦泽. 邵逸夫大传. 武汉：华中科技大学出版社，2011.

[5] 祝春亭. 邵逸夫传. 武汉：湖北人民出版社，2008.

[6] 李长莉. 中国人的生活方式. 成都：四川人民出版社，2008.

[7] 李欧梵. 寻回香港文化. 桂林：广西师范大学出版社，2003.

[8] 也斯. 香港文化十论. 杭州：浙江大学出版社，2012.

[9] 百度百科

图书在版编目(CIP)数据

显智慧：邵逸夫——千古义士的永恒启迪 / 刘俊凤著.

—西安：西安电子科技大学出版社，2015.1

ISBN 978-7-5606-3594-1

Ⅰ. ① 显… Ⅱ. ① 刘… Ⅲ. ① 邵逸夫(1907～2014)—生平事迹

Ⅳ. ① K825.38

中国版本图书馆 CIP 数据核字(2015)第 005172 号

责任编辑 高维岳 杜希民

出版发行 西安电子科技大学出版社(西安市太白南路 2 号)

电 话 (029)88242885 88201467 邮 编 710071

网 址 www.xduph.com 电子邮箱 xdupfxb001@163.com

经 销 新华书店

印刷单位 北京京华虎彩印刷有限公司

版 次 2015 年 1 月第 1 版 2015 年 2 月第 2 次印刷

开 本 710 毫米×1000 毫米 1/16 印 张 18.25

字 数 302 千字

定 价 39.00 元

ISBN 978-7-5606-3594-1/K

XDUP 3886001-2